プリント形式のリアル過去問で本番の臨場感！

東京都
都立

両国高等学校附属中学校

2025年春受験用

解答集

本書は，実物をなるべくそのままに，プリント形式で年度ごとに収録しています。
問題用紙を教科別に分けて使うことができるので，本番さながらの演習ができます。

■ 収録内容

・解答集（この冊子です）

書籍ＩＤ番号，この問題集の使い方，最新年度実物データ，リアル過去問の活用，
解答例と解説，ご使用にあたってのお願い・ご注意，お問い合わせ

・2024（令和６）年度 ～ 2018（平成30）年度　学力検査問題

JN132601

問題文などの非掲載につきまして

著作権上の都合により，本書に収録している過去入試問題の本文や図表の一部を掲載しておりません。ご不便をおかけし，誠に申し訳ございません。

〇は収録あり

年度	'24	'23	'22	'21	'20	'19
■ 問題（適性検査Ⅰ～Ⅲ）	〇	〇	〇	〇	〇	〇
■ 解答用紙	〇	〇	〇	〇	〇	〇
■ 配点	〇	〇	〇	〇	〇	

全分野に解説がります

上記に2018年度を加えた7年分を収録しています
注）問題文等非掲載:2023年度の適性検査Ⅰの1，2022年度適性検査Ⅱの2，2019年度適性検査Ⅰの1，2018年度適性検査Ⅰの1

教英出版

■　書籍ＩＤ番号

入試に役立つダウンロード付録や学校情報などを随時更新して掲載しています。
教英出版ウェブサイトの「ご購入者様のページ」画面で，書籍ＩＤ番号を入力してご利用ください。

書籍ＩＤ番号　105213

（有効期限：2025年9月30日まで）

【入試に役立つダウンロード付録】
「要点のまとめ(国語／算数)」
「課題作文演習」ほか

■　この問題集の使い方

年度ごとにプリント形式で収録しています。針を外して教科ごとに分けて使用します。①片側，②中央のどちらかでとじてありますので，下図を参考に，問題用紙と解答用紙に分けて準備をしましょう（解答用紙がない場合もあります)。

針を外すときは，けがをしないように十分注意してください。また，針を外すと紛失しやすくなりますので気をつけましょう。

① 片側でとじてあるもの

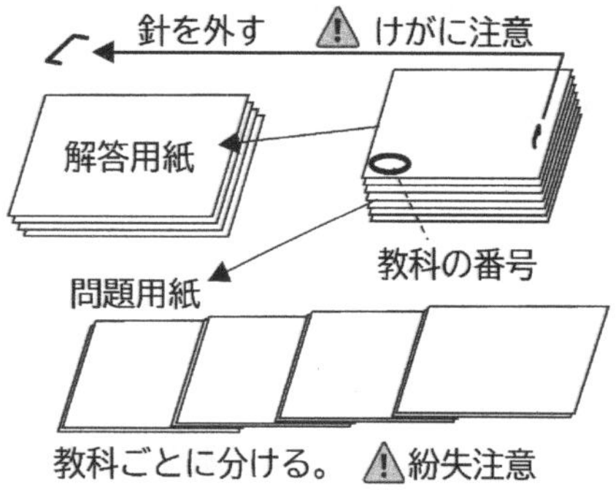

② 中央でとじてあるもの

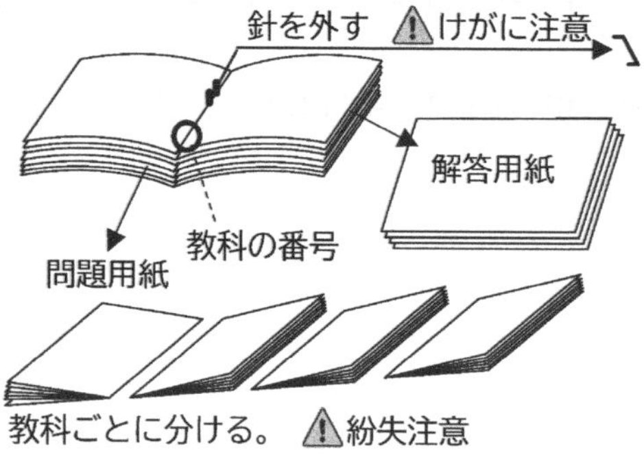

※教科数が上図と異なる場合があります。
解答用紙がない場合や，問題と一体になっている場合があります。
教科の番号は，教科ごとに分けるときの参考にしてください。

■　最新年度　実物データ

実物をなるべくそのままに編集していますが，収録の都合上，実際の試験問題とは異なる場合があります。実物のサイズ，様式は右表で確認してください。

問題用紙	Ａ４冊子(二つ折り)
解答用紙	Ａ３プリント

リアル過去問の活用

～リアル過去問なら入試本番で力を発揮することができる～

本番を体験しよう！

問題用紙の形式（縦向き / 横向き），問題の配置や余白など，実物に近い紙面構成なので本番の臨場感が味わえます。まずはパラパラとめくって眺めてみてください。「これが志望校の入試問題なんだ！」と思えば入試に向けて気持ちが高まることでしょう。

入試を知ろう！

同じ教科の過去数年分の問題紙面を並べて，見比べてみましょう。

①　問題の量

毎年同じ大問数か，年によって違うのか，また全体の問題量はどのくらいか知っておきましょう。どのくらいのスピードで解けば時間内に終わるのか，大問ひとつにかけられる時間を計算してみましょう。

②　出題分野

よく出題されている分野とそうでない分野を見つけましょう。同じような問題が過去にも出題されていることに気がつくはずです。

③　出題順序

得意な分野が毎年同じ大問番号で出題されていると分かれば，本番で取りこぼさないように先回りして解答することができるでしょう。

④　解答方法

記述式か選択式か（マークシートか），見ておきましょう。記述式なら，単位まで書く必要があるかどうか，文字数はどのくらいかなど，細かいところまでチェックしておきましょう。計算過程を書く必要があるかどうかも重要です。

⑤　問題の難易度

必ず正解したい基本問題，条件や指示の読み間違いといったケアレスミスに気をつけたい問題，後回しにしたほうがいい問題などをチェックしておきましょう。

問題を解こう！

志望校の入試傾向をつかんだら，問題を何度も解いていきましょう。ほかにも問題文の独特な言いまわしや，その学校独自の答え方を発見できることもあるでしょう。オリンピックや環境問題など，話題になった出来事を毎年出題する学校だと分かれば，日頃のニュースの見かたも変わってきます。

こうして志望校の入試傾向を知り対策を立てることこそが，過去問を解く最大の理由なのです。

実力を知ろう！

過去問を解くにあたって，得点はそれほど重要ではありません。大切なのは，志望校の過去問演習を通して，苦手な教科，苦手な分野を知ることです。苦手な教科，分野が分かったら，教科書や参考書に戻って重点的に学習する時間をつくりましょう。今の自分の実力を知れば，入試本番までの勉強の道すじが見えてきます。

試験に慣れよう！

入試では時間配分も重要です。本番で時間が足りなくなってあわてないように，リアル過去問で実戦演習をして，時間配分や出題パターンに慣れておきましょう。教科ごとに気持ちを切り替える練習もしておきましょう。

心を整えよう！

入試は誰でも緊張するものです。入試前日になったら，演習をやり尽くしたリアル過去問の表紙を眺めてみましょう。問題の内容を見る必要はもうありません。どんな形式だったかな？受験番号や氏名はどこに書くのかな？…ほんの少し見ておくだけでも，志望校の入試に向けて心の準備が整うことでしょう。

そして入試本番では，見慣れた問題紙面が緊張した心を落ち着かせてくれるはずです。

※まれに入試形式を変更する学校もありますが，条件はほかの受験生も同じです。心を整えてあせらずに問題に取りかかりましょう。

《解答例》

1　〔問題１〕文章１自分の気持ちを保つ　文章２わずかなくふうでうまくいくことに気づく

〔問題２〕あのきれ～ように。

〔問題３〕（１字あける）私は、小学校の時、友達とけんかをしてしまうことが何度かあった。友達が言ったことを深く考えずにすぐに否定したり、自分の思ったことをそのまま口にしたりして、友達をおこらせてしまうことがあったのだ。（改行）芭蕉の「謂応せて何か有」について、筆者は、ことばの裏側に余韻や想像力といった考えを置いてはどうか、詩という文芸は、表面的な理解だけでわかった気になってはつまらないと述べている。また、「舌頭に千転せよ」については、わずかな工夫でうまくいく、そこに気づくまで「千転せよ」というわけですと説明している。こうしたことは、俳句だけではなく、言葉を使う全ての場面で言えることだと思う。相手の言葉を表面的に理解してわかったつもりになったり、思ったことをそのまま言葉にしたりするのはよくない。言葉を受け取る人がどう思うか想像力を働かせ、言い方を工夫するように心がけたい。特に、ＳＮＳなどで、文字で言葉を伝える場合には、声や表情で感情を伝えられないので、より一層ていねいに言葉を使っていきたい。

《解　説》

1　〔問題１〕　文章１で，筆者が「くり返し唱えたり，思いうかべたりする」歌が，「こよひ逢《あ》ふ人みなうつくしき」で，この言葉を唱えることで，筆者は「前向きになり，好意的に人と会える気持ちになれて勇気がわく」のである。そして，短歌を思いうかべることで，このような効果があることを一般化《いっぱんか》して，「短歌を知る，覚えていくということは，自分の気持ちを保つための言葉を確保していくことでもあるのだと思う」とまとめている。文章２では，芭蕉《ばしょう》の「舌頭《ぜっとう》に千転《せんてん》せよ」という言葉をあげ，言葉を千回もくり返し唱えることで，「ほんのわずかの工夫《くふう》でうまくいく」ことに気づくことができると述べている。

〔問題２〕　筆者は「てのひらをくぼめて待てば青空の見えぬ傷《きず》より花こぼれ来る」という短歌から，「あのきれいな青い空にも傷がある。自分の中の見えない場所にあるもののように」という情景を想像している。倒置を用いた連続する二文になっている。「清水《きよみず》へ～こよひ逢ふひとみなうつくしき」の歌から想像した「桜の咲くころの祇園《ぎおん》を訪《たず》ねたことはないのだが，脳内《のうない》には花灯《はなあか》りの下を，浮《う》かれたような～人々《ひとびと》の，うつくしい顔がくっきりと浮かぶ」も短歌から想像した情景だが，「連続する二文」になっていないので，誤り。この直後の「夜桜見物を一度だけしたことがあるが～ロマンチックではない」は，筆者の実体験を述べたもの。

《解答例》

1 〔問題1〕太郎さんの作業…かく→切る→切る→切る→切る→切る→切る
花子さんの作業…かく→かく→かく→かく→かく
6枚のマグネットシートを切り終えるのにかかる時間…40
〔問題2〕右表

〔得点板の数字を456から987にするのにかかる最短の時間〕（ 16 ）秒
〔 4 〕→〔 6 〕一の位と百の位のボードを入れかえる。
〔 6 〕→〔 9 〕6のボードを180度回す。
〔 5 〕→〔 8 〕5にマグネットを2個つける。
〔 4 〕→〔 7 〕4にマグネットを1個つけて2個取る。
〔　〕→〔　〕

2 〔問題1〕AからC／航空機と鉄道の利用わり合は，AからBはほぼ同じであるのに対して，AからCは航空機の方が高い。その理由としては，AからCの航空機と鉄道の料金は，ほぼ変わらないが，航空機の所要時間が約半分だからと考えられる。　〔問題2〕「ふれあいタクシー」の取り組みが必要になった理由…人口が減少し，路線バスの本数が減少したE町が，移動することにこまっている人を対象とした交通手だんを用意するため。
「ふれあいタクシー」導入の効果…75さい以上の人の多くが，利用者証を得て，「ふれあいタクシー」を利用して買い物や病院へ行くことができるようになった。

3 〔問題1〕750gの金属をのせて調べたときも1000gの金属をのせて調べたときも，おもりの数は手順6の板のときが最大であった。そして，手順6の板のみぞの方向に対して糸の引く方向はすい直であり，キャップのみぞの方向に対して手で回す方向もすい直であるから。　〔問題2〕組み合わせ…2号と5号　理由…実験2では同じでなかった条件のうち実験3では同じにした条件は，重さである。1号と3号のすべり下りる時間が同じなのに，1号と6号のすべり下りる時間は同じではなかった。だから，すべり下りる時間が同じになるのは，一番下の板の素材が同じ場合だと考えられるから。

《解　説》

1 **〔問題1〕**　太郎さんは「かく」作業に10分，「切る」作業に5分かかり，花子さんは「かく」「切る」作業のどちらも7分かかる。よって，「かく」作業は花子さん，「切る」作業は太郎さんができる限りするように考える。

最初の作業はどちらも「かく」作業になり，かいた枚数よりも切った枚数の方が多くならないように，2人の作業をまとめると，右図のようになる。このとき，太郎さんの作業時間は10＋5×6＝40(分間)，花子さんの作業時間は7×5＝35(分間)だから，45分未満で終わらせることができる。解答例以外にも，条件に合えば他の手順，時間となってもよい。

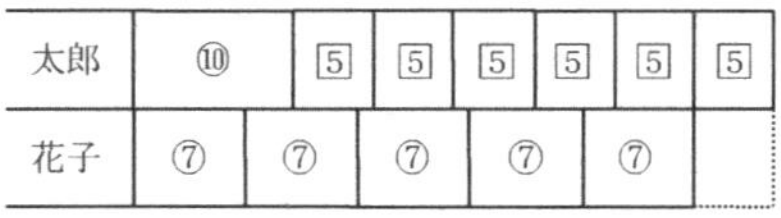

※単位は「分」であり，「かく」作業は○印，
「切る」作業は□印で表す。

〔問題2〕　2枚のボードを入れかえること(操作4)を行うかどうかで，場合を分けて考える。
操作4を行わない場合，〔4〕→〔9〕はマグネットを2個つける，〔5〕→〔8〕はマグネットを2個つける，〔6〕→〔7〕は180°回してマグネットを3個とるのが最短の方法で，2×2＋2×2＋(3＋2×3)＝17(秒)かかる。

操作４を行う場合，〔６〕→〔７〕に時間がかかることを考えると，６を他の数字と入れかえたい。〔６〕→〔９〕は180° 回転させるだけでよいので，最初に４と６を入れかえる。〔６〕→〔９〕は180° 回す，〔５〕→〔８〕はマグネットを２個つける，〔４〕→〔７〕はマグネットを１個つけて２個とるのが最短の方法で，

３＋３＋２×２＋２×３＝16(秒)かかり，こちらの方法が最短となる。

2 〔問題１〕 ＡからＤを選んだ場合の解答は，「航空機と鉄道の利用わり合は，ＡからＢはほぼ同じであるのに対して，ＡからＤは鉄道の方が高い。その理由としては，ＡからＤの航空機と鉄道の所要時間は，ほぼ変わらないが，鉄道の料金が航空機の料金の約３分の２だからと考えられる。」となる。移動手段を考える場合，所要時間と料金のどちらを重視するかで選択が変わってくる。所要時間が同じなら料金の安い方，料金が同じなら所要時間の短い方を選択するのが，一般的な消費者の行動と言える。数値が比較しにくいときは，(料金)÷(所要時間)から，単位時間あたりの料金を求めるか，(所要時間)÷(料金)から，単位料金あたりの所要時間を求めるかして比べてみればよい。

〔問題２〕 表２からＥ町における路線バスの平日一日あたりの運行本数が減っていることを読み取り，図２からＥ町の人口が減っていることを読み取る。次に，路線バスの運行本数が減って困る人がどのような人かを，図３から読み取る。そうすれば「ふれあいタクシー」の取り組みが必要になった理由を考えることができる。また，表３から，利用者証新規交付数が減少するなか，利用者証累計交付数が，Ｅ町の 75 歳以上の人口の数値に近づいていて，75 歳以上の人の多くが利用者証の交付を受けていることを読み取る。

3 〔問題１〕 手でつかむ力が大きいときを1000ｇの金属をのせたとき，手でつかむ力が小さいときを750ｇの金属をのせたときとして考える。また，結果では，プラスチックの板が動いたときのおもりの数が多いほど，すべりにくいと考えればよい。なお，実験でプラスチックの板が動くときが，キャップが開くときではない。

〔問題２〕 組み合わせについては，解答例の他に「４号と６号」でもよい。このときの理由は，「２号と５号」のときと同じで，実験３では重さを同じにしたこと，一番下の板の素材が同じであればすべり下りる時間が同じになると考えられることについてまとめてあればよい。

両国高等学校附属中学校　2024 令和6年度　適性検査Ⅲ

《解答例》

1 〔問題１〕２時間45分36秒

※〔問題２〕小盛…３　並盛…32　大盛…５

〔問題３〕１万円札…１　５千円札…10　千円札…72　500円玉…８　100円玉…97　50円玉…48　10円玉…90

2 ※〔問題１〕３月１日／３月２日

※〔問題２〕みさきさんの１セット目…白・白・白・青

りょうさんの２セット目…白・赤・赤・赤

〔問題３〕右図 などから１つ

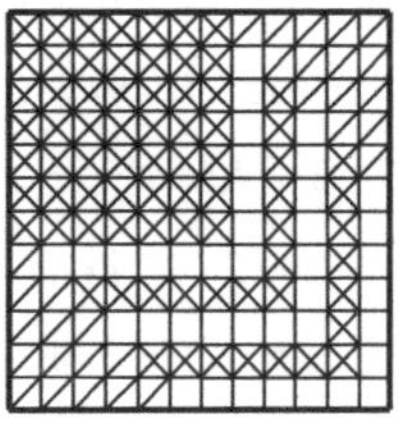

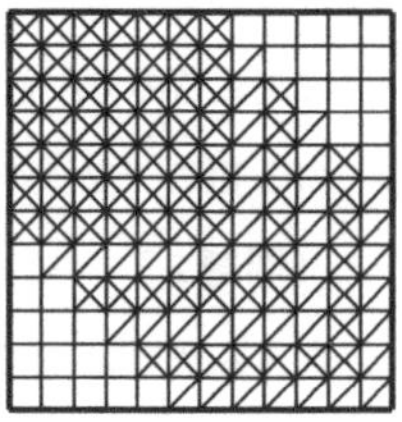

※の別解は解説を参照してください。

《解　説》

1 **〔問題１〕**　並んでいる人数が９人未満になるまで，９人のお客さんが同時に店に入り，同時に店を出ると考える。100÷９＝11余り１より，お客さんの出入りは11＋１＝12(回)ある。よって，求めるおよその時間は，13分48秒×12＝(13×12)分(48×12)秒＝156分576秒＝156分(９×60＋36)秒＝165分36秒＝(60×２＋45)分36秒＝２時間45分36秒である。

〔問題２〕　40人のお客さんは小分けしたそばを，合計で400－273＝127(個)注文した。この40人全員が大盛を注文したとすると，小分けしたそばを５×40＝200(個)注文したことになり，実際より200－127＝73(個)多くなる。大盛１食を並盛１食に置きかえると，小分けしたそばの注文数は５－３＝２(個)減るから，73÷２＝36余り１より，36食置きかえると，実際よりも１個多くなる。さらに，並盛１食を小盛１食に置きかえると，注文数は３－２＝１(食)減るから，大盛36食を並盛36食に置きかえた後，並盛１食を小盛１食に置きかえれば，注文数の合計がちょうど127個となる。

よって，小盛を１食，中盛を36－１＝35(食)，大盛を40－36＝４(食)とすればよい。

さらに，小盛と大盛をいくつか組み合わせて，その合計と同じ個数の並盛に使うのと同じ個数の小分けしたそばを使うことを考える。小盛２食と大盛り１食の個数は２×２＋５＝９(個)，並盛３食の個数は３×３＝９(個)で等しいので，(小盛，並盛，大盛)＝(１，35，４)から，小盛を２食ずつ，大盛を１食ずつ増やし，並盛を３食ずつ減らした個数の組み合わせの(１，35，４)，(３，32，５)，…，(23，２，15)，から１組選んで答えてもよい。

〔問題３〕　１万円，５千円，千円，500円，580円，530円，380円で支払ったお客さんの人数は表ｉのようになり，合計人数は１＋１＋30＋５＋５＋20＋38＝100(人)だから，他の支払い方をしたお客さんはいなかった。

表ｉから，支払われたお札または硬貨の枚数の合計を求めると，表ⅱのようになる。

また，表ｉから，お釣りとしてお客さんに渡したお

表ｉ

	１万円	５千円	千円	580円	530円	500円	380円
人数	１人	１人	30人	５人	５人	20人	38人
お釣り	9620円	4620円	620円	200円	150円	120円	０円

表ⅱ

	１万円	５千円	千円	500円	100円	50円	10円
枚数	１枚	１枚	30枚	30枚	114枚	43枚	144枚

表ⅲ

	１万円	５千円	千円	500円	100円	50円	10円
枚数	０枚	１枚	８枚	32枚	67枚	５枚	104枚

札または硬貨の枚数の合計を求めると，表iiiのようになる。

以上より，閉店後のレジの中にあるお金の枚数は，１万円札が０＋１－０＝１(枚)，５千円札が 10＋１－１＝10(枚)，千円札が 50＋30－８＝72(枚)，500 円玉が 10＋30－32＝８(枚)，100 円玉が 50＋114－67＝97(枚)，50 円玉が 10＋43－５＝48(枚)，10 円玉が 50＋144－104＝90(枚)である。

2 〔問題１〕　２つの整数の和が，２つの整数の積より大きくなる組み合わせは，１と１，１と２の２組だけであり，３つの数の中に，これらの数が必ずふくまれる。２つの数が１と１だとすると，１＋１＝２，１×１＝１となり，条件に合うような残りの数は存在しない。２つの数が１と２だとすると，１＋２＝３，１×２＝２だから，残りの数を３とすれば，３＋３＝６，２×３＝６となり，和と積が等しくなる。よって，３つの数は１，２，３に決まるので，考えられる誕生日の組み合わせは，(３月１日，３月２日)(２月１日，２月３日)(１月２日，１月３日)の３組と，２人の誕生日を入れかえた３組の合計６組ある。

〔問題２〕　りょうさんの２回の得点の合計は２＋３＝５(点)，みさきさんの１回目の得点は３点だから，みさきさんの２回目で，どのように折り紙を取り出しても必ず３点以上になる。よって，みさきさんの２回目までに，ふくろの中の折り紙の色を減らすことを考える。りょうさんが２回目に取り出すと，２人合わせて４×３＝12(枚)取り出したから，ここまでに最大で２色の折り紙をすべて取り出すことができる。このとき，得点は必ず３点か4点になるので，条件を満たす。すべて取り出した折り紙が１色以下の場合，みさきさんの２回目で黒１枚，白１枚，赤２枚のように，２点以下になる取り出し方が必ず存在するため，適さない。みさきさんの１回目とりょうさんの２回目で，３枚取り出した折り紙の色によって場合分けをする。

青色を３枚取り出すと，残りの枚数は，黒色４枚，白色４枚，赤色３枚，青色２枚である。このとき，２人が取り出す紙は合計であと５枚であり，ここには青色をふくむことはできないから，どのように取り出しても２色減らすことはできない。よって，２人とも青色を３枚取り出すことはない。

黒色と白色を３枚ずつ取り出すと，残りの枚数は，黒色１枚，白色１枚，赤色３枚，青色５枚である。よって，表ｉのような取り出し方をすれば，条件に合う。

黒色と赤色を３枚ずつ取り出すと，残りの枚数は，黒色１枚，白色４枚，赤色０枚，青色５枚である。よって，表iiのような取り出し方をすれば，条件に合う。

また，白色と赤色を３枚ずつ取り出すときは，表iiの黒を白に，白を黒にそれぞれ置きかえれば条件に合う。

したがって，以上の２＋４×２＝10(通り)のいずれかの解答であればよい。

表ｉ

みさき１回目	りょう２回目
黒・黒・黒・白	白・白・白・黒
白・白・白・黒	黒・黒・黒・白

表ii

みさき１回目	りょう２回目
黒・黒・黒・白	赤・赤・赤・黒
黒・黒・黒・青	赤・赤・赤・黒
赤・赤・赤・黒	黒・黒・黒・白
赤・赤・赤・黒	黒・黒・黒・青

〔問題３〕　メッセージを書いた折り紙以外の７枚のうちの３枚は，折り紙の頂点がカードの左上以外の頂点と重なるようにはる(ただし，右下の紙は３枚のうち，一番上にくるように，最後にはる)。カードの面積のうち，メッセージを書いた折り紙をはる部分を除いた面積は，12×12－７×７＝95(㎠)である。この部分に７枚の折り紙がすべて見えるようにはるので，見えている面積が最小である部分の面積は 95÷７＝13 余り４より，13 ㎠とすればよい。折り紙を１辺の長さが１㎝のマスに分けたとき，図ｉの色つき部分の面積が 13 ㎠であることに注目して，右下の折り紙から，図iiの太線部のように，左上に向かって１マスずつずらしてはる。最後にメッセージを書いた折り紙をはると，解答例のようになる。

図ｉ

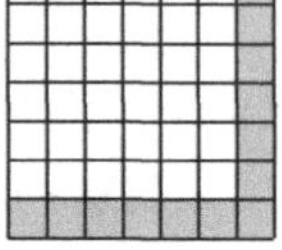

図ii

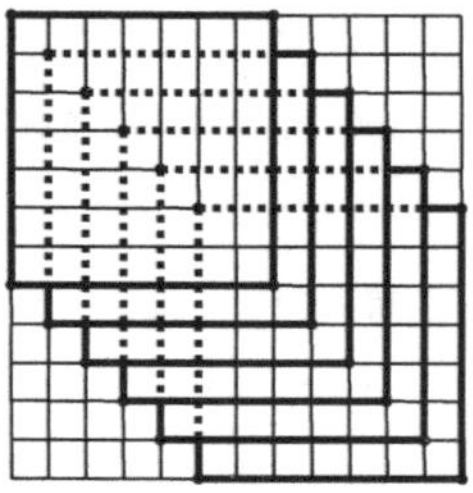

《解答例》

1 〔問題1〕何世代にもわたって伝えながらつくり出されてきた

〔問題2〕書き手の主観の入っている真実を読んで、書かれていない事実を考えること。

〔問題3〕

文章1と2に共通しているのは、現在と未来は過去の蓄積で成り立っていて、過去を未来につなげ、それを生かすことが大切だという考え方だと思う。文章1では、ものをつくり出すためには、知識や技術や経験だけではなく、アイデアが必要で、アイデアが浮かぶのは一瞬だが、その背後には長い時間が横たわっているということを述べている。また、何世代にもわたって伝えながらつくり出されてきたものの、時間を超えた価値について説明している。文章2では、過去の蓄積の少ない私達には、それを補うものとして、読書が役に立つということを述べている。

私は、これからの学校生活で「温故知新」という言葉を心がけて学んでいこうと思う。文章1を読んで改めて過去の人々の歴史や考え方を学ぶことの大切さに気づいたからだ。過去の蓄積の少ない私がそれを補い、過去というものに触れる機会を設けるためには、文章2に書かれているように、読書が必要だと思う。これから、読書をすることで、未来の自分をつくりあげる基礎を築きたいと思う。

《解　説》

1 **〔問題1〕** 古くさく感じない理由は、直後にあるように「古くないから」である。これをもう少しくわしく説明しているのが、次の一文の「それを人びとが受けつぎ、『もの』が新しい命、新しい生活をもらう」である。つまり、人びとに長く受けつがれてきていて、新しい命を感じさせるから古くさく感じないのである。筆者がこのような「隙間《すきま》や傷《きず》のある家具」を見て、どのようなことを思うのかを読み取る。ぼう線部の前の段落に、「古い道具やすり減った家具を見て、きれいだなと思うことがある～何世代にもわたって伝えながらつくり出されてきたものは」とある。

〔問題2〕 行間を読むということについては、直前に、「本を読むということは～書かれていることを読み、そこに書かれていないことを考える作業とも言えます」と説明されている。少し後に「書かれていることが真実だとすれば、行間には事実があると言えるかもしれませんね」とある。本に「書かれていること」は、「真実」であり、書き手が込《こ》めた想《おも》いや考え、つまり主観が入っている。一方、行間には「事実」があって、それは読み手が本に書かれていないことを考えることで見つけるものである。

両国高等学校附属中学校　2023 令和5 年度　適性検査Ⅱ

《解答例》

1　〔問題1〕道順…(エ)→キ→オ→イ→カ　式と文章…5＋7×1.4＋7＋10×1.4＋13＝48.8　ロボットの分速は12mなので，1m進むには，5秒かかる。ブロックを1個運んでいるときは7秒，ブロックを2個運んでいるときは10秒，ブロックを3個運んでいるときは13秒かかる。また，1.4m進むためには，1m進むときよりも時間は1.4倍かかる。わたしが考えた道順に合わせて，かかる時間をそれぞれたし合わせると，48.8秒になる。

〔問題2〕A，B，D／右表

表5　太郎《たろう》さんと花子さんがさらに書きこんだ表

	①の電球	②の電球	③の電球	④の電球
Aのスイッチ	×	○	○	×
Bのスイッチ	○	×	○	○
Cのスイッチ	×	○	○	○
Dのスイッチ	×	×	×	○
Eのスイッチ	○	○	○	×

2　〔問題1〕第2次産業／しゅう業数者は，1960年と比べて1990年は増加し，1990年と比べて2020年は減少している。しゅう業者数の最も多い年れいそうは，1960年は15～24さい，1990年は35～44さい，2020年は45～54さいと変化している。

〔問題2〕図2…①　図3…⑤　農家の人たちの立場…共通する利点は，カフェ事業を始めたり，新しい観光ルートを提案したりして，来客数が増えて，売り上げが増加したことである。　農家以外の人たちの立場…消費者にとって共通する利点は，新しくできたカフェをおとずれたり，加工工場見学などの新しい観光ルートを体験したりして，新たなサービスを受けられるようになったことである。

3　〔問題1〕(1)ウ　(2)葉の面積を同じにしたときの葉についたままの水の量が多いか少ないかを比べ，水てきが葉とくっついている部分の大きさが大きいか小さいかを比べることによって判断した。

〔問題2〕(1)図3から黒色のインクがついた部分がより少ないので，すき間がより広いと考えられ，図4からおもりをのせるとよりちぢむので，厚みがある方向にもすき間がより広いと考えられる。つまり，あらゆる方向に，水が入ることができるすき間がより多いから。　(2)じょう発した水の量は，箱とシャツの合計の重さが軽くなった量からTシャツの重さが重くなった量を引くことによって求められる。キは，Tシャツによってきゅうしゅうされた水の量とじょう発した水の量のどちらも最も多いから。

《解　説》

1　**〔問題1〕**　ロボットの移動する速さは何も運んでいないとき分速12mだから，1m進むのに60÷12＝5(秒)，1.4m進むのに5×1.4＝7(秒)かかる。同様にして，ブロックを運んでいるときの個数と時間をまとめると，右表のようになる。

運んでいるブロックの数	1m進むのにかかる時間	1.4m進むのにかかる時間
0個	5秒	7秒
1個	7秒	9.8秒
2個	10秒	14秒
3個	13秒	18.2秒

時間の合計の小数第一位を8にするためには，9.8秒かかる進み方を1回だけ行い，あとはかかる時間が整数になるようにしたい。

まずは時間が最短となるような道順を考えてみる。時間を最短にする方法として，倉庫に行くのを1回ですませたいので①「3つのブロックをまとめて倉庫まで運ぶ場合」と，ブロックを3つ運ぶことでロボットがおそくなることをさけたいので②「途中《とちゅう》で倉庫にブロックをおろす場合」の2パターンが考えられる。

①の場合，ブロックを2つまたは3つ運んでいる状態をなるべく短くしたいので，ブロックの位置をまわる順番はキ→イ→カとしたい。この場合最短の道のりを通るには，エまたはクをスタートして，キ→オ→イ→カ→ケとまわ

ればよい。このときかかる時間は，５＋9.8＋７＋14＋13＝48.8(秒)となる。よって，これが求める道順である。

②の場合，ブロックの位置をイ→カとまわってから倉庫に２つおろしたいので，ア，ウ，オのいずれかからスタートして，イ→カ→ケ→ク→キ→ク→ケとまわればよい。このときかかる時間は，５＋9.8＋10＋５＋５＋７＋７＝48.8(秒)となる。よって，これも求める道順である。

解答例のように適切に式と文章で説明してあれば，いずれの道順でもよい。

〔問題２〕　まずはそれぞれの電球について，対応するスイッチを確定させていく。②の電球について，ヒント(あ)から，ＢとＣの一方が○でもう一方が×とわかる。よって，ヒント(い)から，Ｄは×で確定する。したがって，ヒント(う)から，Ｅは○で確定する。

③の電球について，表４よりＢとＣはともに○か×だから，ヒント(い)から，Ｄは×で確定する。また，ヒント(う)から，Ｅは○で確定する。

④の電球について，ヒント(あ)から，ＢとＣはともに○か×だから，ヒント(い)から，Ｄは○で確定する。

また，ヒント(う)から，Ｅは×で確定する。

以上より，ＤとＥはすべて確定するので，下の表のようになる。

ヒント(あ)	②の電球
Ａのスイッチ	○
Ｂのスイッチ	○
Ｃのスイッチ	×

または

ヒント(あ)	②の電球
Ａのスイッチ	○
Ｂのスイッチ	×
Ｃのスイッチ	○

ヒント(い)	②の電球
Ｂのスイッチ	○
Ｃのスイッチ	×
Ｄのスイッチ	×

または

ヒント(い)	②の電球
Ｂのスイッチ	×
Ｃのスイッチ	○
Ｄのスイッチ	×

ヒント(う)	②の電球
Ａのスイッチ	○
Ｄのスイッチ	×
Ｅのスイッチ	○

ヒント(あ)	④の電球
Ａのスイッチ	×
Ｂのスイッチ	○
Ｃのスイッチ	○

または

ヒント(あ)	④の電球
Ａのスイッチ	×
Ｂのスイッチ	×
Ｃのスイッチ	×

ヒント(い)	④の電球
Ｂのスイッチ	○
Ｃのスイッチ	○
Ｄのスイッチ	○

または

ヒント(い)	④の電球
Ｂのスイッチ	×
Ｃのスイッチ	×
Ｄのスイッチ	○

ヒント(う)	④の電球
Ａのスイッチ	×
Ｄのスイッチ	○
Ｅのスイッチ	×

	①の電球		②の電球		③の電球		④の電球	
Ａのスイッチ	×		○		○		×	
Ｂのスイッチ	○	×	○	×	○	×	○	×
Ｃのスイッチ	×	○	×	○	○	×	○	×
Ｄのスイッチ	×		×		×		○	
Ｅのスイッチ	○		○		○		×	

よって，ＢかＣはどちらか一方が確定すればもう一方も確定する。したがって，例えばＡ，Ｂ，Ｄを押した後に明かりがついていたのは①と②の電球だとすると，Ｂを押したとき①から④の電球はそれぞれ○，×，○，○と確定し，これによってＣを押したとき①から④の電球はそれぞれ×，○，○，○と確定するので，Ａ，Ｂ，Ｄは解答の１つである。同様に，Ｂ，Ｃの中から１つ，Ａ，Ｄ，Ｅの中から２つを選んだ組み合わせであればどのような組み合わせでもよいが，組み合わせによってＢとＣに反応する電球は変化する。

2　〔問題１〕　第３次産業を選んだ場合，「就業者数は，1960 年と比べて 1990 年は増加し，1990 年と比べて 2020 年も増加している。就業者数の最も多い年齢層は，1960 年は 25～34 歳，1990 年は 35～44 歳，2020 年は 45～54 歳と変化している。」となる。1960 年の第３次産業人口は 453＋474＋319＋248＋130＋39＋６＝1669(万人)，1990 年の第３次産業人口は 533＋786＋945＋760＋451＋134＋33＝3642(万人)，2020 年の第３次産業人口は 321＋645＋813＋971＋766＋444＋108＝4068(万人)だから，確実に増えている。また，産業別の就業者数の最も多い年齢層は，徐々に上がっていることが読み取れ，どの産業においても，就業者の高齢化が進んでいることがわかる。

〔問題２〕　＜具体的な取り組み＞の利点をまとめてみよう。

	農家の人たちの立場	農家以外の人たちの立場
①	来客数が増加する。	新鮮な卵を使ったメニューが食べられる。
②	卵や肉などの売り上げが増える。	宿泊と地元の料理が楽しめる。
③	体験をする観光客が増える。	都会では味わえない体験ができる。
④	捨てていたしいたけを出荷できる。	新たなメニューを楽しめる。
⑤	観光客が増える。	工場見学ができる。
⑥	販売品目が増える。	新たな商品を購入できる。

例えば③と⑤を選べば，農家の人たちの立場から共通する利点は，「家族連れの観光客の数が増える。」，農家以外の人たちの立場から共通する利点は，「飼育体験や工場見学など都会ではできないような体験ができる。」などが考えられる。農家の人たちの立場からの利点は，「売り上げが増えるための工夫」を読み取ろう。農家以外の人たちの立場からの利点は，「商品や体験から得られる価値」を考えよう。

3　〔問題１〕　太郎さんと花子さんの会話より，水滴《すいてき》が転がりやすいかどうかを判断するときには，表２の結果だけに着目するのではなく，表１でそれぞれの葉の面積が異なることにも着目しなければならないことがわかる。表２の10枚の葉についたままの水の量を表１の葉の面積で割った値が小さいものほど，同じ面積についたままの水の量が少ない，つまり水滴が転がりやすいと考えればよい。よって，その値が約0.1のアとイとエは水滴が転がりにくい葉，約0.02のウとオは水滴が転がりやすい葉と判断できる。

〔問題２〕(1)　水を多く吸収できるということは，吸収した水をたくわえておくことができるすき間が多くあるということである。粒《つぶ》が小さいどろがたい積した層ではすき間がほとんどないため水を通しにくいのに対し，粒が大きい砂がたい積した層ではすき間が大きいため水を通しやすいことと同様に考えればよい。　(2)　カでは，箱とシャツの合計の重さが1648.3－1611＝37.3(ｇ)軽くなっているが，これがすべて蒸発した水の量ではない。Ｔシャツの重さに着目すると，189.8－177.4＝12.4(ｇ)重くなっている。つまり，Ｔシャツが吸収した37.3ｇのうち，12.4ｇはＴシャツに残っているから，蒸発した水の量は37.3－12.4＝24.9(ｇ)と求められる。キについても同様に考えると，Ｔシャツが吸収した水が45.9ｇ，Ｔシャツに残っている水が18.8ｇ，蒸発した水が45.9－18.8＝27.1(ｇ)である。また，クについては変化した23.1ｇが蒸発した水の量である。以上のことから，蒸発した水の量が多い順に，キ＞カ＞クとなる。よって，ポリエステルは木綿よりも水を吸収しやすく，かわきやすい素材だと考えられる。

両国高等学校附属中学校　2023 令和5年度　適性検査Ⅲ

《解答例》

[1]〔問題1〕A．900　B．300　C．25　〔問題2〕クマ／カワウソ／トラ

〔問題3〕ア．1　イ．6　ウ．2　エ．5　オ．4　カ．3　〔問題4〕右図

トラ	トラ	キジ	バク	キジ
ゾウ	クマ	トラ	トラ	バク
トラ	ゾウ	クマ	ゾウ	クマ
トラ	ゾウ	キジ	ゾウ	バク

[1]〔問題4〕の図

[2]〔問題1〕50　〔問題2〕クレープ生地の中心と中心の間隔…25

機械Aと機械Bとの回転の軸の間隔…25

理由…ベルトコンベアの動く速さは，秒速50㎝である。機械A，機械Bは共に1秒ごとに元の位置でクリームをぬり始める。このことから，機械Bがぬるクレープき地の間かくは50cmとなる。さらに，二つのクレープき地の中心と中心の間かくを2等分する点に機械Aがぬるクレープき地の中心を置けばよい。よって，クレープき地の中心と中心の間かくは全て25㎝となる。最も効率よくぬるために，機械Aと機械Bの間かくも25㎝にすればよい。

〔問題3〕(1)右図

(2)機械A…2　機械B…3　機械C…2　機械D…1

機械E…②

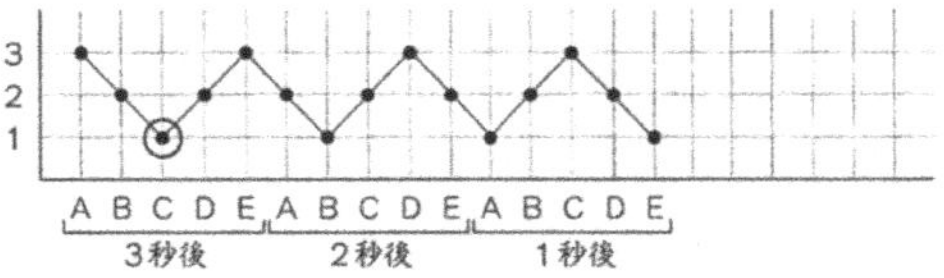

[2]〔問題3〕(1)の図

《解　説》

[1]　**〔問題1〕**　子供《こども》料金の割引金額は，1人あたり(1500－1350)÷2＝75(円)である。また，子供料金はおとな料金より安いので，1500÷3＝500(円)未満である。子供料金とおとな料金が同じ金額とすると，75÷500＝0.15より，75円は500円の15％だから，子供料金の割引は15％より大きく，40％以下であればよい。金額が整数となるように，15より大きく，40以下である75の約数を考えると，25が見つかる。よって，C＝25とすると，B＝75÷0.25＝300，A＝1500－300×2＝900となる。解答例以外であっても，条件に合えばよい。

〔問題2〕　ゴリラ，トラ，ゾウ，クマ，バク，カワウソ，テナガザル，キジの8種類の動物をそれぞれ頭文字のゴ，ト，ゾ，ク，バ，カ，テ，キと表す。

このとき，動物の位置関係について，図iのように表される。

図i

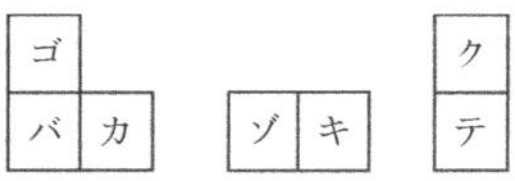

バの位置を考えるとき，北にゴ，東にカがいるので，「う」，「え」，「か」，「き」の4か所が考えられる。

よって，これら4つの場合を図示すると，図iiの㋐から㋓のようになる。

図ii

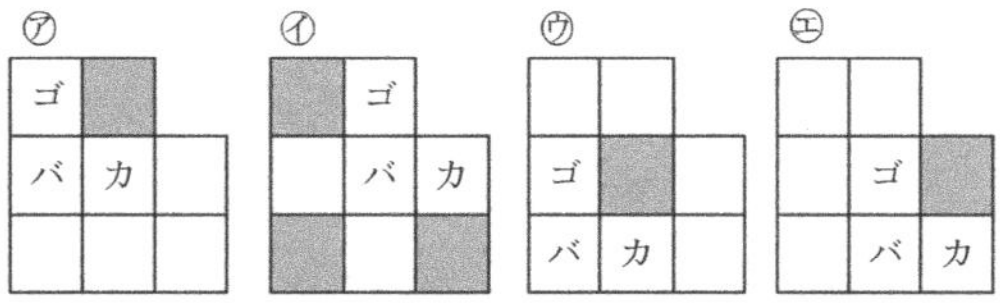

トは必ず図iiの色つき部分に入るので，それぞれの場合について，「お」に入る動物を考えると，

㋐はク，㋑はカ，㋒はク，㋓はトで確定する。

以上より，「お」の展示スペースにいる可能性があるのはクマ，カワウソ，トラである。

〔問題3〕　アからカに入る数字をそれぞれ[ア]から[カ]と表す。

[オ]×[カ]を計算した一の位が[ウ]だから，まずはこの3つの数の組み合わせを考える。

オ＝1のとき，ウ＝カとなるから，適さない。また，カ＝1も適さない。

オ＝2のとき，(ウ，カ)＝(6，3)(8，4)(0，5)(2，6)より，(6，3)は適する。

オ＝3のとき，(ウ，カ)＝(6，2)(2，4)(5，5)(8，6)より，(6，2)(2，4)は適する。

オ＝4のとき，(ウ，カ)＝(8，2)(2，3)(0，5)(4，6)より，(2，3)は適する。

オ＝5のとき，ウ＝0または5になるから，適さない。

オ＝6のとき，(ウ，カ)＝(2，2)(8，3)(4，4)(0，5)より，すべて適さない。

よって，適するものは4組ある。ここで，カに注目すると，適する4組について，カ＝2，3，4のいずれかであり，エオに関わらず，アは2以下となる。この4組にはオ，ウ，カのいずれかに2がふくまれるので，ア＝1で確定する。

(オ，ウ，カ)＝(2，6，3)のとき，1イ6＝エ2×3となり，イ，エはそれぞれ4，5のいずれかとなるので，この式を満たさない。

(オ，ウ，カ)＝(3，6，2)のとき，1イ6＝エ3×2となり，イ，エはそれぞれ4，5のいずれかとなるので，この式を満たさない。

(オ，ウ，カ)＝(3，2，4)のとき，1イ2＝エ3×4となり，イ，エはそれぞれ5，6のいずれかとなるので，この式を満たさない。

(オ，ウ，カ)＝(4，2，3)のとき，1イ2＝エ4×3となり，イ，エはそれぞれ5，6のいずれかとなるので，エ＝5のとき，イ＝6となり，条件に合う。

以上より，ア＝1，イ＝6，ウ＝2，エ＝5，オ＝4，カ＝3である。

〔問題4〕　立方体の展開図は右図の①～⑪の11種類ですべてなので，覚えておくとよい。①～⑥のように，4つの面が1列に並び，その上下に1面ずつがくっついている形が基本的な形である。立方体の展開図では，となりの面にくっつくのならば，面を90°ずつ回転移動させることができるので，⑤の左端《ひだりはし》の面を上に回転移動させると⑦になる。

⑦の一番下の面を右に回転移動させていくと，⑧と⑨ができる。

⑩と⑪は覚えやすい形なので，そのまま覚えるとよい。

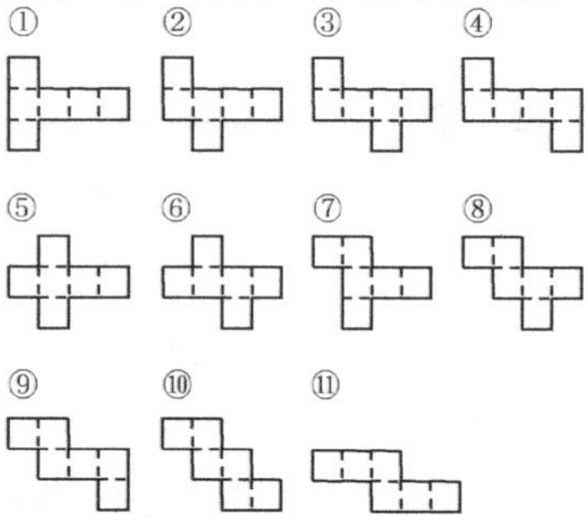

動物ごとの写真の枚数は，トが6枚，ゾが5枚，クが3枚，バが3枚，キが3枚である。枚数の少ないク，バ，キのいずれかの位置を先に決めると考えやすいので，図iiiのように動物の種類に分けて，写真に位置と番号を割り振る。例えば，一番右下のバであれば，4eのバ$_3$と表す。

また，立方体の6つの面のうち，2つは同じ動物の写真である。頂点をつくる3つの面が常にちがう動物になるためには，立方体を組み立てたとき，同じ動物の写真が向かい合っていればよい。

図iii

	a	b	c	d	e
1	ト$_1$	ト$_4$	キ$_1$	バ$_1$	キ$_3$
2	ゾ$_1$	ク$_1$	ト$_5$	ト$_6$	バ$_2$
3	ト$_2$	ゾ$_2$	ク$_2$	ゾ$_4$	ク$_3$
4	ト$_3$	ゾ$_3$	キ$_2$	ゾ$_5$	バ$_3$

これらをもとに展開図を考える。バの位置に注目すると，e列に2枚あり，例えば，バ$_1$を使うことを考える。となり合うト$_5$，ト$_6$とゾ$_4$，ゾ$_5$をそれぞれともに選ばないようにすると，2a，2b，2cにゾ$_1$，ク$_1$，ト$_5$の並びがあるので，これらを選ぶと，キ$_1$を選ぶことになり，5種類の動物がそろう。最後にキ$_3$を選ぶと，立方体の展開図は⑪の形になり，キ$_1$とキ$_3$が向かい合うので条件をすべて満たす。解答例以外にも，すべての条件を満たしている展開図であればよい。

2 〔問題1〕 機械Aは0.8＋0.2＝1(秒)でクレープに生クリームをぬり終わって元の位置に戻る。この間にベルトコンベアは50×1＝50(cm)進むので，1枚目と2枚目のクレープの中心の間隔《かんかく》が50 cmであれば，機械Aが元の位置に戻った瞬間《しゅんかん》に2枚目のクレープの中心の位置に合わせられるので，最も効率がよい。

〔問題2〕 解答例のようにベルトコンベアを流れてくる生地《きじ》を交互に機械Aと機械Bがぬるようにすればよい。

〔問題3〕(1) 1秒後→2秒後→3秒後の順に図をかいていく。1秒後は図5と同様にかけばよい。2秒後のEは1秒後のDと同じ生クリーム(2)をぬるので，2秒後のA，Eは2となる。同様に，Bは1，Cは2，Dは3をぬる。3秒後もこれと同様に考えると，A，Eは3，Bは2，Cは1，Dは2をぬる。よって，5台の機械がぬるクリームは表 i のようにまとめられる。

表 i

	1秒後	2秒後	3秒後
A	1	2	3
B	2	1	2
C	3	2	1
D	2	3	2
E	1	2	3

また，みさきさんが考えたルール⑤より，機械E，D，C，B，Aの順に生地が下から重なっていくので，13枚目の生地をぬるのは，13÷5＝2余り3より，5台の機械が2回ぬり終わった後，3枚目をぬる機械だから，Cである。よって，3秒後のCがぬるはずであった場所に○をつければよい。

(2) (1)と同様に，4秒後，5秒後に5台の機械がぬるクリームは表 ii のようになる。例えば，1秒後から考えると，A(E)は1→2→3→2→1…の順にクリームをぬる。よって，4秒ごとに5台の機械は同じぬり方をくり返し，1秒後と5秒後では同じクリームをぬるとわかる。

表 ii

	4秒後	5秒後
A	2	1
B	3	2
C	2	3
D	1	2
E	2	1

30分＝(60×30)秒＝1800秒だから，1800÷4＝450より，ちょうど450回だけ同じぬり方をくり返したことになる。よって，30分後に5台の機械がぬったクリームは，4秒後にぬったクリームと同じになるので，Aが2，Bが3，Cが2，Dが1，Eが2である。

また，クリームをぬらない機械は，1ホール目はCであり，機械E，D，C，B，Aの順に生地が下から重なっていくので，2ホール目はCの3つ後だからE，3ホール目はB，4ホール目はD，5ホール目はAとなり，C→E→B→D→Aの順にくり返す。30分後では，5×1800÷13＝692余り4より，ちょうど692ホール作った後，4枚だけ生地をぬった。5枚以下だから，13枚目に当たるものはある。つまり，692ホール目にぬらなかったのはどの機械かを考える。692÷5＝138余り2より，30分後までにC→E→B→D→Aを138回くり返し，C→Eで692ホール目だからEに○をつければよい。

《解答例》

1 〔問題1〕思わぬ世界

〔問題2〕大人になる前に興味や関心をもったことを研究の対象にし、大人になってもなおぎ問をもち続け、問い直している点。

〔問題3〕(例文)

文章2の筆者は、三〇年前にカラスの鳴き方に興味を持ち、動物学者になった今でもカラスについて疑問を持ち続け、研究を続けています。また、文章の中で、「予断をもった判断をしてはいけない」「状況を説明しうる仮説を公平に捉え、自分に都合の良い結果さえも疑わなくてはならない」という、科学者としての姿勢を示しています。

文章2の筆者の研究や学問への向き合い方をふまえて、私は、これからの六年間をどのように過ごしたいか考えました。学校の理科の授業や、家庭生活の中で、直接自然にふれる体験を増やして、自然に興味や関心をもつことを今よりもっと大切にしたいです。それによって、自然の中で様々な疑問を見つけ、そのことについて、自分なりの見通しや目的をもって観察や実験を行い、結果を客観的に考察できるようにします。このような過程を通して、科学的な思考を身につけ、自然についての知識や理解を深めていきたいと考えます。

《解　説》

1 **〔問題1〕** 文章2の筆者は，少年時代にカラスが自分に対して返事をしたのだと解釈《かいしゃく》していたことについて，研究者になった後に「重大な錯誤《さくご》を含《ふく》んでいる可能性」があると気づき，「普段《ふだん》からカアカア鳴き続けている相手がたまたまその時も鳴いたからって，自分に返事したとなぜ言えるの？」という疑問を持つべきだったことに思い至り，「私の鳴き真似《まね》に返事をしたと考える積極的な根拠《こんきょ》はない」としていた。しかし，カラスの分布を調査していたときに，「鳴き真似の後，数分以内の音声が多い」「こちらの鳴き真似の特徴《とくちょう》と高い確率で一致《いっち》する」ということに気づき，「カラスはこちらの音声を認識した上で，その音声に反応している～私の鳴き真似に対して返事をしているのではないか」「カラスは人間に対して鳴き返してくることが確かにあるのだ，とは言えそうである」という見解に至った。筆者のこの経験は，「科学者は～公平に捉《とら》え～疑わなくてはならない。しかし，そうやって疑った先に，思いがけず心躍《こころおど》る景色が広がることもある」ということの例である。それは，文章1で言う，思わぬ「異世界《いせかい》への扉《とびら》」が開いたということにあたる。よって，「心躍る景色」は，「思わぬ世界」(文章1の9～10行目)と同じような意味だと言える。

〔問題2〕 文章1の筆者は，編集者のひとことをきっかけに「貝殻《かいがら》拾いにはまだ，あらたなおもしろさがあるかもしれない」と思って再開を決め，少年時代に拾ったときは注目せずに放置していた貝殻が，「縄文時代《じょうもんじだい》には館《たて》山《やま》近辺にも生息していた。そのころの貝殻が，地層《ちそう》から洗《あら》い出されて海岸に打ち上がっていた」ものだと分かったことがヒントとなり，「人間の影響《えいきょう》によって，地域《ちいき》で見られる貝が変わっていく。その移り変わりの歴史が，足元に転がる貝殻から見える」というあらたな視点で貝殻拾いをしている。そして，「少年時代の～コレクションに，ハマグリが含まれていない」こと(「なぜその貝がそこに落ちていないのか」ということ)の理由をさぐるというテーマを得ている。文章2の筆者は，少年時代にカラスが自分に対して返事をしたのだと思っていたことについて，研究者になって「重大な錯誤を含んでいる可能性」があると気づき，「普段からカアカア鳴き続けている～自分に返事したとなぜ言えるの？」という疑問を持つべきだったことに思い至った。そのような疑問を経て，調査中の結果から「カラスは人間に対して鳴き返してくることが確かにあるのだ，とは言えそうである」という見解に至った。両者に共通するのは，少年時代の興味関心と現在の研究がつながっていること，科学者としての視点で，かつての自分のとらえ方を問い直していることだと言える。

《解答例》

1 〔問題1〕(1)4.06　(2)直角三角形…20　正三角形…10　円…7

説明…1本のモールは，直角三角形を6個，正三角形を3個作るように切る。

1本のモールは，直角三角形を6個，正三角形を2個，円を1個作るように切る。

1本のモールは，直角三角形を6個，正三角形を1個，円を2個作るように切る。

1本のモールは，直角三角形を2個，正三角形を4個，円を4個作るように切る。

〔問題2〕(1)右図のうち1つ

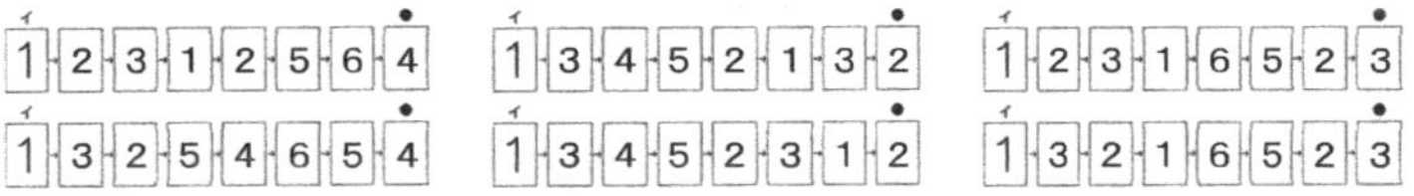

(2)2，3，4

2 〔問題1〕サケのルイベ…サケのルイベに「雪にうめて，こおらせる」という保存方法が用いられているのは，小樽市の冬の平均気温が0度以下だから。　マアジのひもの…マアジのひものに「日光に当てて干す」という保存方法が用いられているのは，小田原市の冬の降水量が夏に比べて少なく，日光に当てることができたから。

ブリのかぶらずし…ブリのかぶらずしに「甘酒につけて，発酵をうながす」という保存方法が用いられているのは，金沢市の冬は降水量が多く，空気がしめっており，発酵が進む気温だから。

〔問題2〕(米と小麦の例文)米がとれる地域と小麦がとれる地域の年平均気温と年間降水量をそれぞれ比べると，米がとれる地域の年平均気温は高く，年間降水量は多いが，小麦がとれる地域の年平均気温は低く，年間降水量は少ない。

3 〔問題1〕(1)選んだもの…ウ　理由…実験1から，色がついているよごれを最もよく落とすのは，アとウであることが分かる。そして，実験2から，アとウを比べると，ウの方がより多くでんぷんのつぶを減少させることが分かるから。　(2)5分後のつぶの数をもとにした，減少したつぶの数のわり合は，水だけの場合よりも液体ウの場合の方が大きいから。

〔問題2〕(1)せんざいの量を28てきより多くしても，かんそうさせた後のふきんの重さは減少しないので，落とすことができる油の量は増加していないと分かるから。

(2)サラダ油が見えなくなるもの…A，B，C，D　洗剤…4

《解　説》

1 **〔問題1〕(1)(2)**　図2の周りの長さは，直角三角形が3＋4＋5＝12(cm)，正三角形が3×3＝9(cm)，円が3×3.14＝9.42(cm)である。1m＝100cmだから，100÷12＝8余り4，100÷9＝11余り1より，すでに切ってある2本のモールからは，直角三角形が8個，正三角形が11個できる。また，2本のモールの余りの長さの合計は4＋1＝5(cm)である。

図3のカード1枚には，直角三角形が4個，正三角形が3個，円が1個あるので，図3のカードを1枚作るのに，モールは12×4＋9×3＋9.42＝84.42(cm)必要である。モールは全部で6m＝600cmあるから，無駄なく使うと考えると，600÷84.42＝7余り9.06より，図3のカードは最大で7枚できる。よって，モール6本で図2の直角三角形が4×7＝28(個)，正三角形が3×7＝21(個)，円が1×7＝7(個)できるかを考える。残り4本のモールで直角三角形が28－8＝20(個)，正三角形が21－11＝10(個)，円が7個できればよい。また，このときの6本のモールの余りの長さの合計は9.06cmだから，図3のカードが7枚できるのであれば，4本のモールの余りの長さの合計は9.06－5＝4.06(cm)となる。

４本のモールについて，１本あたりの余りの長さが約１cmになればよいので，これを基準に，余りの長さに注目して考える。また，必要な直角三角形と正三角形の個数の比は20：10＝２：１だから，この比となるようにできるだけ多く直角三角形と正三角形を１本のモールから作ろうとすると，直角三角形を６個，正三角形を３個作ることができ，このときの余りは100−12×６−９×３＝１(cm)となる。ここから，正三角形を１個減らして円を１個増やすと，余りは9.42−９＝0.42(cm)減るから，この操作を全部で２回できる。よって，３本のモールからそれぞれ，「直角三角形６個と正三角形３個」，「直角三角形６個と正三角形２個と円１個」，「直角三角形６個と正三角形１個と円２個」を作ることができるので，あと１本のモールから，直角三角形が20−６×３＝２(個)，正三角形が10−３−２−１＝４(個)，円が７−１−２＝４(個)できればよい。12×２＋９×４＋9.42×４＝97.68より，１本のモールから直角三角形が２個と正三角形が４個と円が４個できるので，解答例のような切り方が考えられ，カードは７枚作れる。

この考え方以外にも，モールの切り方は次のように考えることもできる。

４本のモールの余りは4.06cmであり，モールの余りが小数になるのは円を作ったときだから，先に円を７個作ることを考える。１本のモールから円を７個作り，さらにできるだけ余りが少なくなるように直角三角形と正三角形を作ろうとすると，「直角三角形２個と正三角形１個と円７個」を作ることができ，このときの余りは100−12×２−９−9.42×７＝1.06(cm)となる。残り３本のモールの余りの合計は4.06−1.06＝３(cm)だから，「直角三角形６個と正三角形３個」を作る(余りは１cm)ことを３回行うと，４本のモールの余りの合計が4.06cmとなり，直角三角形を20個，正三角形を10個，円を７個作ることができる。

モールの切り方は解答例やこの方法以外にもいくつかある。

〔問題２〕(1)(2)　図４の一番左の図で，上の頂点を□，下の頂点を■とする。□が動かないように立体を転がすと，机に接する面は「１，２，３」のいずれかになり，■が動かないように立体を転がすと，机に接する面は「４，５，６」のいずれかになる。また，□または■が動くように立体を転がすと，机に接する面は「１⇔６」「２⇔５」「３⇔４」のように変化する。

このことに注意すると，■が最初に接するのは，図ｉのａ～ｅのいずれかとなる。最初にｃ，ｄで接する場合は７回の移動で●のマスまで移動できないので，ａ，ｂ，ｅについて考える。

ａのときの接する面の数字は図iiのようになり，●のマスは４で，７回の転がし方は「イ(１)→２→３→１→２→５→６→●(４)」「イ(１)→３→２→５→４→６→５→●(４)」の２通りある。

ｂのときの接する面の数字は図iiiのようになり，●のマスは２で，７回の転がし方は「イ(１)→３→４→５→２→１→３→●(２)」「イ(１)→３→４→５→２→３→１→●(２)」の２通りある。

ｅのときの接する面の数字は図ivのようになり，●のマスは３で，７回の転がし方は「イ(１)→２→３→１→６→５→２→●(３)」「イ(１)→３→２→１→６→５→２→●(３)」の２通りある。

したがって，●のマスに接する面の数字は２，３，４である。

図ｉ

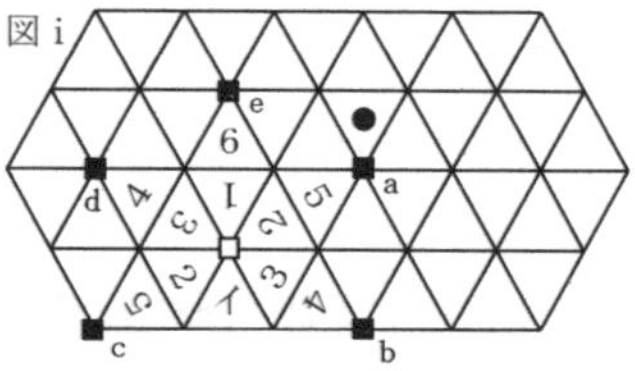

図ii

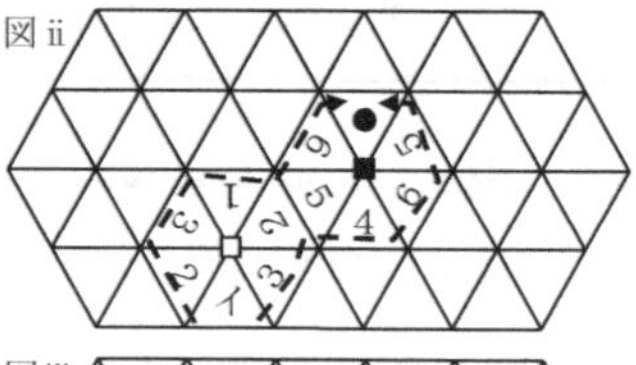

図iii

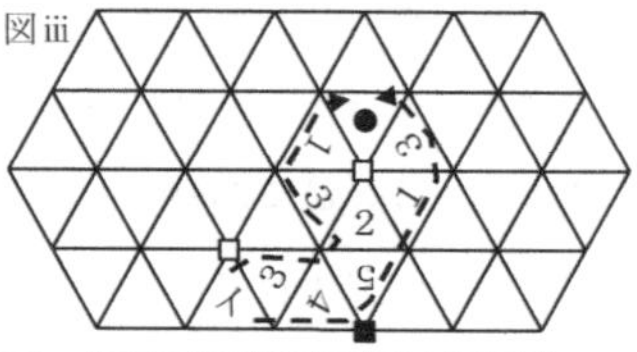

図iv

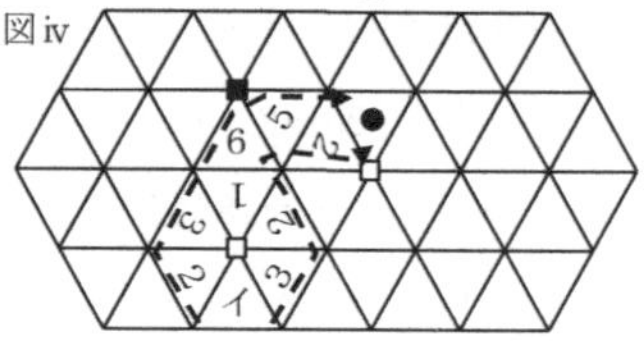

2 〔問題１〕 図１の保存方法から地域の気候の特徴を読み取り，図２の都市の冬(12 月 1 月)の降水量や気温と関連付ける。 〔サケのルイベ〕 図１で雪にうめてこおらせていることから，冬にまとまった雪が降ると考えられる。それを踏まえて図２を見ると，北海道小樽市の冬の気温がマイナスなので，寒さが厳しいことが読み取れる。

〔マアジのひもの〕 図１で空気がかわいた時期に天日干ししていることから，冬にかんそうした晴れの日が多いと考えられる。それを踏まえて図２を見ると，神奈川県小田原市の冬の降水量が 100 mm以下で少ないことが読み取れる。 〔ブリのかぶらずし〕 図１で空気がしめっている時期に発酵させていることから，冬の降水量が多いと考えられる。それを踏まえて図２を見ると，石川県金沢市の冬の降水量が 250～300 mmで多いことが読み取れる。また，冬の気温が５度以上であることに着目すれば，発酵に適した温度だと導ける。

〔問題２〕 図４より，①と②は小麦，③と⑤はそば，④と⑥は米が材料である(右図参照)。解答例の他，「そばがとれる地域の年平均気温は低く，年間降水量は多い。」も考えられる。

図５ 先生が示した図

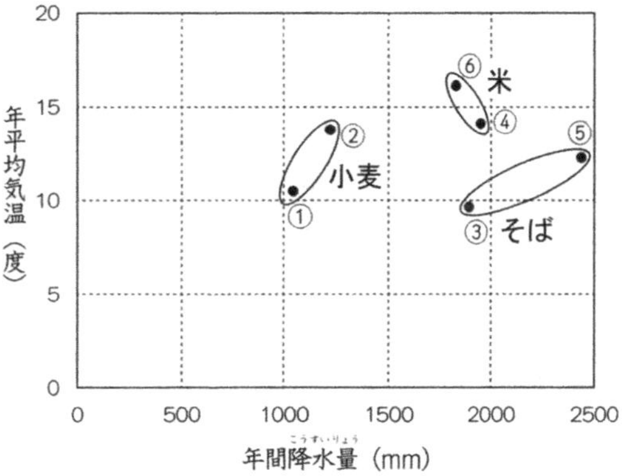

3 〔問題１〕(1) ここでは５分間液体につけておくときのよごれの落ち方を考える必要があるので，表１と２では，５分後の結果に着目し，表１からは色がついているよごれの落ち方，表２からはでんぷんのよごれの落ち方を読み取る。５分間では，色のついているよごれはアとウで最も落ちやすく，でんぷんのよごれはウで最も落ちやすい。よって，どちらのよごれも落ちやすいウが適切である。 (2) 表２より，水だけのときの５分後の粒《つぶ》の数は804，60分後の粒の数は484だから，55分間で804－484＝320減っている。５分後の粒の数をもとにした，減少した粒の割合は320÷804×100＝39.8…(％)である。ウについても同様にして求めると，(476－166)÷476×100＝65.1…(％)となるから，ウの方がでんぷんのよごれの程度をより変化させたといえる。

〔問題２〕(1) 表３の乾燥《かんそう》させた後のふきんの重さから最初のふきんの重さ20.6ｇを引いたものが，ふきんに残っているサラダ油の重さだと考えられる。24滴《てき》までは，洗剤《せんざい》の量を多くすると，残っている油の重さが軽くなっていくが，28滴のときには24滴のときよりも多くの油が残っていて，28滴より多くしても残っている油の重さが軽くならないから，太郎さんの予想は正しくないといえる。 (2) サラダ油100滴の重さが2.5ｇだから，サラダ油0.4ｇは$100\times\frac{0.4}{2.5}=16$(滴)である。よって，表４で，加えたサラダ油の量が16滴より多いＡ～Ｄでは，液体の上部にサラダ油が見えなくなる。また，実験４から考えられる，サラダ油0.4ｇを落とすことができる最低限の洗剤の重さは，サラダ油の量が17滴のときに上部にサラダ油が見えた(16滴のサラダ油は落とすことができる)Ｄに入っている洗剤の重さと同じである。入っている洗剤の重さは，Ａが１ｇの半分，ＢがＡの半分，ＣがＢの半分，ＤがＣの半分だから，Ｄに入っている洗剤の重さは$1\div\overset{A}{2}\div\overset{B}{2}\div\overset{C}{2}\div\overset{D}{2}=0.0625$(ｇ)である。よって，洗剤100滴の重さが２ｇだから，洗剤0.0625ｇは$100\times\frac{0.0625}{2}=3.125$(滴)であり，最低４滴の洗剤が必要である。

《解答例》

1 〔問題１〕105　　〔問題２〕106，111，115，117，118 のうち３つ

〔問題３〕目盛りの数字…１，４，10，12　はかれない長さ…14，15

2 〔問題１〕西れき…2028　理由…365÷７＝52 あまり１なので，１年後の２月14 日の曜日は一つ先に進むことになる。ただし，2024 年の２月 14 日と 2025年の２月 14 日の間には，２月 29 日があるため，曜日は二つ先に進むことになる。したがって，２月 14 日の曜日は 2022 年が月曜日であるので，2023 年は火曜日，2024 年は水曜日，2025 年は金曜日，2026 年は土曜日，2027 年は日曜日，2028 年は月曜日となる。

〔問題２〕右図　　〔問題３〕右図

２月

日	月	火	水	木	金	土
①	②	③	④	⑤	⑥	⑦
⑧	⑨	10	11	⑫	⑬	14
⑮	⑯	17	18	⑲	⑳	21
22	23	24	25	26	27	28

2〔問題２〕の図

$$\frac{\text{ア}\ 5}{\text{イ}\ 14}+\frac{\text{ウ}\ 1}{\text{エ}\ 4}+\frac{\text{オ}\ 2}{\text{カ}\ 7}=\frac{\text{キ}\ 25}{\text{ク}\ 28}$$

2〔問題３〕の図

《解　説》

1 **〔問題１〕**　右のように記号をおく。

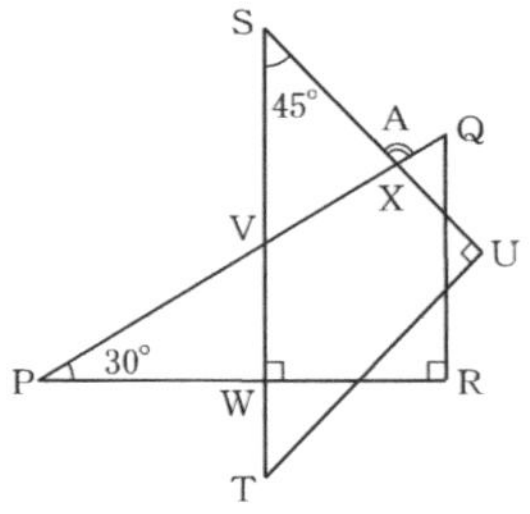

三角形ＰＱＲの内角の和より，角ＰＱＲ＝180°－90°－30°＝60°

角ＰＲＱ＝角ＰＷＶ＝90°だから，同位角が等しいので，ＳＴとＱＲは平行である。

平行線の同位角は等しいから，角ＰＶＷ＝角ＰＱＲ＝60°

対頂角は等しいから，角ＳＶＸ＝角ＰＶＷ＝60°

三角形ＳＶＸについて，外角の性質より，Ａの角度は，60°＋45°＝105°

〔問題２〕　120 の約数は，１と 120，２と 60，３と 40，４と 30，５と 24，６と 20，８と 15，10 と 12 である。
60 等分するとき，印と印の間かくは２となるので，大きい順で考えると，印がつく３けたの目盛りは，
120，118，116，114，112，110，108，106，104，102，100 である。
同様にして，印がつく３けたの目盛りを考える。
40 等分するときは 120，117，114，111，108，105，102　30 等分するときは 120，116，112，108，104，100
24 等分するときは 120，115，110，105，100　20 等分するときは 120，114，108，102
15 等分するときは 120，112，104　12 等分するときは 120，110，100　10 等分するときは 120，108
８等分するときは 120，105　６等分するときは 120，100　以降，120 にしか印がつかない。
下線のついた数は印が２つ以上あるので，106，111，115，117，118 から３つを答えればよい。

〔問題３〕　目盛りの数字の組み合わせは，解答例以外にもいくつか見つかる。
解答例のように，１，４，10，12 の４個の目盛りをつけると，はかることができる長さ(単位は省略)は，１，２＝12－10，３＝４－１，４，５＝17－12，６＝10－４，７＝17－10，８＝12－４，９＝10－１，10，11＝12－１，12，13＝17－４，16＝17－１，17 の 15 通りはかれる。はかれないのは 14，15 である。
目盛りの数字の組み合わせを考えるとき，例えば，１，３，６，10 の目盛りをつけると，３は目盛りの３ではかる方法と，３と６の間ではかる方法の２通りのはかり方が出来てしまい，はかれない長さが２つより多くできてし

まうので，そのような２通り以上のはかり方が出来ないように目盛りの組み合わせを考える。
解答例以外の１つとして，目盛りの数字…１，４，10，15　はかれない長さ…８，12　がある。はかることができる長さは，１，２＝17－15，３＝４－１，４，５＝15－10，６＝10－４，７＝17－10，８，９＝10－１，10，11＝15－４，13＝17－４，14＝15－１，15，16＝17－１，17の15通りある。

2　〔問題１〕　１年は365日であり，365÷７＝52余り１より，１年後の同じ日の曜日は１つあとの曜日となる。ただし，うるう年の２月29日をまたぐ場合は，２つあとの曜日となる。
また，２月14日の曜日を考えているので，例えばうるう年である2024年の２月14日は，2023年の２月14日の曜日の１つあとの曜日となるが，2025年の２月14日は，2024年の２月14日の曜日の２つあとの曜日となる(うるう年の２月29日をまたぐので)ことに注意する。

〔問題２〕　第１週の全てに○印をつけると，その日付の数の和は１＋２＋３＋４＋５＋６＋７＝28となるので，残りの○印の日付の数の和が140－28＝112になればよい。112÷７＝16より，112＝７×16であることに注目する。
１＋６＝２＋５＝３＋４＝７だから，同じ週の日曜と金曜，月曜と木曜，火曜と水曜に○印をつけると，その曜日の日付の数の和は７の倍数になる。２週目は８＋13＝21＝７×３，３週目は15＋20＝35＝７×５，４週目は22＋27＝49＝７×７となる。また，土曜については，14＝７×２，21＝７×３，28＝７×４となる。
よって，残りの○印の日付の数の和を７×16にするには，16＝３＋３＋５＋５＝３×２＋５×２より，７×３×２＋７×５×２となるので，２週目の，日曜と金曜，月曜と木曜，火曜と水曜のうち２組，３週目の日曜と金曜，月曜と木曜，火曜と水曜のうち２組に○印をつければよい。解答例では，２週目と３週目の日曜と金曜，月曜と木曜に○印をつけたものである。○印のつけ方は解答例以外にもいくつかある。

〔問題３〕　イに14が入るので，３つの分数を足すと，通分したときの分母の数は28になる(通分したときの分母の数が14になると，クに入る数が２か７か14となり，イ・エ・カのいずれかの数と同じになるため)。
28の約数は１と28，２と14，４と７だから，クは28，エ・カに入る数は，２か４か７である。
３つの分数の和が約分できる数になることを考えるのは大変なので，$\frac{ア}{14}+\frac{ウ}{4}+\frac{オ}{7}=\frac{キ}{28}$として，ア・ウ・オ・キに入る数を考える。キに入る数は28より小さいので，ア・ウ・オに入る数はなるべく小さい数から考え，いずれの分数もそれ以上約分できない分数になることに注意すると，$\frac{5}{14}+\frac{1}{4}+\frac{2}{7}=\frac{10+7+8}{28}=\frac{25}{28}$が見つかる。

《解答例》

1　〔問題1〕自分らしい音　　〔問題2〕もっと鳴らそうと気負いすぎたから。

〔問題3〕(例文)

私は「好む」の段階まで表されていると考える。

文章2で、村田さんは、自分らしい音とはどんな音なのかと胸を高鳴らせたり、もっと大きく響かせたいと思ったりしていて、やる気や積極性が感じられる。文章1では、「好む」者は、「やる気」をもっているので、積極性があると説明されている。

村田さんは、この日初めて小鼓を触っているので、「知る」段階まで表されていると考えられるかもしれない。しかし、何度か小鼓を打った後はどんどん積極的になり、主体的にかかわっているので、「知る」段階は通りすぎたと考えられる。また、お稽古の場面の最後の方では、全身から力を抜いて素直で大きな音を鳴らすことができた。そのため、安らぎの理想像に達した「楽しむ」の段階まで表されているとも考えられる。しかし、その直後で、もっと鳴らそうと気負いすぎて変な音を出しているので、やはりまだ「好む」の段階にあると考えられる。

《解　説》

1　〔問題1〕　個性とは，ここではその人特有の性質のこと。文章2の「自分らしい音」は，先生の言う「村田さんらしい鼓《つづみ》の音」であり，村田さん特有の音である。

〔問題2〕　直前で鳴らした音は「とても素直《すなお》な音」だった。それは，「とにかく素直に，素直に，と自分に言い聞かせて，身体の全部を先生の言葉に任せるような感覚で，全身から力を抜《ぬ》いた」ことで出た音だった。それに対して，傍線部④で鳴らした音は，「もっと鳴らそうと思う」ことで出た音だった。この気持ちを文章1にある表現を使って表すと，「気負いすぎ」ということになる。

〔問題3〕　「知る」については，文章1で「確かに『知る』ことは大切だ。しかし，そのことに心を使いすぎると，それに疲《つか》れてしまったり，情報量の多さに押《お》し潰《つぶ》されてしまって，それに主体的にかかわっていく力がなくなってしまう」と書かれている。「好む」については，文章1で「『やる気』をもっているので，積極性がある」「下手《へた》をすると気負いすぎになる」と書かれている。「楽しむ」については，文章1で「客体の中に入ってあるいはそれと一体化して安住すること」「安らぎの理想像」「それ(＝『好む』)を超《こ》え，あくまで積極性を失ってはいないが安らぎがある」と書かれている。これらを手がかりに，どの段階《だんかい》まで表されているのかを考える。

《解答例》

1 〔問題１〕右図　説明…ＡとＣの和はＢの２倍になっていて，ＤとＦの和はＥの２倍になっている。したがって，ＢとＥの和の３倍が，６個の数の和と同じになる。135÷３＝45なので，ＢとＥの和が45になる場所を見つければよい。

14	21	28
16	24	32

〔別解〕

16	20	24
20	25	30

〔問題２〕アの側面に書く４個の数…１，２，３，５　イの側面に書く４個の数…１，３，４，５
ウの側面に書く４個の数…１，２，３，７　エの側面に書く４個の数…１，３，４，７

〔アの展開図〕

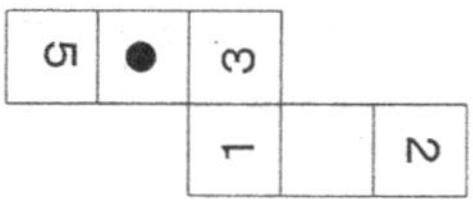

〔イの展開図〕

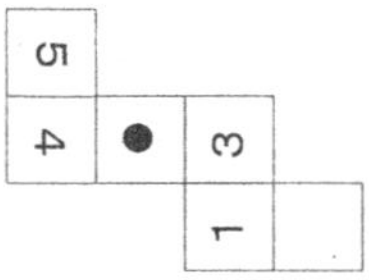

〔ウの展開図〕

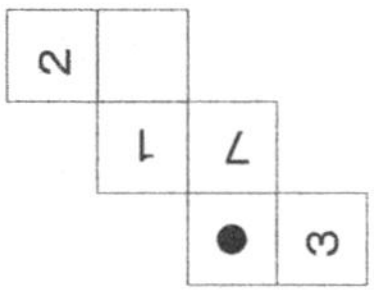

〔エの展開図〕

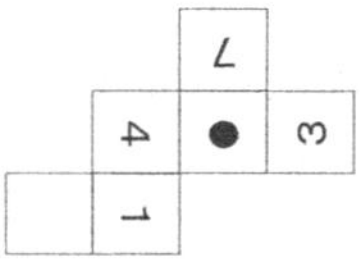

2 〔問題１〕図１より，主ばつに適した林齢は，50年以上であることが分かる。図２の2017年の林齢構成をみると，主ばつに適した林齢 50 年を経過した人工林の面積は大きいが，林齢 30 年よりもわかい人工林の面積は小さい。1976年，1995年，2017年の変化から，林齢50年以上の人工林が主ばつされると，しょう来，主ばつに適した人工林は少なくなっていくことが予想される。よって，利用することのできる木材の量が減ることが課題である。

〔問題２〕（図３と図４を選んだときの例文）図３のように商品を生産する立場の人たちが，間ばつ材を使った商品を開発したり，利用方法を考えたりすることで，さまざまな商品が生まれる。また，商品を買う立場の人たちも，図４のような間ばつ材を知ってもらう活動を通じて，間ばつや，間ばつ材を使った商品に関心をもつ。これらの活動から，商品を売ったり買ったりする機会が生まれ，間ばつ材の利用が促進される。

3 〔問題１〕⑴右図　⑵右図　理由…図６から，(え)は(あ)に対して，つつの右側のじ石の極は変わらないが，左側のじ石の極は反対である。図７のイより，鉄板に置く４個のじ石のうち，右側の２個のじ石の上側の極は変えずに，左側の２個のじ石の上側をＮ極からＳ極に変えるとよいから。

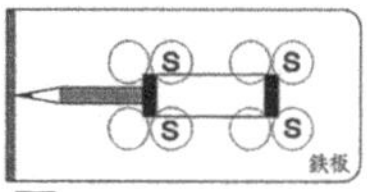

3〔問題１〕⑴の図

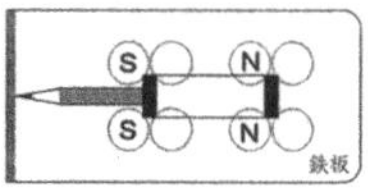

3〔問題１〕⑵の図

〔問題２〕⑴２　⑵大きい場合…②　理由…①はＡ方向がそろっていないので，Ｎ極とＳ極が引き合う部分と，Ｎ極どうしやＳ極どうしがしりぞけ合う部分がある。それに対して，②はＡ方向がそろっているので，ほとんどの部分でＮ極とＳ極が引き合う。そのため，①より②のほうが引き合う部分が大きいから。

《解　説》

1 〔問題１〕　表内のどこであっても，横に並んだ３つの数を見てみると，左の数と真ん中の数の差と，右の数と真ん中の数の差が等しいので，３つの数の和は真ん中の数の３倍に等しくなる。よって，解答例のように説明できる。

〔問題２〕　九九の表にある数は，すべて１～９までの２つの整数の積になるので，ア～エのうち２つの立方体の数の積で１～９までの整数をすべて表せるような組み合わせを作り，その組み合わせが２組あれば，九九の表にあるすべての数を表せる(例えば，８×９=72を表す場合は，２つ立方体の数の積で８，残り２つの立方体の数の積で９を表せばよい)。１から７までの数を書くから，１から９までの数を，１から７までの積で表すと，

１＝１×１，２＝１×２，３＝１×３，４＝１×４＝２×２，５＝１×５，６＝１×６＝２×３，７＝１×７，８＝２×４，９＝３×３となる。

１＝１×１，９＝３×３を表したいので，２つの立方体両方に１と３を書く。８＝２×４を表したいので，２つの立方体について，一方に２，もう一方に４を書く。５＝１×５，７＝１×７を表したいので，２つの立方体について，一方に５，もう一方に７を書く。よって，２つの立方体に書く数は，(１，２，３，５)と(１，３，４，７)になるか，(１，２，３，７)と(１，３，４，５)になる(この２つの立方体の数の積で，２，３，４，６も表せる)。このような組み合わせの立方体を２組書けばよい。解答例は，アとエ，イとウの積で，１から９までの整数を作ることができる。

また，ア～エについて，「●」の面の辺と重なる辺は，右図の太線部分になるから，この太線の辺が上の辺となるように４つの数字を書けばよい。

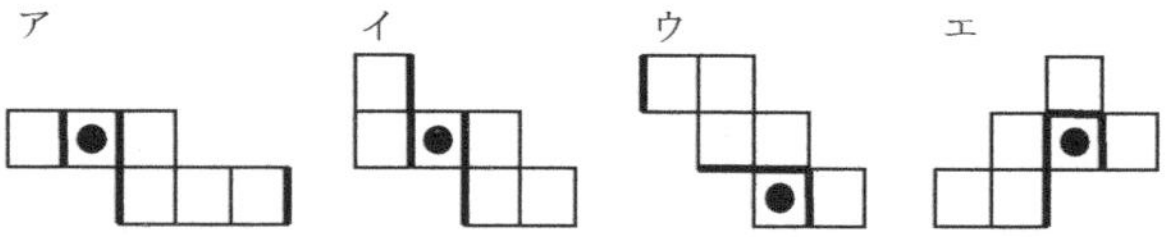

2 〔問題１〕　図１より，木材として利用するために林齢 50 年以上の木々を切っていること，図２より，人工林の高齢化が進んでおり，2017年では林齢50年以下の人工林は若くなるほど面積が小さくなっていることが読み取れる。また，花子さんが「人工林の総面積は，1995年から2017年にかけて少し減っています」，先生が「都市化が進んでいることなどから，これ以上，人工林の面積を増やすことは難しい」と言っていることから，今後，人工林の面積はさらに減っていき，主ばつして利用できる木材の量が不足してしまうことが予測できる。

〔問題２〕　図の取り組みについて，会話中の言葉を手がかりにしよう。図３について，花子さんが「間ばつ材も，重要な木材資源として活用することが，資源の限られた日本にとって大切なこと」と言っている。図４について，太郎さんが「間ばつ材マークは…間ばつ材利用の重要性などを広く知ってもらうためにも利用される」と言っている。図５を選択する場合は，「図５のように実際に林業にたずさわる人たちが，高性能の林業機械を使ってばっ採したり，大型トラックで大量に木材を運んだりすることで，効率的に作業できる。」を，図３の間ばつ材を使った商品の開発や利用に関連付けてまとめるとよい。

3 〔問題１〕(1)　㋐のつつの磁石のＮ極の真下の鉄板には上側がＮ極の磁石を２個，Ｓ極の真下の鉄板には上側がＳ極の磁石を２個置く。解答例の他に，右図のように磁石を置いてもよい。　(2)　解答例の他に下図のように磁石を置いてもよい。

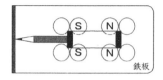

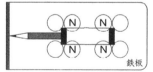

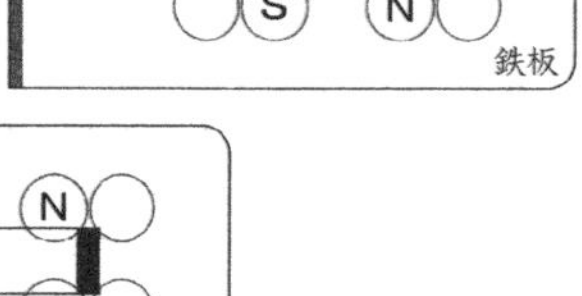

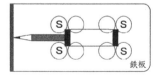

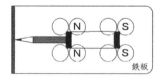

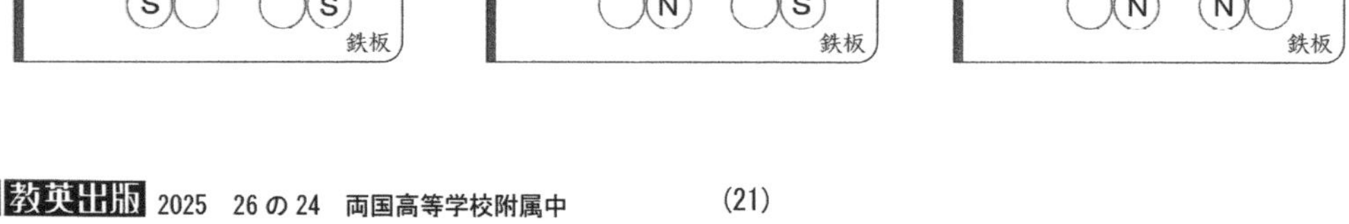

〔問題２〕(1)　表１のＡ方向が地面に平行なときの記録に着目する。１辺が１cm の正方形のシートの面積は１×１＝１(㎠)で，このときの記録は０個(０ｇ)，１辺が２cm の正方形のシートの面積は２×２＝４(㎠)で，このときの記録は２個(20ｇ)，１辺が３cm の正方形のシートの面積は３×３＝９(㎠)で，このときの記録は５個(50ｇ)である。１辺が３cm以下の正方形では，つりさげることができる最大の重さはシートの面積に比例するので，１辺が２cmの正方形のシートと比べると20÷４＝５(ｇ)，１辺が３cm の正方形のシートと比べると50÷９＝5.5…(ｇ)までつりさげることができる。したがって，１辺が１cm の正方形について，２ｇのおもりでの記録は２個と考えられる。

(2)　①(表２の１番下の記録)よりも②(表２の真ん中の記録)の方が記録が大きい。このように記録の大きさにちがいが出るのは，シートのＮ極とＳ極が図 10 のように並んでおり，２枚のシートのＡ方向がそろっていると，ほとんどの部分でＮ極とＳ極が引き合うが，２枚のシートのＡ方向がそろっていないと，引き合う部分としりぞけ合う部分ができるからである。なお，表２の１番上の記録よりも②の方が記録が大きいのは，②では，おもりをつけたシートが下にずれようとするとき，それぞれの極が，黒板に貼りつけたシートから上向きの引きつける力と上向きのしりぞける力を受けるためである。

《解答例》

1 〔問題１〕図３，８　〔問題２〕右図

〔問題３〕７，４，４〔別解〕８，４，１

2 〔問題１〕式…0.75×0.75×3.14×16.0　答…28.26

〔問題２〕灯油ではことなる温度であればことなる目もりを示すが，水ではことなる温度であっても同じ目もりを示す場合があるから。

１０個

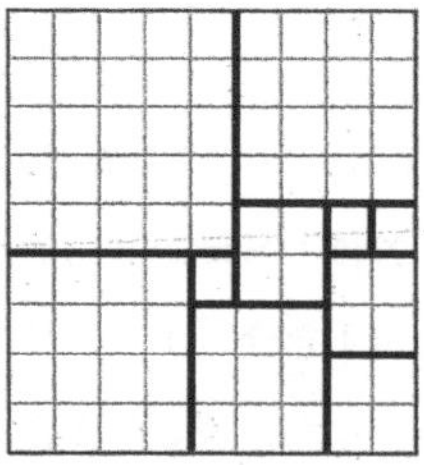

１２個

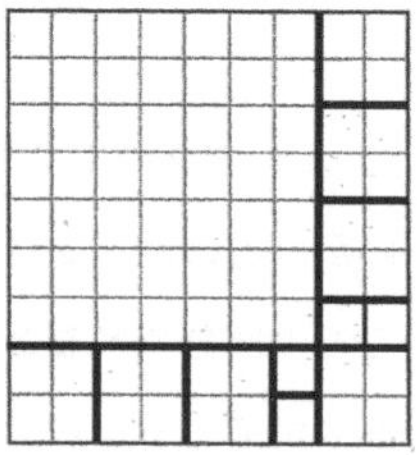

《解　説》

1 **〔問題１〕**　わけるときに書き加えた線の長さの合計は，(図２)が９×２＋３×４＋１×２＝32(㎝)，(図３)が９×２＋６×２＋３×２＋２×２＝40(㎝)だから，(図３)の方が 40－32＝８(㎝)だけ長い。

〔問題２〕　分けられた正方形のうち，一番大きい正方形の１辺の長さについて，大きい順で場合分けして考えるとよい。

一番大きい正方形の１辺の長さが８㎝のとき，あとは１辺が１㎝の正方形にしか分けられないので，条件に合う分け方はないことがわかる。

一番大きい正方形の１辺の長さが７㎝のとき，あとは１辺が１㎝または２㎝の正方形に分けられる。条件に合う分け方を考えると，１辺が２㎝の正方形が７個，１辺が１㎝の正方形が４個となるように分けることで，解答例のように 12 個の正方形に分けることができる(正方形が 10 個となるような分け方はない)。

一番大きい正方形の１辺の長さが６㎝のとき，あとは１辺が１㎝，２㎝，３㎝の正方形に分けられる。

右図ｉのように正方形が６個となるような分け方や，問題の図２のように正方形が 11 個となるような分け方はあるが，条件に合う分け方はない。

図ｉ

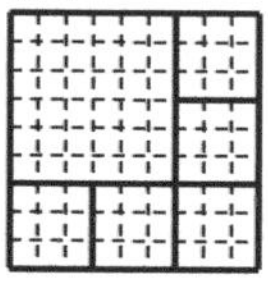

一番大きい正方形の１辺の長さが５㎝のとき，あとは１辺が１㎝，２㎝，３㎝，４㎝の正方形に分けられる。条件に合う分け方を考えると，１辺が４㎝の正方形が２個，３㎝の正方形が１個，２㎝の正方形が３個，１㎝の正方形が３個となるように分けることで，解答例のように 10 個の正方形に分けることができる。また，右図ⅱのように１辺が４㎝の正方形が３個，１㎝の正方形が８個となるように分けることで，12 個の正方形に分けることができる。

図ⅱ

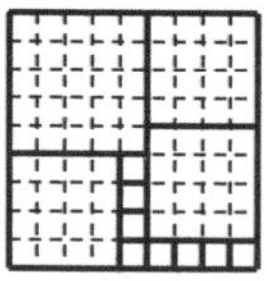

一番大きい正方形の１辺の長さが４㎝以下のときは，条件に合う分け方はない。

解答例や図ⅱ以外の分け方でも，個数が正しく，正方形以外の図形ができていなければよい。

〔問題３〕　正方形の１辺の長さと面積について表にまとめると，右表のようになる。

１辺の長さ(㎝)	1	2	3	4	5	6	7	8
面積(㎠)	1	4	9	16	25	36	49	64

１辺が８㎝の正方形を１個選ぶとき，残り２個の面積の和が 81－64＝17(㎠)となればよいので，１＋16＝17 より，(８㎝，４㎝，１㎝)の組み合わせが見つかる。

１辺が７㎝の正方形を１個選ぶとき，残り２個の面積の和が 81－49＝32(㎠)となればよいので，16＋16＝32 より，(７㎝，４㎝，４㎝)の組み合わせが見つかる。

同様に考えていくと，この２組と(６㎝，６㎝，３㎝)以外の組み合わせはないとわかる。

2 〔問題１〕　表１より，温度が４℃から９℃に上がると，水面の高さが 16.0 ㎜上がることがわかる。図２の円柱の半径は 0.75 ㎜である。

〔問題２〕　図３より，例えば，１℃と 10℃，２℃と８℃，３℃と６℃などは，ほぼ同じ目もりを示すので，ことなる温度であっても同じ目もりを示す場合がある。

《解答例》

1 〔問題1〕藤丸は作者から見た言い方で、藤丸さんは本村さんから見た言い方だというちがいをはっきりさせるため。　〔問題2〕のびやかで、鋭い観察眼を持ち、相手をそのまま受け止めるような、おおらかで優しい

〔問題3〕(例文)

文章1では、「ちがい」に対して気味悪く感じることがあっても、よく観察・分析し、自分との共通点を見つけて相手を受け入れ、思いやることが必要だとしている。文章2では、自分とちがういきものに対して、なぜそういう格好や生き方をしているのかを追究し、それぞれのちがいに感動し、おもしろさを感じている。また、それによって広く深いものの見方ができるようになると考えている。

みなが全く同じになってしまったら、新しいアイデアや行動が生まれない。すると、何か困難な状きょうにおちいった時に、だれも対処できない、新たな発展が望めないといった問題が起こると思う。

学校のなかにはさまざまな考え方を持った人がいる。その考え方の「ちがい」を生かすために、文化祭や体育祭の計画を立てる時には、いろいろな人の意見を聞き、それをまとめる役をしようと考えた。人前で話すのが苦手な人は話し合いの場で意見を言えないことがあるので、必ずアンケートをとり、はば広く意見をくみ上げるようにしたい。

《解　説》

1 〔問題1〕　傍線部《ぼうせんぶ》㋑のある段落全体を見てみよう。「それにしても，藤丸《ふじまる》さんはすごい。と本村《もとむら》は思った」で始まり，その後も本村が思ったこと(本村の心の中の言葉)が語られている。それらは，本村のせりふとして「カッコ」をつけて解釈《かいしゃく》することができる。つまり，本村にとっての呼び方を表すときに「藤丸さん」と書かれているのだ。それ以外の地の文では「藤丸」と表現している。

〔問題2〕　傍線部㋒の直後で「そうすることで，不思議に広く深く，静かなものの見方ができるようになるだろう」と述べている。この「広く深く，静かなものの見方」にあたる内容を，文章1からさがす。それは，藤丸のものの見方である。よって，本村が藤丸について「なんてのびやかで，でも鋭《するど》い観察眼なんだろう」「いろいろ考えて，最終的には相手をそのまま受け止めるのだろう。おおらかで優《やさ》しいひとだから」と思っている部分(傍線部㋑のある段落)を用いてまとめよう。

〔問題3〕　文章1では，「ちがい」に対する向き合い方として，「自分の理解が及《およ》ばないもの，自分とは異《こと》なる部分があるものを，すぐに『気味が悪い』『なんだかこわい』と縮《し》めだし遠ざけようとしてしまう」ことを「悪いところ」だとし，「ちがいを認《みと》めあうためには，相手を思いやる感情が不可欠だ」と述べている。そのためには，本村が「同じ地球上で進化してきた生き物だから，当然ながら共通する点も多々《たた》あるのだ」と思ったように，共感できる部分を見つけることも第一歩となる。そのように，「感情と思考」によって，また，「理性と知性」によって，自分とはちがう人のことを理解しようとするのである。文章2では，「ちがい」に対する向き合い方として，「あらゆるいきものにはそれぞれに生きる理由がある」ということを知る，具体的には「こんな生き方もできるんだなあ，そのためにはこういう仕組みがあって，こういう苦労があるのか～それでやっと生きていられるのか」などを理解することを取り上げている。すると，「感激《かんげき》」したり「感心」したりして，「生物多様性」の大切さがわかるようになるのである。つまり，文章2の筆者のように「いきものは全部，いろいろあるんだな，あっていいんだな」「そ

れぞれに，それぞれの生き方があるのだ」というとらえ方になる。これらの内容をふまえると，「『ちがい』がなく，みなが全く同じ」になってしまったら，相手の気持ちを察することができなくなったり，一つのあり方しか認めないせまい心になったり，いろいろな視点でものを考えることができなくなったりするのだろうと想像できる。それらが引き起こす問題を第二段落で取り上げよう。第三段落では，「『ちがい』を生かして活動していく」際に，どのように「ちがい」を生かせばより良い活動になるのか，そのために自分はどうするべきかを考える。文章１，文章２で読み取った「ちがい」に対する姿勢を参考にしながら，学校生活の具体的な場面を思いうかべてみよう。

《解答例》

1　〔問題１〕①25　②10　③15　④10　〔問題２〕必要なパネルの台数…４　説明…横向きの画用紙は，パネル１面に最大で８枚はることができるので，１面に８枚ずつはると，４面で 32 枚はることができる。残りの６枚は，１面ではれるので，合わせて５面使う。縦向きの画用紙は，パネル１面に最大で９枚はることができるので，１面に９枚ずつはると，２面で 18 枚はることができる。残りの３枚は，１面ではれるので，合わせて３面使う。したがって，すべての画用紙をはるのに８面使うから，パネルは４台必要である。

〔問題３〕アに入る数…４　イに入る数…２　ウに入る数…３　エに入る数…２　オに入る数…４〔別解〕２

2　〔問題１〕選んだ図…図２　あなたの考え…2001 年度に国の制度が改められたことで，新しくバスの営業を開始しやすくなり，2000 年度ごろまでにみられた減少が止まり，2001 年度から 2015 年度にかけて実際に走行したきょりは，大きく減少することなく増加している。　〔問題２〕設計の工夫…出入口の高さ／固定ベルトの設置

期待されている役割…ベビーカーを利用する人にとって，出入口の高さが低くつくられていることと，車内に固定ベルトが設置されていることにより，乗りおりのときや乗車中に，ベビーカーを安全に利用できる。

〔問題３〕課題…バス以外の自動車で混み合う道路がうまれる可能性がある。　あなたの考え…時こく表に対するバスの運行状きょうが向上していることをせん伝して，バス以外の自動車を使う人にバスを利用してもらい，混み合う道路が少なくなるように働きかける。

3　〔問題１〕選んだプロペラ…Ａ　示す値のちがい…13.3　〔問題２〕⑴モーター…ウ　プロペラ…Ｈ

⑵選んだ予想…①　予想が正しくなる場合…ありません　理由…Ｅ，Ｆ，Ｇ，Ｈのどのプロペラのときでも，アとイのモーターの結果を比べると，アのモーターの方が軽いのに，かかった時間が長くなっているから。

〔問題３〕⑴×　⑵車が前に動く条件は，ⓐが 50° から 80° までのときで，さらに，ⓐとⓘの和が 100° か 110° のときである。

《解　説》

1　**〔問題１〕**　パネルの横の長さは 1.4ｍ＝140 cm，画用紙の横の長さが 40 cmだから，140÷40＝３余り 20 より，横にはれる枚数は最大で３枚である。また，パネルの縦の長さは２ｍ＝200 cm，画用紙の縦の長さが 50 cmだから，200÷50＝４より，長さ③と④が０cmのとき，縦に４枚はれるが，長さ③と④はそれぞれ５cm以上だから，縦にはれる枚数は最大で３枚である。したがって，６＝２×３より，画用紙のはり方は右図Ⅰ，Ⅱの２通り考えられる。

図Ⅰ

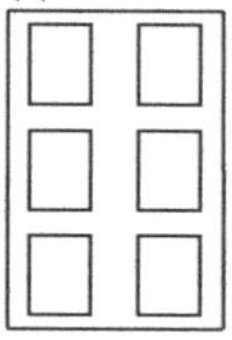

図Ⅱ

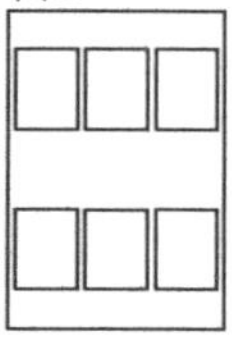

図Ⅰの場合について考える。横にならぶ画用紙の横の長さの和は，40×２＝80(cm)だから，長さ①と②の和は，140－80＝60(cm)である。例えば，長さ②を 10 cmとすると，長さ①は(60－10)÷２＝25(cm)となる。縦にならぶ画用紙の縦の長さの和は，50×３＝150(cm)だから，長さ③と④の和は，200－150＝50(cm)である。例えば，長さ④を 10 cmとすると，長さ③は(50－10×２)÷２＝15(cm)となる。また，他の長さ①と②，長さ③と④の組み合わせは右表のようになる。

図Ⅰの場合

長さ①	長さ②
5	50
10	40
15	30
20	20
25	10

長さ③	長さ④
5	20
10	15
15	10
20	5

(単位：cm)

同様に図Ⅱの場合も求めると，右表のような組み合わせが見つかる。

図Ⅱの場合

長さ①	長さ②
5	5

長さ③	長さ④
5	90
10	80
15	70
20	60
25	50
30	40
35	30
40	20
45	10

(単位：cm)

ただし，作品の見やすさを考えると，長さ①よりも長さ②の方がかなり長い，または，長さ③よりも長さ④の方がかなり長いはり方は，しない方がよいであろう。

〔問題２〕　横向きの画用紙は，140÷50＝２余り40より，横に２枚はって，長さ①と②の和が40㎝となればよい。このとき長さ②は１か所だから，長さ①＝10㎝，長さ②＝20㎝などが考えられる。したがって，横には最大で２枚はれる。また，横向きの画用紙は，200÷40＝５より，縦に４枚はって，長さ③と④の和が40㎝となればよい。このとき長さ③は３か所だから，長さ③＝10㎝，長さ④＝５㎝とできる。したがって，縦には最大で４枚はれる。よって，パネルの１面に横向きの画用紙は，最大で４×２＝８(枚)はれる。38÷８＝４余り６より，横向きの画用紙を全部はるのに，４＋１＝５(面)必要となる。

縦向きの画用紙は，〔問題１〕の解説より，パネルの１面に最大で３×３＝９(枚)はれるとわかる。21÷９＝２余り３より，縦向きの画用紙を全部はるのに，２＋１＝３(面)必要となる。

パネル１台に２面ずつあるから，求める必要なパネルの台数は，(５＋３)÷２＝４(台)である。

〔問題３〕　〔ルール〕の⑶について，サイコロで出た目の数に20を足して，その数を４で割ったときの余りの数を求めるが，20は４の倍数だから，サイコロの目に20を足して４で割っても，サイコロの目の数を４で割っても余りの数は同じになる。

先生のサイコロの目は，１，２，５，１だから，進んだ竹ひごの数は，５÷４＝１余り１より，１，２，１，１である。したがって，**あ**→**え**→**う**→**い**→**う**となり，**い**でゲームが終わる。よって，先生の得点は，１＋２＋１＝ア４(点)となる。

サイコロを４回ふってゲームが終わるのは，４回目に**か**に着くか，４回目に一度通った玉にもどる目が出たときである。このことから，１回目に**い**，**う**，**え**，**お**のいずれかに進んだあとは，**い**，**う**，**え**，**お**のならびを時計周りか反時計回りに２つ進んだあとに，**か**に進むかまたは一度通った玉にもどる目が出たとわかる。したがって，１回目に進む玉で場合を分けて調べていき，３回目に進んだときの得点を求め，それが７点ならば，そこから一度通った玉にもどる目が出ることで条件に合う進み方になり，７点ではなくても，そこから**か**に進むことで７点になれば，条件に合う進み方になる。

例えば，１回目に**い**に進んだ場合，３回目までは**あ**→**い**→**う**→**え**の３＋１＋２＝６(点)か**あ**→**い**→**お**→**え**の３＋０＋３＝６(点)となるが，ここから**か**に進んでも６＋０＝６(点)にしかならない。このため，この場合は条件に合わないとわかる。

このように１つ１つ調べていってもよいが，得点が７点であることから，１回進むごとに２点か３点ずつ増えたのではないかと，あたりをつけることもできる。このように考えると，１回目は**い**か**お**に進んだと推測できる。**い**はすでに条件に合わないことがわかったので，**お**に進んだ場合を調べると，**あ**→**お**→**え**→**う**で得点が２＋３＋２＝７(点)になるとわかる。このあと，**あかえ**にもどる目が出ればよいので，サイコロの目はイ２，ウ３，エ２，オ４(オは２でもよい)となればよい。

なお，サイコロの目の数が６のときも，４で割った余りの数は２だから，２は６でもよい。

2　**〔問題１〕**　解答例の「新しくバスの営業を開始しやすくなり」は「新たな路線を開設しやすくなり」でも良い。図２より，実際に走行したきょりは，2001年度が約292500万㎞，2015年度が約314000万㎞だから，20000万㎞以上増加していることがわかる。そのことを，表１の2001年度の「バスの営業を新たに開始したり，新たな路線を開設したりしやすくするなど，国の制度が改められた」と関連付ける。また，図１を選んだ場合は，解答例の「実際に走行したきょり」を「合計台数」に変えれば良い。

〔問題２〕　解答例のほか，設計の工夫に「手すりの素材」「ゆかの素材」を選び，共通する役割に「足腰の弱った高齢者にとって，手すりやゆかがすべりにくい素材となっていることにより，乗りおりのときや車内を移動するときに，スムーズに歩くことができる。」としたり，設計の工夫に「車いすスペースの設置」「降車ボタンの位置」を選び，共通する役割に「車いすを利用する人にとって，車内に車いすスペースが設置されていることと，降車ボタンが低くつくられていることにより，乗車中やおりるときに，車いすでも利用しやすくなる。」としたりすることもできる。

〔問題３〕　課題について，先生が「乗合バスが接近してきたときには，(一般の自動車が)『バス優先』と書かれた車線から出て，道をゆずらなければいけない」と言っていることから，バス以外の自動車による交通渋滞が発生する恐れがあると導ける。解決について，図６で，運用１か月後の平均運行時間が運用前よりも２分近く短縮されたこと，図７で，運用１か月後の所要時間短縮の成功率が運用前よりも 30%近く高くなったことを読み取り，このような運行状況の向上を宣伝することで，交通手段としてバスを選ぶ人を増やし，渋滞を回避するといった方法を導く。

3　〔問題１〕　A．123.5－(54.1＋48.6＋7.5)＝13.3(ｇ)　B．123.2－(54.1＋48.6＋2.7)＝17.8(ｇ)
C．120.9－(54.1＋48.6＋3.3)＝14.9(ｇ)　D．111.8－(54.1＋48.6＋4.2)＝4.9(ｇ)

〔問題２〕(1)　表５で，５ｍ地点から 10ｍ地点まで(同じきょりを)走りぬけるのにかかった時間が短いときほど車の模型が速く走ったと考えればよい。　(2)　①…モーターはアが最も軽いが，プロペラがＥとＦのときにはイ，プロペラがＧのときにはイとウ，プロペラがＨのときにはウが最も速く走ったので，予想が正しくなる場合はない。②…プロペラの中心から羽根のはしまでの長さは長い順にＨ，Ｇ，Ｆ，Ｅで，これはモーターがウのときの速く走った順と同じだから，予想が正しくなる場合がある。

〔問題３〕(1)　(あ)が 60°で，(あ)と(い)の和が 70°になるのは，(い)が 70－60＝10(°)のときである。したがって，表６で，(あ)が 60°，(い)が 10°のときの結果に着目すると，×が当てはまる。　(2)　(1)のように考えて表７に記号を当てはめると，右表のようになる。車が前に動くのは記号が○のときだけだから，○になるときの条件をまとめればよい。

		(あ)と(い)の和					
		60°	70°	80°	90°	100°	110°
(あ)	20°	×	×	×	×		
	30°	×	×	×	×	×	
	40°	×	×	×	△	△	△
	50°	×	×	×	△	○	○
	60°		×	×	△	○	○
	70°			×	△	○	○
	80°				△	○	○

《解答例》

1 〔問題1〕式…57000000÷190＝300000　390000000÷300000＝1300　1300－190＝1110
光が届くまでの時間の差…1110　〔問題2〕(男子の平均を選んだ場合)28，２，３
(女子の平均を選んだ場合)18，２，８　〔問題3〕花屋とたい焼き屋の位置が⑥なのか⑫なのか

2 〔問題1〕

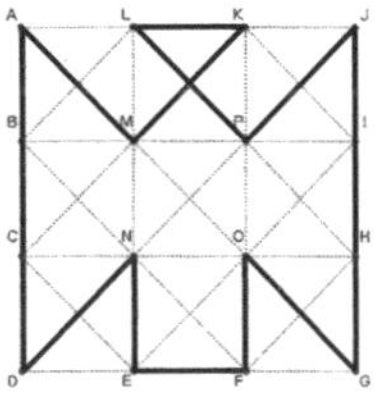

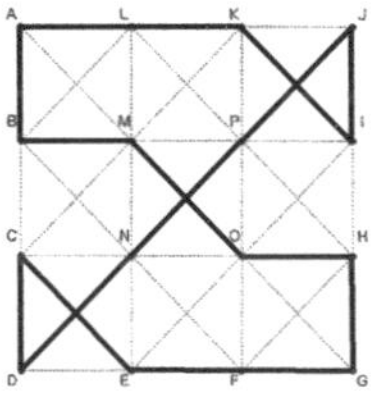

などから1つ

〔問題2〕

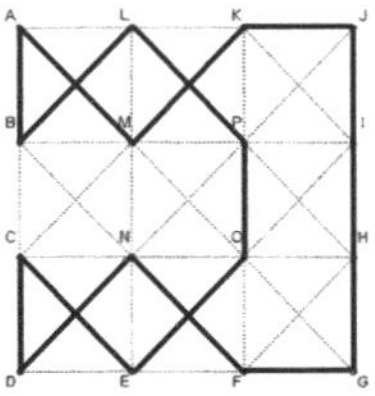

8点となる移動の仕方

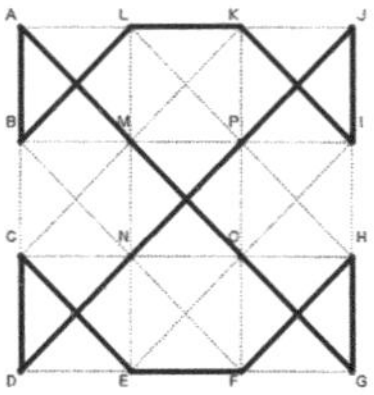

10点となる移動の仕方

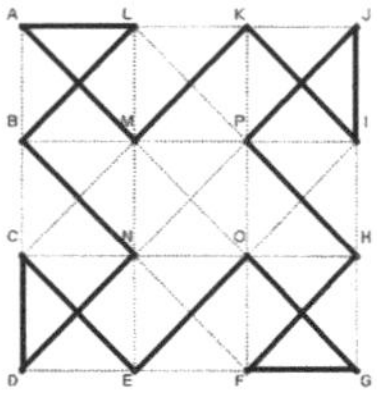

12点となる移動の仕方

《解　説》

1 **〔問題1〕**　光は1秒で57000000÷190＝300000(km)進むから，390000000 kmのときは，火星に届くまでに390000000÷300000＝1300(秒)かかる。よって，求める差は，1300－190＝1110(秒)

〔問題2〕　単位を先にインチにしてから考えるとよい。男子の平均は，26.289m＝2628.9㎝，つまり，2628.9÷2.54＝1035(インチ)である。よって，1035÷36＝28余り27，27÷12＝２余り３より，男子の平均は，28ヤード２フィート３インチである。同様にして，女子の平均は，17.272m＝1727.2㎝＝680インチだから，680÷36＝18余り32，32÷12＝２余り８より，18ヤード２フィート８インチである。

〔問題3〕　南から北に向かって歩くと，右側に魚屋とパン屋(パン屋が北側)があり，魚屋とパン屋の間には２つのお店がある。また，魚屋の南隣《みなみとなり》にはケーキ屋があるから，パン屋は⑦か⑧の位置にあることがわかる。パン屋の向かいは薬局であり，②の位置にはコンビニエンスストアがあるから，①，⑦，⑩，⑪の位置にそれぞれ，薬局，パン屋，魚屋，ケーキ屋がある。電気屋と本屋は向かい側にあり，電気屋の北隣に美容院，本屋の南隣に洋服屋があるので，③，④，⑧，⑨の位置にそれぞれ，本屋，洋服屋，美容院，電気屋がある。たい焼き屋と花屋は向かい側にあるので，⑥か⑫のいずれかの位置にあるから，残りの⑤の位置にクリーニング屋がある。まとめると右図のようになるので，花屋とたい焼き屋の位置が⑥なのか⑫なのかという情報が不足している。

北

薬局	歩行者通路	パン屋
コンビニ		美容院
本屋		電気屋
洋服屋		魚屋
クリーニング		ケーキ屋
⑥		⑫

南

2 〔問題１〕 解答例の他にも，以下のように考えることもできる。

図Ⅰ

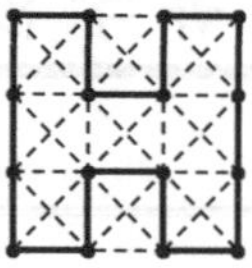

図Ⅱ

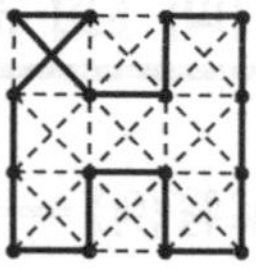

図Ⅲ

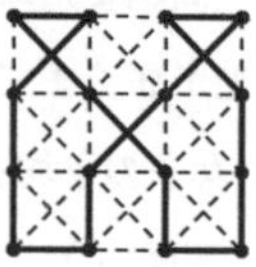

いきなり条件をすべて満たす形を見つけるのは難しいので，線対称であり，点対称でもある，得点が０点となる移動の仕方を考えると，右図Ⅰが見つかる(他にもいくつかある)。この図形を変形して，条件を満たす形にする。図Ⅰの図形について，向かい合う２本の線を⑤，⑥のような，ななめの移動に変えると，図Ⅱのように得点が２点増える。よって，このような変形を６÷２＝３(回)くり返し，線対称であるが点対称でない形になるように変形すると，図Ⅲのような移動の仕方が見つかる。

なお，解答例や図Ⅲの移動の仕方以外にも，条件に合う移動の仕方はいくつかある。

〔問題２〕 解答例のように８点，10点，12点を個別で考えて解答を求めることもできるが，以下のように考えることもできる。まず，12点となる移動の仕方を見つけ，問題１の解説の逆の考え方で，10点，８点となる移動の仕方を見つける。

図ⅰ

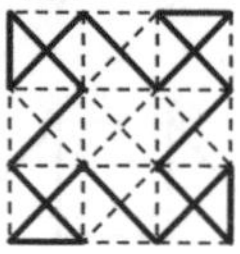

図ⅱ

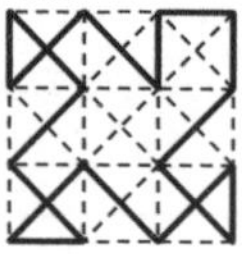

図ⅲ

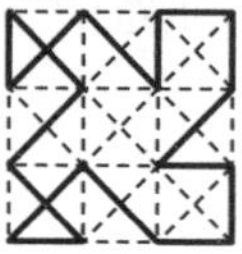

A→M→C→E→D→…のように，⑤，⑥の移動を交互にくりかえし，その移動でDのように通れない点は横や縦に移動するように，できるだけななめの移動が多くなるように移動すると，図ⅰのような12点の移動の仕方が見つかる。

図ⅰについて，⑤，⑥の移動が重なっている線を１組，向かい合う線に変えると，図ⅱのように得点が２点減り，12－２＝10(点)となる。同様にして，さらに１組だけ変えると，図ⅲのような得点が８点となる移動の仕方が見つかる。

なお，解答例や図ⅱ，ⅲの移動の仕方以外にも，条件に合う移動の仕方はいくつかある。

《解答例》

1 〔問題１〕本を読み通すだけでなく、積極的に調べたり、ちがう本を読んだりする

〔問題２〕本の内容が二十年後にも通用するという見通しをもって書くようにする

〔問題３〕(例文)

「子ども向けの本としてはつまらない本になってしまう」という点が誤解だと思います。

かこさんは、「まず原理原則を子どもさんにわかるようにしてもらおうと考えました。」、「順を追ってゆっくりと記述しながら、だんだんと遠い宇宙へ一緒に旅をするということを心がけました。」と述べています。また、科学の本の軸にしたいこととして、「おもしろさ」と「総合性」と「発展性」の三つを挙げる中で、「私は内容がよければよいほど、おもしろさというものが必要だと考えています。」と述べています。これらの考えをもとに書かれるから、つまらない本にはならず、わかりやすくておもしろい本になるはずです。

本を読んでおもしろいと感じ、関心や興味を持ったら、さらに他の本を読んだり、自分で考えを深めたりします。その際に、かこさんが挙げた「総合性」と「発展性」が大事になると考えました。だから私は、これから本を読むときに、本質や全体像をつかもうとする姿勢と、未来につなげて考える視点を持つことを心がけようと思います。

《解　説》

1 **〔問題１〕**　まず、傍線部《ぼうせんぶ》㋐の直後の「『もうやめなさい』とこちらが言いたくなるぐらいに熱中して、突《つ》き進《すす》んじゃう」ということになる。これにあたる内容を文章２の中から探《さが》す。子どもがおもしろさを感じるとどうなるかを述べているのは第２段落《だんらく》。「おもしろいというのは、一冊《さつ》の本をよみ通し、よく理解してゆく原動力になるだけでなく、もっとよく調べたり、もっと違《ちが》うものをよんだりするというように、積極的な行動にかりたてる」という部分からまとめる。

〔問題２〕　かこさんが本を書くとき、子どもたちの将来《しょうらい》を考えて、どのようなことを心がけているか。もっとも明確に述べているのが、文章１の、かこさんの最初の発言。「子どもさんが成人したときに、『なんだ、昔読んだ本と内容がちょっと違うじゃないか』なんてことになったら、大変問題になります」と、子どもたちの将来を考えている。そして「ですから、二〇年後にも通用するという見通しを持って書かなければいかん」とあるのが、そのためのかこさんの態度。よって、下線部を用いてまとめる。

〔問題３〕　まず、ひかるさんが「それは誤解《ごかい》のような気がします」と言った、「それ」の指す内容を読み取る。それは、直前で友だちが言った「それだと(＝むずかしそうな専門知識《せんもんちしき》を調べた上で本を作っていると)、私《わたし》たち子ども向けの本としてはつまらない本になってしまう」ということ。この内容を第一段落に書く。次に、なぜそれが誤解なのか、実際はどうなのか、ということを、文章１と文章２の内容を用いて説明する。かこさんは、科学絵本を書くときに、たくさんの論文《ろんぶん》を読《よ》み込《こ》んで書く。しかし、そのことが絵本をむずかしくしているわけではなく、むしろ「まず原理原則を子どもさんにわかるようにしてもらおう」「順を追ってゆっくりと記述しながら」と、わかりやすく導く工夫がされている。そして、子どもたちが「真っ当な面白《おもしろ》さ」にであえるように、「興味を持ってもらえればと思って」書いているのである。さらに、科学の本の軸《じく》にしたいという「おもしろさ」「総合性」「発《はっ》

展性《てんせい》」のうち、「おもしろさ」について、「私は内容がよければよいほど、おもしろさというものが必要だと考えています」と述べている。つまり、かこさんは、わかりやすくおもしろい本にすることを心がけて書いているのである。ここから、「つまらない本になってしまう」とは言えないことを説明しよう。ここまでの内容をふまえて、本を読むときに何を心がけるべきか。ひかるさんは「かこさんの考えを知って、本を読むときに心がけたいこともできました」と言っているから、かこさんが本を書くときに大切にしていることを、自分が本を読むときに重ねて考えてみよう。

両国高等学校附属中学校　2019 平成31年度　適性検査Ⅱ

《解答例》

1 〔問題1〕

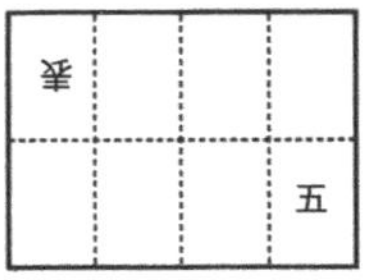

〔別解〕

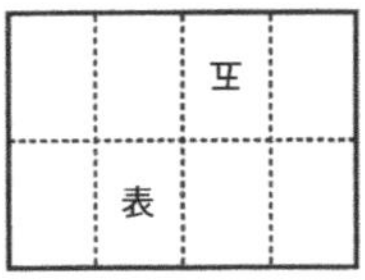

〔問題2〕約束2で表現したときの漢字と数字の合計の個数…44　漢字と数字の合計の個数が少ない約束…1

理由…このも様では、文字と数字でも様を表現するとき、列よりも行で表現したほうが、同じ色がより多く連続するため。

〔問題3〕「★」の位置に置くおもちゃの向き…

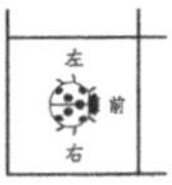

カードの並べ方…①②⑤④①②⑤①③①

〔別解〕「★」の位置に置くおもちゃの向き…

カードの並べ方…①③①②⑤①④②⑤①

2 〔問題1〕(あ)日本人の出国者数も、外国人の入国者数も大きな変化がない　(い)2　(う)日本人の出国者数は大きな変化がないが、外国人の入国者数は増加した　(え)3

〔問題2〕選んだ地域…松本市　あなたの考え…多言語対応が不十分で外国人旅行者がこまっているので、多言語表記などのかん境整備をしているから。

〔問題3〕役割1…外国人旅行者にとって、日本語が分からなくても、どこに何があるかが分かるようなほ助となっている。　役割2…その場で案内用図記号を見て地図と照らし合わせることで、自分がどこにいるかが分かるようなほ助となっている。

3 〔問題1〕比べたい紙…プリント用の紙　基準にするもの…紙の面積　和紙は水を何倍吸うか…2.3

〔問題2〕選んだ紙…新聞紙　せんいの向き…B　理由…実験2の結果ではどちらの方向にも曲がっていないのでせんいの向きは判断できないが、実験3の結果より短ざくBの方のたれ下がり方が小さいから、せんいの向きはB方向だと考えられる。

〔問題3〕⑴A　⑵4回めのおもりの数が3回めより少ないので、なるべく紙がはがれにくくなるのりを作るために加える水の重さが、3回めの70gと4回めの100gの間にあると予想できるから。

《解　説》

1　〔問題１〕　図２のしおりの作り方より，しおりにする前の紙の真ん中の横の点線がしおりの上になるとすると，文字の向きは右図ｉのようになるとわかる。
右図ⅱの矢印で示したページを表紙とすると，１ページ目から，ＡＥＦＧＨＤＣＢとなるとわかるから，５ページ目はＨのページである。また，Ｆのページを表紙とすると，５ページ目はＣのページとなる。他に表紙にできるページはＨとＣのページがあり，それぞれ解答例の図を上下逆にしたものと同じになる。

図ｉ

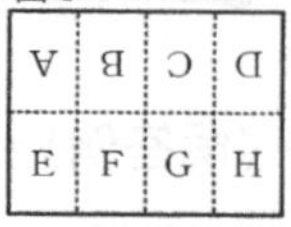

図ⅱ

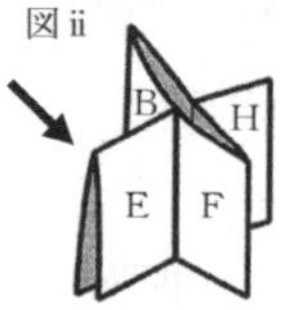

〔問題２〕　図９で表現された模様を図 10 に書きこむと，右図ⅲのようになる。したがって，約束２で表現すると，右図ⅳのようになるから，漢字と数字の合計の個数は，
５＋９＋７＋５＋５＋５＋５＋３＝44(個)である。
図９より，約束１で表現すると，漢字と数字の合計の個数は，
２＋３＋３＋４＋４＋４＋３＋２＝25(個)だから，約束１を使ったほうが表現する漢字と数字の合計の個数は少なくなる。

図ⅲ

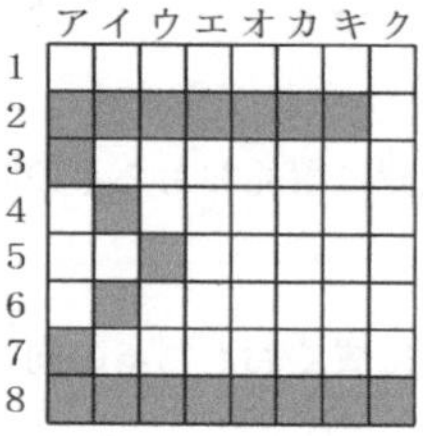

図ⅳ

白	白	白	白	白	白	白	白
1	1	1	1	1	1	1	7
2	1	1	1	1	1	1	1
3	1	2	5	5	5	5	
2	1	1	1	1	1	1	
	1	2					
	1	1					
	1						
	1						

〔問題３〕　「え」を通り「お」まで行くときの最短の行き方は，それぞれ右表のようになる。
このときのカードの並べ方を考えると表のようになり，それぞれ 10 枚で行けるとわかる。

最初のおもちゃの向き	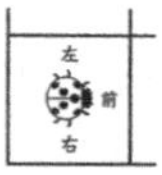	
最短の行き方	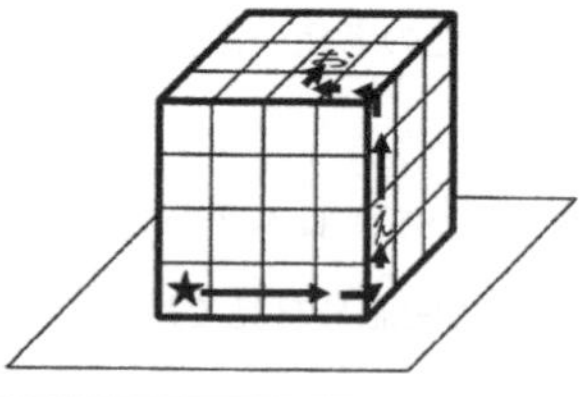	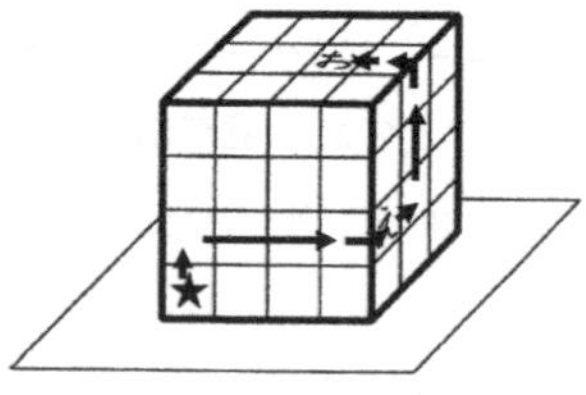
カードの並べ方	①②⑤④①②⑤①③①	①③①②⑤①④②⑤①

なお，①②が連続して並んでいるところは，②①の順番でもよい。

2　〔問題１〕(あ)　2006 年から 2012 年までの間，日本人の出国者数は 1600～1800 万人前後，外国人の入国者数は 700～900 万人前後と大きな変化がない。　(い)　2012 年は，日本人の出国者数が約 1800 万人，外国人の入国者数が約 900 万人なので，日本人の出国者数は外国人の入国者数の 1800÷900＝２(倍)となる。　(う)(え)　2012 年から 2017 年までの間，日本人の出国者数は 1600～1800 万人前後と大きな変化がない。一方で，外国人の入国者数は 2012 年が約 900 万人，2017 年が約 2700 万人なので，2017 年は 2012 年の 2700÷900＝３(倍)増加している。

〔問題２〕　表３より，訪日外国人旅行者の受け入れ環境として不十分である点を読み取り，表２より，それぞれの地域ではその課題解決に向けてどんな取り組みをしているかを読み取る。解答例のほか，「高山市」を選んで，「コミュニケーションがとれなくて外国人旅行者がこまっているので，通訳案内士を養成しているから。」や，「白浜町」を選んで，「情報通信かん境が不十分で外国人旅行者がこまっているので，観光情報サイトをじゅう実させているから。」なども良い。

〔問題３〕　図７のマーク(ピクトグラム)が，日本を訪れる外国人に向けて，言葉が書かれていなくても絵で意味することがわかるようになっていることに着目しよう。ピクトグラムは，日本語のわからない人でもひと目見て何を表現しているのかわかるため，年齢や国の違いを越えた情報手段として活用されている。解答例のほか，「外国人旅行者にとって，日本語が分からなくても，撮影禁止や立入禁止などのルールが分かるようなほ助となっている。」なども良い。

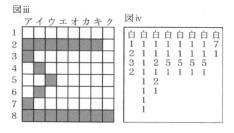

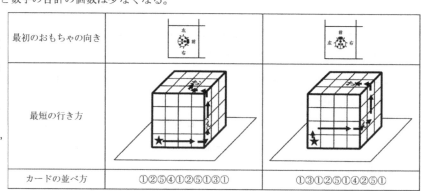

3　〔問題１〕　解答例のように，プリント用の紙で，紙の面積を基準にしたときは，面積１㎠あたりで吸う水の重さを比べればよい。和紙では $0.8\div40=\frac{0.8}{40}$(g)，プリント用の紙では $0.7\div80=\frac{0.7}{80}$(g)だから，和紙はプリント用の紙より水を $\frac{0.8}{40}\div\frac{0.7}{80}=2.28\cdots\to2.3$ 倍吸うと考えられる。また，プリント用の紙で，紙の重さを基準にしたときには，重さ１gあたりで吸う水の重さを比べればよい。和紙では $0.8\div0.2=4$(g)，プリント用の紙では $0.7\div0.5=1.4$(g)だから，和紙はプリント用の紙より水を $4\div1.4=2.85\cdots\to2.9$ 倍吸うと考えられる。同様に考えると，新聞紙では，面積を基準にしたときには 1.9 倍，重さを基準にしたときには 1.5 倍となり，工作用紙では，面積を基準にしたときには 0.5 倍，重さを基準にしたときには 3.2 倍となる。

〔問題２〕　紙には，せんいの向きに沿って長く切られた短冊の方が垂れ下がりにくくなる性質があるから，図５で，短冊Ｂの方が垂れ下がりにくいことがわかる新聞紙のせんいの向きはＢ方向である。同様に考えれば，プリント用の紙のせんいの向きはＡ方向である。また，水にぬらしたときに曲がらない方向がせんいの向きだから，図３より，せんいの向きは，プリント用の紙はＡ方向，工作用紙はＢ方向である。どの紙について答えるときも，実験２の結果と実験３の結果のそれぞれについてふれなければいけないことに注意しよう。

〔問題３〕　表２では，加える水の重さが重いほどおもりの数が多くなっているので，４回めに加える水の重さを 100 g にしたとき，おもりの数が 53 個より多くなるのか少なくなるのかを調べ，多くなるようであれば５回めに加える水の重さを 100 g より重くし，少なくなるようであれば５回めに加える水の重さを 70 g と 100 g の間にして実験を行えばよい。したがって，⑴はＡかＤのどちらかを選び，Ｄを選んだときには，⑵の理由を「４回めのおもりの数が３回めより多いので，なるべく紙がはがれにくくなるのりを作るために加える水の重さが４回めの 100 g より重いと予想できるから。」などとすればよい。

《解答例》

1 〔問題１〕１、２、３、４、６、８、９、11、13、16、18、23

〔問題２〕人間の活動によって持ちこまれた

〔問題３〕右図

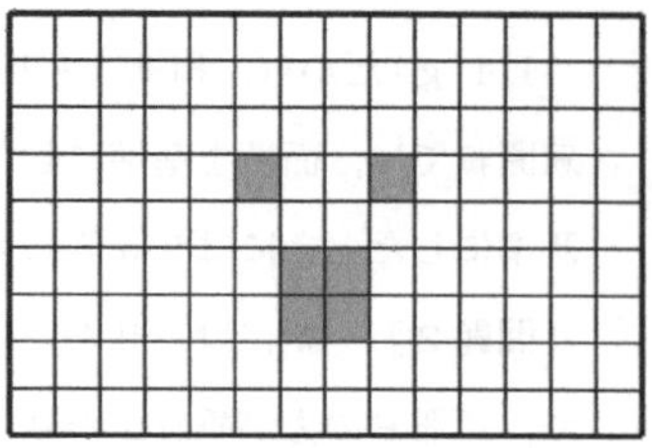

2 〔問題１〕理由…りょうさんが最初に５で割ったことから、(ウ)の４けたの暗証番号が奇数であり、３の倍数ではないときの記録の仕方を逆に計算していったとわかる。しかし、1188は偶数だから、1188は正しくないとわかる。

式…(ア)より、116788320÷２＝58394160　２つの４けたの数に分けると、5346と8910である。

5346÷３＝1782、8910÷５＝1782　これは条件に合う。

(イ)より、116788320÷３＝38929440　２つの４けたの数に分けると、3994と8240である。

3994÷２＝1997、8240÷５＝1648　これは条件に合わない。

正しいもとの４けたの暗証番号…1782

〔問題２〕1600

《解　説》

1 **〔問題１〕**　２種類の整数を足し合わせて作ることができない整数を見つける問題は，以下のように解くことができる。５と７を組み合わせるので，整数を１から順に５段もしくは７段になるように並べる。今回は５段に並べることにする。そして，５の倍数と７の倍数に○をつける(図Ⅰ参照)。次に，７の倍数それぞれに５を何回も足してできる数に○をつけていくと，図Ⅱのように，７の倍数よりも右にある数字すべてに○がつく。○をつけた数が作ることのできる数だから，買うことができない枚数は，１，２，３，４，６，８，９，11，13，16，18，23(枚)である。

図Ⅰ

1	6	11	16	㉑	26	31	…	…
2	⑦	12	17	22	27	32	…	…
3	8	13	18	23	㉘	33	…	…
4	9	⑭	19	24	29	34	…	…
⑤	⑩	⑮	⑳	㉕	㉚	㉟	…	…

図Ⅱ

1	6	11	16	㉑	㉖	㉛	(…)	(…)
2	⑦	⑫	⑰	㉒	㉗	㉜	(…)	(…)
3	8	13	18	23	㉘	㉝	(…)	(…)
4	9	⑭	⑲	㉔	㉙	㉞	(…)	(…)
⑤	⑩	⑮	⑳	㉕	㉚	㉟	(…)	(…)

〔問題２〕　意図的(アライグマやウシガエルなど)か意図的でない(シロツメクサなど)かのちがいはあるが，いずれにしても人間の活動によって日本に持ちこまれた生き物である。外来種に限らず，その地域にもともと生息していない生き物を持ちこむことは，その地域の生態系を壊《こわ》すおそれがあるので，出かけた先で採取した生き物をむやみに持ち帰ってはいけない。

〔問題３〕　図２のときの立ち入り禁止の部分の面積は，１辺が１mの正方形が８個と，半径が１m，中心角が90度のおうぎ形４個の面積の和だから，$(1\times1)\times8+(1\times1\times3.14\times\frac{90}{360})\times4=8+3.14=11.14$(㎡)である。

これは22.28㎡のちょうど$\frac{1}{2}$だから，台４＋２＝６(個)の立ち入り禁止の部分が，正方形８×２＝16(個)とおうぎ形４×２＝８(個)を組み合わせた形になればよい。よって，右図のような位置に台を２個置くと，立ち入り禁止の部分が22.28㎡になる。

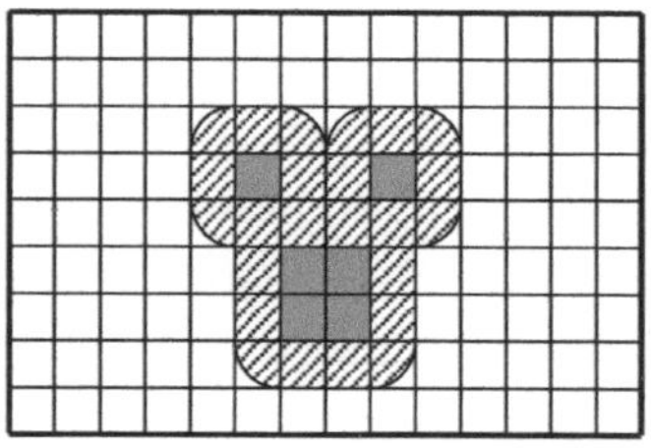

2 〔問題２〕 (イ)と(ウ)の場合，暗証番号が奇数で，さらに３の倍数かどうかを確認する必要があるので，暗証番号が偶数であるという条件だけの(ア)の記録の仕方を利用して，求めるのが簡単であろう。

記録する数が 96000000 から 100000000 までの数のとき，最後２をかける前の数は，96000000÷２＝48000000 から，100000000÷２＝50000000 までの数である。したがって，暗証番号に３をかけた数の千の位の数が４で，暗証番号に５をかけた数の千の位の数が８より大きい数を探す。暗証番号の千の位の数は１だから，暗証番号に３をかけて千の位の数が４となる百の位の数として，４，５，６が見つかる。また，暗証番号に５をかけて千の位の数が８より大きくなる百の位の数として，６，７，８，９が見つかる。したがって，百の位の数は６と決まるから，暗証番号を 1600 として計算してみる。1600×３＝4800，1600×５＝8000 だから，この２つの数を組み合わせてできる８けたの数は，48800000 となり，記録する数は，48800000×２＝97600000 である。よって，これは条件に合う。なお，解答は他にもたくさんあるが，暗証番号が奇数で条件に合うものはない。

《解答例》

1 〔問題１〕いままでとはまるでちがう環境に身をおくことで、いままで知らなかった意外な自分自身に出会うこと。

〔問題２〕自分はなにもしてあげられなかったのに、親切にしてもらったこと。

〔別解〕何の役にも立たない自分を受け入れ、安全に過ごせるように気を配ってくれたこと。

〔問題３〕お互いの歴史をしっている二人が、ともに成長しているから。

〔問題４〕（例文）

文章１には、日本とはちがう環境、文化に身をおきたいと思った筆者が、南米に行き、現地の人々と交流する中で、医者になるという夢を見つけたことが書かれている。文章２には、互いの成長を見逃さないような友情関係を築くことで、向上心をもつことができ、共に高め合いながら成長していくことができると書かれている。

文章１と２から、他人からえいきょうを受けて、人間は成長するのだとわかった。私は成長のためには、ライバルが大切だと思う。私は走るのが得意だが、いつも競い合っている友人がいる。体育で記録を計る時にはどちらが速かった

かをお互いに比べている。この前のスポーツテストの時には、負けてしまったので、次は絶対に勝とうと思って、放課後に練習している。ライバルの友人がいなければ、このような努力はしなかったと思う。相手のすばらしさを認め、自分もそれに負けないようにがんばることが成長につながると思う。

《解　説》

1 〔問題１〕　第４段落に「いままでとちがう環境《かんきょう》に自分をおいてみたかった」「そこ（＝外国のいろいろな土地を旅して、いままでとちがう環境）に自分をほうりこむことで、いままで気づかなかった、意外な自分自身が見えてくるのではないだろうか」とある。問題文に「文章１から読み取ったことを～書きなさい」とあるので、この部分の語句をそのままぬき出して書くのではなく、この部分から、筆者が「期待していたことは何」か、読み取ったことを自分のことばで書くようにする。

〔問題２〕　傍線《ぼうせん》部②をふくむ段落の１～２段落前に、インディオたちの行動について、「彼《かれ》らはぼくを受けいれ、安全にすごせるように気を配ってくれました」「こんなに親切にしてもらって」とある。しかし、筆者は自分のことを「なんの役にもたたない居《い》候《そうろう》」と表現し、「ぼくは（彼らに）なにもしてあげられない」と述べている。だから、筆者は「『申しわけない』と思うにいたった」のだ。

〔問題３〕　傍線部③の具体的な例が、傍線部③をふくむ段落の１～３段落後に挙げられている。それについての筆者の考えが、その直後の段落に「お互《たが》いの今までの歴史をしっていて、しかも両方が向上しているからわかるんだと思う」と述べられている。問題文に「文章２のことばを使って～書きなさい」とあるので、そのままぬき出すのではなく、分かりやすく整理して書くようにする。

〔問題４〕　作文の課題は、「二つの文章を読んで」「自らを『成長』させるためには何が大切」と考えたかを書くというもの。条件１・２は、課題に対する自分なりの答えを出すための手順となる。条件１は、第一段落《だんらく》には、二つの文章の要点をそれぞれまとめるというものなので、文章中の「筆者の体験や意見」の大事な部分に線を引くなどしてか

ら、過不足なくまとめる。条件２は、第二段落からは、課題に対する答えを、自分の「経験をふまえ」て書くというもの。二つの文章から読み取ったことをもとに自分なりの考えを書くのは当然だが、自分の「経験をふまえ」たものでなければならない。どの経験について書くかを決めて、メモをとってから書き始めるとよい。自分の経験を具体的に書くと、説得力のある文章になる。

《解答例》

1　〔問題1〕

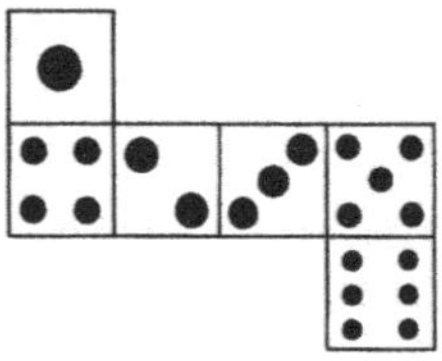

〔問題2〕式…[4] ÷ [2] ⊕ [1] ⊗ [5] ＝ 7

説明…⊕の前の部分と後ろの部分に着目して、和が7になる二つの数の組み合わせを考えると、2と5がある。異なる四つの数を使って、4÷2＝2、1×5＝5となるから。

〔問題3〕手前に見える二つの面の目の数の組み合わせ…2，4　合計…60

太郎さんが気づいたおもしろいこと…1の目の面を上にしたままで、さいころの置き方をいろいろ変えても、見かけ上8個のさいころの見えている面の目の数の合計は60になること。

2　〔問題1〕見る場所から東京スカイツリーまでのきょりが、見る場所から東京タワーまでのきょりの約2倍であるとき。

〔問題2〕選んだ表…表1

説明…東海道新幹線がつないでいる都市は、東京23区、横浜市、名古屋市、京都市、大阪市といった人口が多いところである。

〔問題3〕図3…

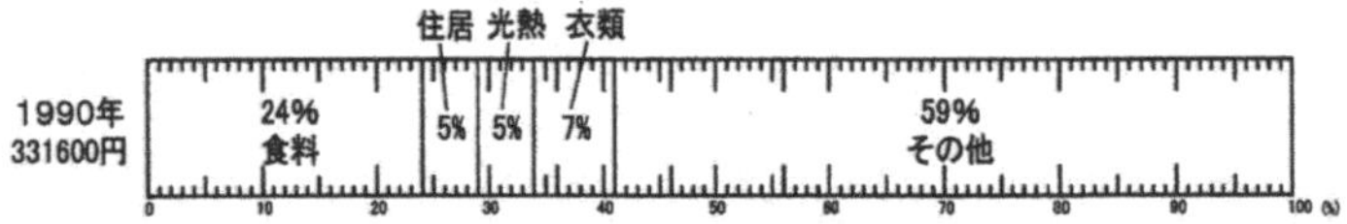

説明…図3からは、1965年から1990年までの25年間で消費支出の中で食料がしめる割合が減ったことがわかる。図4からは、この25年間で、家庭電化製品や乗用車のふきゅうが進んだことがわかる。

これらの資料から、家庭電化製品や乗用車を買うなど、くらしの変化の中で食料以外のものにも多くのお金を使うようになったと読みとれる。

3　〔問題1〕選んだ観察…花子

選んだ花粉…スギ

1㎠あたりの花粉の数…250

説明…見えているはん囲の面積は4㎟で、そこにスギの花粉が10個ある。

1㎠＝100㎟で、100㎟は4㎟の25倍である。よって1㎠あたりの花粉の数は、10個の25倍で250個となる。

〔問題2〕(1)(あ)上空の砂の量が多い　(い)上空の砂が高いところにある

(2)選んだ図の番号…①　グラフの記号…ア　〔別解〕選んだ図の番号…②　グラフの記号…エ

〔問題3〕選んだ図…図5

説明…図5によると、春に比べて夏は平均月降水量が多い。

そのため、要因①のかわいた砂の量が少なくなり、日本で黄砂が観測された日数が、春に比べて夏になると少なくなっていると考えられる。

選んだ図…図７

説明…図７によると、春に比べて夏は地表でふく強い風の観測回数が少ない。

そのため、要因②の巻き上げられる砂の量が少なくなり、日本で黄砂が観測された日数が、春に比べて夏になると少なくなっていると考えられる。

《解　説》

1 〔問題１〕 ６の面と向かい合う面の目の数は１だから，１は右図の位置とわかる。残りの㋐～㋓の面には，２と５，３と４がそれぞれとなりあわないように目をかけばよい。図１から２と３の目の向きがわかるので，図２と上下の方向が同じになるように２と３の目をかくことに注意する。それさえ正しければ「㋐，㋑，㋒，㋓」の目は，「４，２，３，５」，「５，４，２，３」，「３，５，４，２」，「２，３，５，４」のいずれであってもよい。

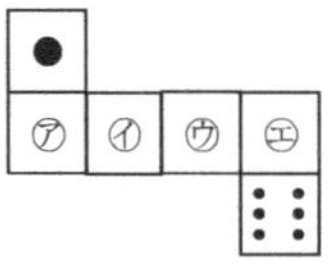

〔問題２〕 解答例のように和が７になる２つの数の組み合わせが２と５のとき，他に，６÷３＋１×５＝７などが考えられる。また３＋４＝７より，６÷２＋１×４＝７などが考えられる。

〔問題３〕 図６の上にある花子さんの発言に，「２組の向かい合う面については，それぞれ向かい合う面を同時に見ることができる」とあるが，これがヒントになっている。図６で言うと，「２組の向かい合う面」とは「２と５」の組と「３と４」の組である。「２と５」の組が４組，「３と４」の組が４組見えている。どちらの組も目の数の和は７だから，これら２組が見える面(全部で16面ある)の目の数の合計は，７×(４＋４)＝56となる。これに１の面４つ分を足すと，目の数の合計が56＋４＝60になるとわかる。花子さんが言う「２組の向かい合う面」がどのような組であっても，これら２組が見える16面の目の数の合計は必ず56になるので，面の目の数の合計は必ず60になる。「手前に見える二つの面の目の数の組み合わせ」は「２と４」，「４と５」，「３と５」のいずれでもよい。

2 〔問題１〕 東京タワーと東京スカイツリーが同じ高さに見えるときについて，右のように作図できる。ＡＢ：ＣＤはおよそ１：２だから，三角形ＯＣＤは三角形ＯＡＢを約２倍に拡大した三角形なので，ＯＢ：ＯＤはおよそ１：２である。よって，解答例のようになる。

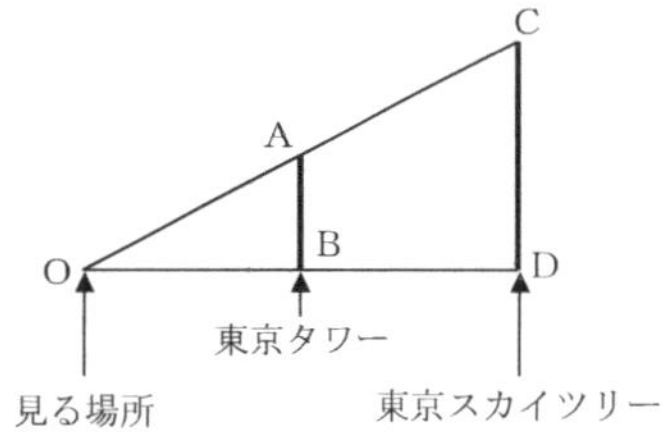

〔問題２〕　図２で東海道新幹線がつないでいるのは，東京都，神奈川県，静岡県，愛知県，岐阜県，滋賀県，京都府，大阪府である（右図参照）。表１から，人口数上位５位までの東京 23 区，大阪市，名古屋市（愛知県），横浜市（神奈川県），京都市などの都市の人口が 100 万人を超えていることを読み取り，これらの人口の多い都市すべてに東海道新幹線が通っていることに結び付けて考えよう。なお，説明文の中に具体的な都市名を２つ以上使うことを忘れないように注意しよう。解答例のほか，「図２と表２」を選んだ場合には，「東海道新幹線は，京浜工業地帯，中京工業地帯，阪神工業地帯の三大工業地帯を結んでいる。」などもよい。

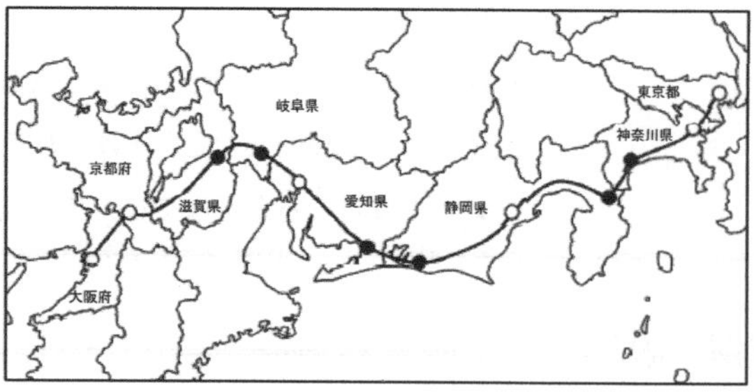

〔問題３〕①　食料は 80000÷331600＝0.241…より，小数第３位を四捨五入して，0.24 となる。住居は 16500÷331600＝0.049…より，小数第３位を四捨五入して，0.05 となる。光熱は 16800÷331600＝0.050…より，小数第３位を四捨五入して，0.05 となる。衣類は 23900÷331600＝0.072…より，小数第３位を四捨五入して，0.07 となる。その他は 194400÷331600＝0.586…より，小数第３位を四捨五入して，0.59 となる。

②　食料は 0.24＝24％となる。住居は 0.05＝５％となる。光熱は 0.05＝５％となる。衣類は 0.07＝７％となる。その他は 0.59＝59％となる。

③　花子さんが作成した 1965 年のグラフを参考にするとグラフを完成させやすい。なお，本来帯グラフは割合の高いものから表すが，図３の例があるのでその順どおりに書こう。

3　〔問題１〕　太郎さんが観察した花粉の様子では，見えているはん囲がせまく，数えられる花粉の数が少なすぎるので，花粉の数を求めるのには適していない。花子さんの観察でヒノキの花粉を選んだ場合の説明は「見えているはん囲の面積は４㎟で，そこにヒノキの花粉が８個ある。１㎠＝100 ㎟で，100 ㎟は４㎟の 25 倍である。よって１㎠あたりの花粉の数は，８個の 25 倍で 200 個となる。」とすればよい。

〔問題２〕⑴　（あ）Ａ１とＢ１のちがいは上空の砂の量のちがいであり，上空の砂の量が多いＡ１のほうがはね返ってきた光の量が多いことがわかる。（い）Ａ１とＣ１のちがいは上空の砂の高さのちがいであり，上空の砂が高いところにあるＡ１のほうが光がはね返ってくるまでの時間が長いことがわかる。　⑵　①Ａ１に対して砂の数が $\frac{2}{3}$ 倍で，砂の高さが $\frac{3}{4}$ 倍になっているので，Ａ２に対してはね返ってきた光の量が $\frac{2}{3}$ 倍で，光がはね返ってくるまでの時間が $\frac{3}{4}$ 倍になっているアが正答となる。②Ａ１に対して砂の数が $\frac{4}{3}$ 倍で，砂の高さが $\frac{1}{4}$ 倍になっているので，Ａ２に対してはね返ってきた光の量が $\frac{4}{3}$ 倍で，光がはね返ってくるまでの時間が $\frac{1}{4}$ 倍になっているエが正答となる。

〔問題３〕要因③と関連付けた説明は，図８を選び，「図８によると，春に比べて夏は上空の西から東へ向かう風の平均の速さがおそい。そのため，要因③の運ばれる砂の量が少なくなり，日本で黄砂が観測された日数が，春に比べて夏になると少なくなっていると考えられる。」とすればよい。

《解答例》

1 〔問題１〕式…$30-(3+2+15)=10$　ア に当てはまる数…10

〔問題２〕式…$30-3-\{(2+15)-(5+8)\}=23$　イ に当てはまる数…23

〔問題３〕

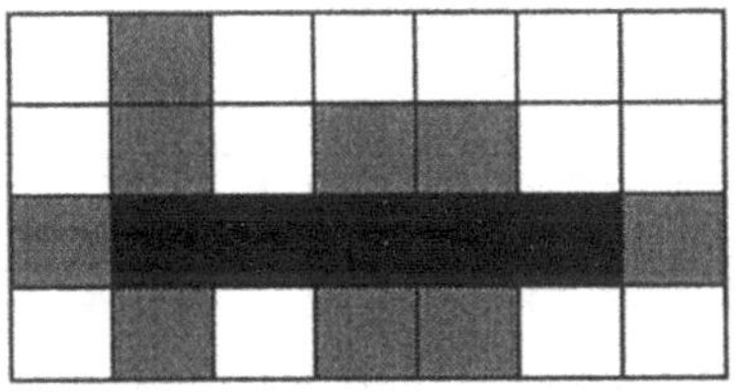

2 〔問題１〕式…$(3500\times 2+26000+1200)\div 3=11400$　必要な水の量…11400

〔問題２〕［調味料名／量／調味料名／量］［しょう油／１／トマトケチャップ／３］，
［しょう油／１／トマトケチャップ／４］，［しょう油／１／トマトケチャップ／５］，
［しょう油／２／トマトケチャップ／１］，［しょう油／２／トマトケチャップ／２］，
［しょう油／２／トマトケチャップ／３］，［しょう油／３／トマトケチャップ／１］，
［ソース／１／トマトケチャップ／３］，［ソース／１／トマトケチャップ／４］，
［ソース／１／しょう油／１］，［ソース／１／しょう油／２］，
［ソース／２／トマトケチャップ／１］のうち１組

《解　説》

1 **〔問題１〕**　A駅からE駅までずっと乗っていた人が一番少ない場合の人数を求めるので，D駅までに降りた人がすべてA駅から乗った人として考えればよい。A駅で乗った人数は30人だが，D駅までに降りた人数の合計は$3+2+15=20$(人)であり，この20人がすべてA駅から乗った人と考えると，この差にあたる$30-20=10$(人)はA駅からE駅まで乗っていたと考えられる。

〔問題２〕　A駅で乗った30人のうち３人はB駅で降りている。残りの$30-3=27$(人)のうちの何人かはC駅またはD駅で降りたことが考えられるが，A駅からE駅までずっと乗っていた人が一番多い場合を考えるから，27人のうちC駅またはD駅で降りた人が一番少ない場合を考えればよい。このため，C駅，D駅で降りた，合わせて$2+15=17$(人)の中には，B駅，C駅で乗った，合わせて$5+8=13$(人)がふくまれると考えればよいので，求める人数は，$27-(17-13)=23$(人)

〔問題３〕　あらかじめ黒くぬられた５個のますを，図Ⅰの色付きの面とし，展開図を谷折りして立体を組み立てると考える。図Ⅰの色付きの面の辺とつながる前と後ろにある左右下の側面と左上の側面の場所は図Ⅱのようにすぐにわかるから，太線で囲んだ面と，斜線《しゃせん》部分の面の位置を決めればよい。図Ⅰの太線の面は色付きのますとひと続きになるから，太線の面は，図Ⅱの太線で囲んだ面に決まる。図Ⅰの斜線部分の面の１つは，上にのった立方体の太線の面とも，最も左はじの色付きの面ともつながる場所にあり，もう１つの色付きの斜線部分の面は前述の斜線部分の面と太線で囲んだ面とつながる場所にあるので，図Ⅱの斜線部分の位置とわかる。このように，あらかじめ黒くぬられた５個のますを立体のどこの面とするかを初めに決めて，展開図を考えるとよい。図Ⅱを変形した図Ⅲのように，条件に合う展開図であれば正解である。なお，あらかじめ黒くぬられた５つの面を，図Ⅳの色付きの面としたとき展開図は図Ⅴのようになるように，解答例はいくつかある。

図Ⅰ
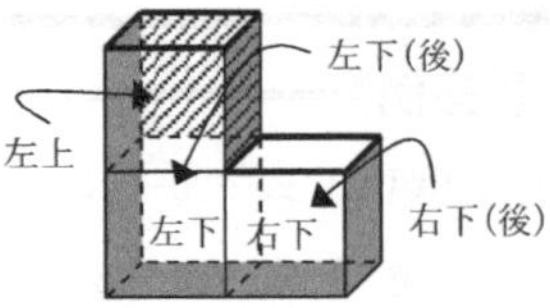

図Ⅱ
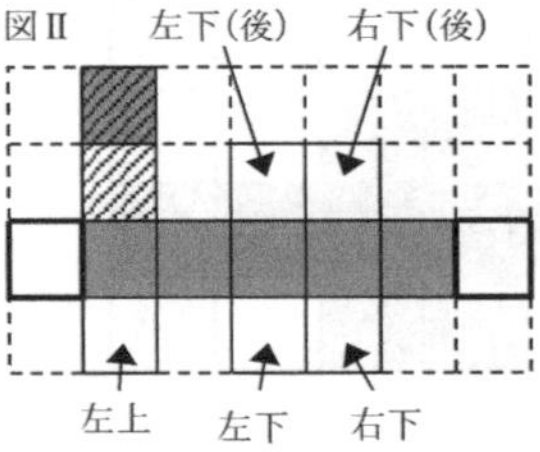

図Ⅲ
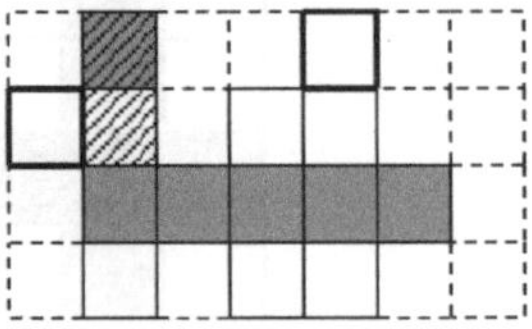

図Ⅳ
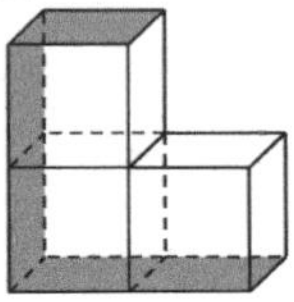

図Ⅴ
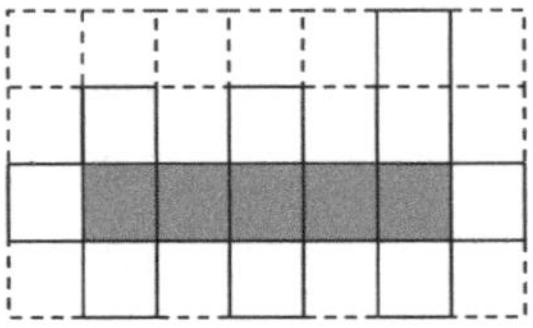

2　〔問題１〕　ソース大さじ２，サラダ油大さじ１，台所用洗ざい１回分のＢＯＤの合計は，3500×２＋26000＋1200＝34200(mg)である。アユは水１Ｌにふくまれるｂｏｄが３mg以下であればその水に住むことができるので，34200÷３＝11400(Ｌ)の水が必要である。

〔問題２〕　ヤマメは水１Ｌにふくまれるｂｏｄが２mg以下でなければ住めないから，3000×２＝6000(mg)よりも２種類の調味料のＢＯＤの合計が大きく，アユは水１Ｌにふくまれるｂｏｄが３mg以下であれば住むことができるので，２種類の調味料のＢＯＤの合計が3000×３＝9000(mg)以下となるような調味料の組み合わせを考えればよい。マヨネーズ大さじ１のＢＯＤが20000mgだから，20000÷３＝6666.66…より，3000Ｌの水ではアユもヤマメも住めない。サラダ油大さじ１のＢＯＤがマヨネーズより大きいから，同様にアユもヤマメも住めない。したがって，２種類の調味料は，トマトケチャップ，ソース，しょう油のうちから選ぶ。

１つ目の調味料をトマトケチャップとする。トマトケチャップ大さじ１のＢＯＤが1200mgだから，もう１方の調味料のＢＯＤは，アユが住めるように9000－1200＝7800(mg)以下で，ヤマメが住めない水であるために6000－1200＝4800(mg)よりも大きければよい。もう１方の調味料がしょう油だとする。しょう油大さじ１のＢＯＤが2600mgだから，7800÷2600＝３より，しょう油大さじ３までであればアユは住むことができる。4800÷2600＝1.8…より，しょう油大さじ１であればヤマメも住めるが，大さじ２だとヤマメは住めないとわかる。よって，トマトケチャップ大さじ１のとき，しょう油は大さじ２か大さじ３であれば条件に合う。同様に考えると，解答例のように全部で12通りの組み合わせを考えることができる。

■ ご使用にあたってのお願い・ご注意

（１）問題文等の非掲載

著作権上の都合により，問題文や図表などの一部を掲載できない場合があります。

誠に申し訳ございませんが，ご了承くださいますようお願いいたします。

（２）過去問における時事性

過去問題集は，学習指導要領の改訂や社会状況の変化，新たな発見などにより，現在とは異なる表記や解説になっている場合があります。過去問の特性上，出題当時のままで出版していますので，あらかじめご了承ください。

（３）配点

学校等から配点が公表されている場合は，記載しています。公表されていない場合は，記載していません。

独自の予想配点は，出題者の意図と異なる場合があり，お客様が学習するうえで誤った判断をしてしまう恐れがあるため記載していません。

（４）無断複製等の禁止

購入された個人のお客様が，ご家庭でご自身またはご家族の学習のためにコピーをすることは可能ですが，それ以外の目的でコピー，スキャン，転載（ブログ，ＳＮＳなどでの公開を含みます）などをすることは法律により禁止されています。学校や学習塾などで，児童生徒のためにコピーをして使用することも法律により禁止されています。

ご不明な点や，違法な疑いのある行為を確認された場合は，弊社までご連絡ください。

（５）けがに注意

この問題集は針を外して使用します。針を外すときは，けがをしないように注意してください。また，表紙カバーや問題用紙の端で手指を傷つけないように十分注意してください。

（６）正誤

制作には万全を期しておりますが，万が一誤りなどがございましたら，弊社までご連絡ください。

なお，誤りが判明した場合は，弊社ウェブサイトの「ご購入者様のページ」に掲載しておりますので，そちらもご確認ください。

■ お問い合わせ

解答例，解説，印刷，製本など，問題集発行におけるすべての責任は弊社にあります。

ご不明な点がございましたら，弊社ウェブサイトの「お問い合わせ」フォームよりご連絡ください。迅速に対応いたしますが，営業日の都合で回答に数日を要する場合があります。

ご入力いただいたメールアドレス宛に自動返信メールをお送りしています。自動返信メールが届かない場合は，「よくある質問」の「メールの問い合わせに対し返信がありません。」の項目をご確認ください。

また弊社営業日（平日）は，午前９時から午後５時まで，電話でのお問い合わせも受け付けています。

2025春

株式会社教英出版

〒422-8054　静岡県静岡市駿河区南安倍３丁目 12-28

TEL　054-288-2131　　FAX　054-288-2133

URL　https://kyoei-syuppan.net/

MAIL　siteform@kyoei-syuppan.net

教英出版　2025年春受験用　中学入試問題集

学校別問題集

✿はカラー問題対応

北海道

①[市立]札幌開成中等教育学校
②藤女子中学校
③北嶺中学校
④北星学園女子中学校
⑤札幌大谷中学校
⑥札幌光星中学校
⑦立命館慶祥中学校
⑧函館ラ・サール中学校

青森県

①[県立]三本木高等学校附属中学校

岩手県

①[県立]一関第一高等学校附属中学校

宮城県

①[県立]宮城県古川黎明中学校
②[県立]宮城県仙台二華中学校
③[市立]仙台青陵中等教育学校
④東北学院中学校
⑤仙台白百合学園中学校
⑥聖ウルスラ学院英智中学校
⑦宮城学院中学校
⑧秀光中学校
⑨古川学園中学校

秋田県

①[県立] 大館国際情報学院中学校 / 秋田南高等学校中等部 / 横手清陵学院中学校

山形県

①[県立] 東桜学館中学校 / 致道館中学校

福島県

①[県立] 会津学鳳中学校 / ふたば未来学園中学校

茨城県

①[県立] 日立第一高等学校附属中学校 / 太田第一高等学校附属中学校 / 水戸第一高等学校附属中学校 / 鉾田第一高等学校附属中学校 / 鹿島高等学校附属中学校 / 土浦第一高等学校附属中学校 / 竜ヶ崎第一高等学校附属中学校 / 下館第一高等学校附属中学校 / 下妻第一高等学校附属中学校 / 水海道第一高等学校附属中学校 / 勝田中等教育学校 / 並木中等教育学校 / 古河中等教育学校

栃木県

①[県立] 宇都宮東高等学校附属中学校 / 佐野高等学校附属中学校 / 矢板東高等学校附属中学校

群馬県

① [県立]中央中等教育学校 / [市立]四ツ葉学園中等教育学校 / [市立]太田中学校

埼玉県

①[県立]伊奈学園中学校
②[市立]浦和中学校
③[市立]大宮国際中等教育学校
④[市立]川口市立高等学校附属中学校

千葉県

①[県立] 千葉中学校 / 東葛飾中学校
②[市立]稲毛国際中等教育学校

東京都

①[国立]筑波大学附属駒場中学校
②[都立]白鷗高等学校附属中学校
③[都立]桜修館中等教育学校
④[都立]小石川中等教育学校
⑤[都立]両国高等学校附属中学校
⑥[都立]立川国際中等教育学校
⑦[都立]武蔵高等学校附属中学校
⑧[都立]大泉高等学校附属中学校
⑨[都立]富士高等学校附属中学校
⑩[都立]三鷹中等教育学校
⑪[都立]南多摩中等教育学校
⑫[区立]九段中等教育学校
⑬開成中学校
⑭麻布中学校
⑮桜蔭中学校
⑯女子学院中学校
✿⑰豊島岡女子学園中学校
⑱東京都市大学等々力中学校
⑲世田谷学園中学校
✿⑳広尾学園中学校(第2回)
✿㉑広尾学園中学校(医進・サイエンス回)
㉒渋谷教育学園渋谷中学校(第1回)
㉓渋谷教育学園渋谷中学校(第2回)
㉔東京農業大学第一高等学校中等部(2月1日 午後)
㉕東京農業大学第一高等学校中等部(2月2日 午後)

神奈川県

①[県立] 相模原中等教育学校
　　　　平塚中等教育学校
②[市立]南高等学校附属中学校
③[市立]横浜サイエンスフロンティア高等学校附属中学校
④[市立]川崎高等学校附属中学校
✿⑤聖光学院中学校
✿⑥浅野中学校
⑦洗足学園中学校
⑧法政大学第二中学校
⑨逗子開成中学校(1次)
⑩逗子開成中学校(2·3次)
⑪神奈川大学附属中学校(第1回)
⑫神奈川大学附属中学校(第2·3回)
⑬栄光学園中学校
⑭フェリス女学院中学校

新潟県

①[県立] 村上中等教育学校
　　　　柏崎翔洋中等教育学校
　　　　燕中等教育学校
　　　　津南中等教育学校
　　　　直江津中等教育学校
　　　　佐渡中等教育学校
②[市立]高志中等教育学校
③新潟第一中学校
④新潟明訓中学校

石川県

①[県立]金沢錦丘中学校
②星稜中学校

福井県

①[県立]高志中学校

山梨県

①山梨英和中学校
②山梨学院中学校
③駿台甲府中学校

長野県

①[県立] 屋代高等学校附属中学校
　　　　諏訪清陵高等学校附属中学校
②[市立]長野中学校

岐阜県

①岐阜東中学校
②鶯谷中学校
③岐阜聖徳学園大学附属中学校

静岡県

①[国立] 静岡大学教育学部附属中学校
　　　　(静岡·島田·浜松)
② [県立]清水南高等学校中等部
　 [県立]浜松西高等学校中等部
　 [市立]沼津高等学校中等部
③不二聖心女子学院中学校
④日本大学三島中学校
⑤加藤学園暁秀中学校
⑥星陵中学校
⑦東海大学付属静岡翔洋高等学校中等部
⑧静岡サレジオ中学校
⑨静岡英和女学院中学校
⑩静岡雙葉中学校
⑪静岡聖光学院中学校
⑫静岡学園中学校
⑬静岡大成中学校
⑭城南静岡中学校
⑮静岡北中学校
⑯ 常葉大学附属常葉中学校
　 常葉大学附属橘中学校
　 常葉大学附属菊川中学校
⑰藤枝明誠中学校
⑱浜松開誠館中学校
⑲静岡県西遠女子学園中学校
⑳浜松日体中学校
㉑浜松学芸中学校

愛知県

①[国立]愛知教育大学附属名古屋中学校
②愛知淑徳中学校
③ 名古屋経済大学市邨中学校
　 名古屋経済大学高蔵中学校
④金城学院中学校
⑤椙山女学園中学校
⑥東海中学校
⑦南山中学校男子部
⑧南山中学校女子部
⑨聖霊中学校
⑩滝中学校
⑪名古屋中学校
⑫大成中学校
⑬愛知中学校
⑭星城中学校
⑮名古屋葵大学中学校
　(名古屋女子大学中学校)
⑯愛知工業大学名電中学校
⑰海陽中等教育学校(特別給費生)
⑱海陽中等教育学校(I·II)
⑲中部大学春日丘中学校
新刊⑳名古屋国際中学校

三重県

①[国立]三重大学教育学部附属中学校
②暁中学校
③海星中学校
④四日市メリノール学院中学校
⑤高田中学校
⑥セントヨゼフ女子学園中学校
⑦三重中学校
⑧皇學館中学校
⑨鈴鹿中等教育学校
⑩津田学園中学校

滋賀県

①[国立]滋賀大学教育学部附属中学校
②[県立] 河瀬中学校
　　　　守山中学校
　　　　水口東中学校

京都府

①[国立]京都教育大学附属桃山中学校
②[府立]洛北高等学校附属中学校
③[府立]園部高等学校附属中学校
④[府立]福知山高等学校附属中学校
⑤[府立]南陽高等学校附属中学校
⑥[市立]西京高等学校附属中学校
⑦同志社中学校
⑧洛星中学校
⑨洛南高等学校附属中学校
⑩立命館中学校
⑪同志社国際中学校
⑫同志社女子中学校(前期日程)
⑬同志社女子中学校(後期日程)

大阪府

①[国立]大阪教育大学附属天王寺中学校
②[国立]大阪教育大学附属平野中学校
③[国立]大阪教育大学附属池田中学校

④[府立]富田林中学校
⑤[府立]咲くやこの花中学校
⑥[府立]水都国際中学校
⑦清風中学校
⑧高槻中学校（A日程）
⑨高槻中学校（B日程）
⑩明星中学校
⑪大阪女学院中学校
⑫大谷中学校
⑬四天王寺中学校
⑭帝塚山学院中学校
⑮大阪国際中学校
⑯大阪桐蔭中学校
⑰開明中学校
⑱関西大学第一中学校
⑲近畿大学附属中学校
⑳金蘭千里中学校
㉑金光八尾中学校
㉒清風南海中学校
㉓帝塚山学院泉ヶ丘中学校
㉔同志社香里中学校
㉕初芝立命館中学校
㉖関西大学中等部
㉗大阪星光学院中学校

兵庫県

①[国立]神戸大学附属中等教育学校
②[県立]兵庫県立大学附属中学校
③雲雀丘学園中学校
④関西学院中学部
⑤神戸女学院中学部
⑥甲陽学院中学校
⑦甲南中学校
⑧甲南女子中学校
⑨灘中学校
⑩親和中学校
⑪神戸海星女子学院中学校
⑫滝川中学校
⑬啓明学院中学校
⑭三田学園中学校
⑮淳心学院中学校
⑯仁川学院中学校
⑰六甲学院中学校
⑱須磨学園中学校(第1回入試)
⑲須磨学園中学校(第2回入試)
⑳須磨学園中学校(第3回入試)
㉑白陵中学校
㉒夙川中学校

奈良県

①[国立]奈良女子大学附属中等教育学校
②[国立]奈良教育大学附属中学校
③[県立]国際中学校
青翔中学校
④[市立]一条高等学校附属中学校
⑤帝塚山中学校
⑥東大寺学園中学校
⑦奈良学園中学校
⑧西大和学園中学校

和歌山県

①[県立]古佐田丘中学校
向陽中学校
桐蔭中学校
日高高等学校附属中学校
田辺中学校
②智辯学園和歌山中学校
③近畿大学附属和歌山中学校
④開智中学校

岡山県

①[県立]岡山操山中学校
②[県立]倉敷天城中学校
③[県立]岡山大安寺中等教育学校
④[県立]津山中学校
⑤岡山中学校
⑥清心中学校
⑦岡山白陵中学校
⑧金光学園中学校
⑨就実中学校
⑩岡山理科大学附属中学校
⑪山陽学園中学校

広島県

①[国立]広島大学附属中学校
②[国立]広島大学附属福山中学校
③[県立]広島中学校
④[県立]三次中学校
⑤[県立]広島叡智学園中学校
⑥[市立]広島中等教育学校
⑦[市立]福山中学校
⑧広島学院中学校
⑨広島女学院中学校
⑩修道中学校
⑪崇徳中学校
⑫比治山女子中学校
⑬福山暁の星女子中学校
⑭安田女子中学校
⑮広島なぎさ中学校
⑯広島城北中学校
⑰近畿大学附属広島中学校福山校
⑱盈進中学校
⑲如水館中学校
⑳ノートルダム清心中学校
㉑銀河学院中学校
㉒近畿大学附属広島中学校東広島校
㉓AICJ中学校
㉔広島国際学院中学校
㉕広島修道大学ひろしま協創中学校

山口県

①[県立]下関中等教育学校
高森みどり中学校
②野田学園中学校

徳島県

①[県立]富岡東中学校
川島中学校
城ノ内中等教育学校
②徳島文理中学校

香川県

①大手前丸亀中学校
②香川誠陵中学校

愛媛県

①[県立]今治東中等教育学校
松山西中等教育学校
②愛光中学校
③済美平成中等教育学校
④新田青雲中等教育学校

高知県

①[県立]安芸中学校
高知国際中学校
中村中学校

福岡県

①［国立］福岡教育大学附属中学校（福岡・小倉・久留米）
②［県立］育徳館中学校／門司学園中学校／宗像中学校／嘉穂高等学校附属中学校／輝翔館中等教育学校
③西南学院中学校
④上智福岡中学校
⑤福岡女学院中学校
⑥福岡雙葉中学校
⑦照曜館中学校
⑧筑紫女学園中学校
⑨敬愛中学校
⑩久留米大学附設中学校
⑪飯塚日新館中学校
⑫明治学園中学校
⑬小倉日新館中学校
⑭久留米信愛中学校
⑮中村学園女子中学校
⑯福岡大学附属大濠中学校
⑰筑陽学園中学校
⑱九州国際大学付属中学校
⑲博多女子中学校
⑳東福岡自彊館中学校
㉑八女学院中学校

佐賀県

①［県立］香楠中学校／致遠館中学校／唐津東中学校／武雄青陵中学校
②弘学館中学校
③東明館中学校
④佐賀清和中学校
⑤成穎中学校
⑥早稲田佐賀中学校

長崎県

①［県立］長崎東中学校／佐世保北中学校／諫早高等学校附属中学校
②青雲中学校
③長崎南山中学校
④長崎日本大学中学校
⑤海星中学校

熊本県

①［県立］玉名高等学校附属中学校／宇土中学校／八代中学校
②真和中学校
③九州学院中学校
④ルーテル学院中学校
⑤熊本信愛女学院中学校
⑥熊本マリスト学園中学校
⑦熊本学園大学付属中学校

大分県

①［県立］大分豊府中学校
②岩田中学校

宮崎県

①［県立］五ヶ瀬中等教育学校
②［県立］宮崎西高等学校附属中学校／都城泉ヶ丘高等学校附属中学校
③宮崎日本大学中学校
④日向学院中学校
⑤宮崎第一中学校

鹿児島県

①［県立］楠隼中学校
②［市立］鹿児島玉龍中学校
③鹿児島修学館中学校
④ラ・サール中学校
⑤志學館中等部

沖縄県

①［県立］与勝緑が丘中学校／開邦中学校／球陽中学校／名護高等学校附属桜中学校

もっと過去問シリーズ

北海道

北嶺中学校
7年分（算数・理科・社会）

静岡県

静岡大学教育学部附属中学校
（静岡・島田・浜松）
10年分（算数）

愛知県

愛知淑徳中学校
7年分（算数・理科・社会）
東海中学校
7年分（算数・理科・社会）
南山中学校男子部
7年分（算数・理科・社会）
南山中学校女子部
7年分（算数・理科・社会）
滝中学校
7年分（算数・理科・社会）
名古屋中学校
7年分（算数・理科・社会）

岡山県

岡山白陵中学校
7年分（算数・理科）

広島県

広島大学附属中学校
7年分（算数・理科・社会）
広島大学附属福山中学校
7年分（算数・理科・社会）
広島学院中学校
7年分（算数・理科・社会）
広島女学院中学校
7年分（算数・理科・社会）
修道中学校
7年分（算数・理科・社会）
ノートルダム清心中学校
7年分（算数・理科・社会）

愛媛県

愛光中学校
7年分（算数・理科・社会）

福岡県

福岡教育大学附属中学校
（福岡・小倉・久留米）
7年分（算数・理科・社会）
西南学院中学校
7年分（算数・理科・社会）
久留米大学附設中学校
7年分（算数・理科・社会）
福岡大学附属大濠中学校
7年分（算数・理科・社会）

佐賀県

早稲田佐賀中学校
7年分（算数・理科・社会）

長崎県

青雲中学校
7年分（算数・理科・社会）

鹿児島県

ラ・サール中学校
7年分（算数・理科・社会）

※もっと過去問シリーズは
国語の収録はありません。

教英出版
〒422-8054
静岡県静岡市駿河区南安倍3丁目12－28
TEL 054-288-2131
FAX 054-288-2133
詳しくは教英出版で検索
教英出版　検索
URL https://kyoei-syuppan.net/

⑥

適性検査Ⅰ

注意

1 問題は 1 のみで、**5ページ**にわたって印刷してあります。
2 検査時間は**四十五分**で、終わりは**午前九時四十五分**です。
3 声を出して読んではいけません。
4 答えは全て解答用紙に明確に記入し、**解答用紙だけを提出しなさい。**
5 答えを直すときは、きれいに消してから、新しい答えを書きなさい。
6 **受検番号**を解答用紙の決められたらんに記入しなさい。

東京都立両国高等学校附属中学校

問題は次のページからです。

1 次の **文章1** と **文章2** を読んで、あとの問題に答えなさい。
（＊印の付いている言葉には、本文のあとに〔注〕があります。）

文章1

桜の咲《さ》く時期になると、必ず思い出す＊歌がいくつかある。ソメイヨシノの並木《なみき》の花がいっせいに満開になって、咲いてるなあ、と首を空に向けながら思い出すのは、次の歌である。

桜ばないのち一ぱいに＊咲くからに生命《いのち》をかけて＊わが眺《なが》めたり
＊岡本《おかもと》かの子《こ》

そして桜満開の夜となれば、この歌。

＊清水《きよみず》へ＊祇園《ぎおん》をよぎる桜《さくら》 月夜《づきよ》＊こよひ《(こよい)》逢ふ《(あう)》人みなうつくしき
＊与謝野晶子《よさのあきこ》

桜の咲くころの祇園を訪《たず》ねたことはないのだが、脳内《のうない》には＊花灯《はなあか》りの下を、浮《う》かれたような、＊ほろ酔《よ》いのような表情を浮《う》かべて道を歩く人々《ひとびと》の、うつくしい顔がくっきりと浮かぶ。夜桜見物を一度だけしたことがあるが、結構寒くて、じっと座《すわ》ってるとガタガタ震《ふる》えてくるし鼻水は出るし、思うほどロマンチックではない。けれども人をうつくしいと思う気持ちは、この歌を胸《むね》に抱《いだ》いていたため失わずにすんだ。

先ほどのかの子の歌が桜の花と自分を同一化させて自分を主人公として短歌の額縁《がくぶち》の真中におさめたのに対し、この晶子の歌は、あくまでも自分はレンズとしての存在《そんざい》で、きれいな夜桜のある風景をまるごと＊愛《め》でている。きれいな花が咲いたらそれだけを見るのではなく、そこにある気配までも感知する晶子の懐《ふところ》の深さに感じいる。

「こよひ逢ふ人みなうつくしき」は、桜の咲いている時期以外でも、いろいろな場所にあてはめることができる。気後《きおく》れしがちなパーティーなどでも「こよひ逢ふ人みなうつくしき」の言葉を唱えながら現地に向かえば、自《おの》ずと前向きになり、好意的に人と会える気持ちになれて勇気がわくのである。

自分の気に入った詩の言葉を心の中でつぶやく行為《こうい》は、願いをかなえるために呪文《じゅもん》を唱えることにとても似ている。短歌を知る、覚えていくということは、自分の気持ちを保つための言葉を確保していくことでもあるのだと思う。

てのひらをくぼめて待てば青空の見えぬ傷《きず》より花こぼれ来る
＊大西民子《おおにしたみこ》

この短歌を胸に抱いてつくづく思うのは、さびしいのは自分だけではない、ということ。桜のはなびらがはらはらと散っていく様子を見ると、なんともいえず切ない気持ちになる。この歌ではそれが「青空の見えぬ傷」よりこぼれてきたものだというのである。あのきれいな青い空にも傷がある。自分の中の見えない場所にあるもののように。そんなことを考えている孤独《こどく》な一人の女性を思うと、桜も青空もそれを受け止めようとしている人も、それを遠くで思う人（読者）も、すべてが無限の切なさに覆《おお》われているように感じられてくる。こんなにおおらかに「傷」を言葉にできるとは。ほんとうにさびしいときに、この歌を唱えつづけると、いつの間にかうれしい気持ちに変わっていくような気がする。

（東《ひがし》　直子《なおこ》「生きていくための呪文《じゅもん》」による）

〔注〕

歌――短歌。

咲《さ》くからに――咲いているから。

わが眺《なが》めたり――私《わたし》は（その桜の花を）ながめるのだ。

岡本《おかもと》かの子《こ》――大正、昭和時代の小説家、歌人。

清水《きよみず》――京都《きょうと》の清水寺《きよみずでら》。

祇園《ぎおん》――京都の祇園神社《ぎおんじんじゃ》。

こよひ《（こよい）》――今夜。

与謝野晶子《よさのあきこ》――明治、大正時代の歌人。

花灯《はなあか》り――桜の花が満開で、その辺りのやみがほのかに明るく感じられること。

ほろ酔《よ》いのような表情を浮《う》かべて――うっとりした顔つきで。

愛《め》でている――味わい楽しんでいる。

大西民子《おおにしたみこ》――昭和時代の歌人。

文章2

次の文章は、江戸《えど》時代に俳諧《はいかい》と呼《よ》ばれていた俳句について、当時活やくしていた松尾芭蕉《まつおばしょう》が述べた言葉を説明したものです。

謂応《いいおお》せて何か有《ある》。

江戸の*其角《きかく》が、「下臥《したぶし》につかみ分《わけ》ばやいとざくら」という*巴風《はふう》（其角の門人）の句を知らせてきたが、「どうおもうかね」と芭蕉がたずねられた。*去来《きょらい》は、「枝垂桜《しだれざくら》（糸桜）のようすをうまく言い表しているではありませんか」と応じました。一句は、みごとに咲《さ》いた糸桜の下に臥《ふ》せって、花の枝をつかんでたぐってみたい、といった意味です。そこで言った芭蕉の返答がこれです。物のすがたを表現し尽《つ》くしたからといって（「㋐いいおおせて」）、それがどうしたのだという批判《ひはん》です。ことばの裏側《うらがわ》に、「余韻《よいん》」とか「想像力」といった考えを置いてはどうでしょう。俳句にかぎらず、詩という文芸は、表面的な理解だけでわかった気になってはつまりません。

舌頭《ぜっとう》に千転《せんてん》せよ。

これは去来の苦い経験に発することばのようです。「*有明《ありあけ》の花に乗《の》り込《こ》む」とはじめの五・七をよんで、最後をどうするか悩《なや》んだことがありました。馬をよみ込みたかったものの、「*月毛馬《つきげうま》」「葦毛馬《あしげうま》」と置いたり、あいだに「の」を入れたりしてみても、どうもうまくいかない。ところが友人許六《きょりく》（前に登場した、芭蕉の画の師になった弟子《でし》）の、「*卯《う》の花《はな》に月毛の馬のよ明《あけ》かな」を目にして、なるほどとうなった、この手があったのか、と。許六は中の七文字に馬を置いて、すらりとよんだところ、去来はこだわって五・七を動かそうとせず、どうしてもうまくいかなかったのです。常々《つねづね》芭蕉が、「口のなかで千回でも唱えてみよ」とおっしゃっていたのはこのことだったのだ。ほんのわずかの工夫《くふう》でうまくいく。そこに気づくまで、「千転せよ」というわけです。去来の句は結局完成しなかったのでしょう。

不易流行《ふえきりゅうこう》。

たいへん有名なことばですが、はたして芭蕉がそのまま口にしたかどうか、よくわかりません。でも、一門のあいだではいろいろと議論《ぎろん》があったと、去来は言っています。「不易」とは永久に変わらないこと、「流行」とはつねに変化すること、「不易流行」というのは、まったく正反対のことを一語にまとめたことになります。*諸説紛々《しょせつふんぷん》だといいつつ、去来は、「不易流行の教えは、俳諧不変の本質と、状況《じょうきょう》ごとの変化という二面性を有するものだ」というのです。一貫性《いっかんせい》と流動性の同居、これが俳諧というものだということでしょうか。

『三冊子《さんぞうし》』でも、「不易流行」に言及《げんきゅう》しています。そこでは、「*師の風雅《ふうが》に、万代不易《ばんだいふえき》あり、一時の変化あり。この二つに究《きわま》り、その本一《もといつ》なり」と、根本は同一だと説いています。そこで、つぎに土芳《どほう》の『三冊子』をみてみましょう。

土芳は、*伊賀上野《いがうえの》*藩士《はんし》、一六五七年生まれ、一七三〇年没《ぼつ》。姓《せい》は服部《はっとり》氏。若《わか》いころから芭蕉を慕《した》い、伊賀の俳諧を盛《も》り上《あ》げた人物です。『三冊子』は、芭蕉晩年《ばんねん》の教えを書きとどめた書で、出版はずっと遅《おく》れるものの、多くのひとに筆写されて早くから広まりました。「白双紙《しろぞうし》」「赤双紙《あかぞうし》」「わすれ水」の三部をまとめて、『三冊子』として知られています。

高く心を悟《さと》りて、俗《ぞく》に帰るべし。

俳句をよむ精神は目標を高くもって、同時に日々《ひび》の生活にいつも目を向けるように心がけなさい、という教えです。むかしのひとの作品や精神をしっかり学ぶとともに、生活する人びとの気持ちになってこそ、すばらしい俳句が生まれるのだというのです。困難《こんなん》な事柄《ことがら》にひるまず勉強するうちに、いつか高尚《こうしょう》なこころを得ることができる。かといって、学問をひけらかしては嫌《いや》みなだけ。何気《なにげ》ない、ふつうに送る日常生活のなかから、俳句のおもしろさを発見することがだいじなのです。芭蕉俳諧の*真髄《しんずい》は、この境地にこそあります。

（藤田真一《ふじたしんいち》「俳句《はいく》のきた道　芭蕉《ばしょう》・蕪村《ぶそん》・一茶《いっさ》」
岩波ジュニア新書（一部改変）による）

〈注〉

其角《きかく》――芭蕉《ばしょう》の弟子《でし》。

巴風《はふう》――其角の弟子。

去来《きょらい》――芭蕉の弟子。

「有明《ありあけ》の花に乗《の》り込《こ》む」――夜明けに花の下で乗り込む。

「月毛馬《つきげうま》」「葦毛馬《あしげうま》」――どちらも白みがかった毛色の馬。

「卯《う》の花に月毛の馬のよ明《あけ》かな」
――白く咲《さ》き乱《みだ》れる卯の花の中、月毛の馬に乗って旅立つ、さわやかな初夏の明け方だなあ。

諸説紛々《しょせつふんぷん》――いろいろな意見やうわさが入り乱れているさま。

「師の風雅《ふうが》に、……この二つに究《きわま》り、その本一《もといつ》なり」
――芭蕉先生の風流についての教えには、ずっと変わらないことと常に変化することの二つがある。この二つをつきつめると、その根本は一つである。

伊賀上野《いがうえの》――いまの三重県伊賀市《みえけんいがし》。

藩士《はんし》――大名に仕える武士。

真髄《しんずい》――ものごとの本質。

〈問題1〉 短歌や俳句《はいく》をくり返し唱えたり、思いうかべたりすることには、どのような効果があると述べられているでしょうか。**文章1**・**文章2** で挙げられている例を一つずつ探《さが》し、解答らんに合うように書きなさい。

〈問題2〉 ㋐「余韻《よいん》」とか「想像力」といった考えとありますが、**文章1** の筆者は、短歌を読んでどのような情景を想像しているでしょうか。連続する二文を探《さが》しなさい。ただし、一文めの最初の四字と、二文めの終わりの四字をそれぞれ書くこと。

〈問題3〉 あなたは、これからの学校生活で仲間と過ごしていく上で、言葉をどのように使っていきたいですか。今のあなたの考えを四百字以上四百四十字以内で書きなさい。ただし、次の条件と下の〈**きまり**〉にしたがうこと。

条件 ① **文章1**・**文章2** の筆者の、短歌・俳句《はいく》に対する考え方のいずれかにふれること。
② 適切に段落《だんらく》分けをして書くこと。

〈**きまり**〉
○題名は書きません。
○最初の行から書き始めます。
○各段落《だんらく》の最初の字は一字下げて書きます。
○行をかえるのは、段落をかえるときだけとします。
○、や。や」などもそれぞれ字数に数えます。これらの記号が行の先頭に来るときには、前の行の最後の字と同じますに書きます（ますの下に書いてもかまいません）。
○。と」が続く場合は、同じますに書いてもかまいません。この場合、。」で一字と数えます。
○段落をかえたときの残りのますは、字数として数えます。
○最後の段落の残りのますは、字数として数えません。

適性検査Ⅱ

注　　意

1　問題は 1 から 3 までで、１２ページにわたって印刷してあります。

2　検査時間は４５分で、終わりは**午前１１時００分**です。

3　声を出して読んではいけません。

4　計算が必要なときは、この問題用紙の余白を利用しなさい。

5　答えは全て解答用紙に明確に記入し、**解答用紙だけを提出しなさい。**

6　答えを直すときは、きれいに消してから、新しい答えを書きなさい。

7　**受検番号**を解答用紙の決められたらんに記入しなさい。

東京都立両国高等学校附属中学校

問題は次のページからです。

1　運動会の得点係の**花子**さんと**太郎《たろう》**さんは、係活動の時間に得点板の準備をしています。

花　子：今年は新しい得点板を作ろうよ。
太　郎：私《わたし》もそう思っていたので用意してきたよ。ボード（**図１**）に棒状《ぼうじょう》のマグネット（**図２**）をつけて、数字を表すんだ。
花　子：ボードが３枚《まい》あれば、３けたまでの得点を表すことができるんだね。赤組と白組があるから、６枚のボードが必要だね。

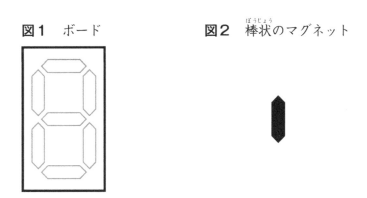

図１　ボード

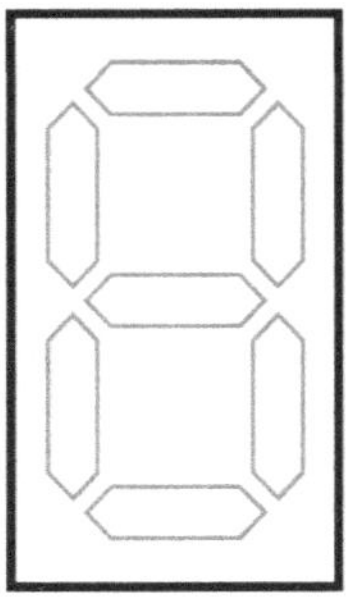

図２　棒状《ぼうじょう》のマグネット

太　郎：６枚のとう明でないボードは用意してあるから、ボードにつける棒状のマグネットを作ろうよ。
花　子：どのような作業が必要かな。
太　郎：マグネットシートに棒状のマグネットの型を「かく」作業と、かいたものを型どおりに「切る」作業の、２種類の作業が必要だよ。
花　子：先に「かく」作業から始めないといけないね。マグネットシート１枚から、棒状のマグネットは何個作れるのかな。
太　郎：１枚のマグネットシートからは、６個の棒状のマグネットが作れるんだよ。だから、マグネットシートを７枚用意したよ。
花　子：作業には、それぞれどのくらいの時間がかかるのかな。
太　郎：以前に試《ため》してみたことがあるけれど、私はマグネットシート１枚当たり「かく」作業に１０分、「切る」作業に５分かかったよ。
花　子：私は「かく」作業と「切る」作業に、それぞれどのくらいの時間がかかるかな。
太　郎：試してみようよ。どのくらいの時間がかかるのか、計ってあげるよ。

花子さんは１枚のマグネットシートから、６個の棒状のマグネットを作りました。

太　郎：**花子**さんは、「かく」作業も「切る」作業も、マグネットシート１枚当たりそれぞれ７分かかったよ。これで、二人の作業にかかる時間が分かったね。

花　子：二人で力を合わせて、棒状のマグネットを作ろうよ。作業をするときに注意することはあるかな。

太　郎：作業中のシートが混ざらないようにしたいね。

花　子：では、「かく」作業をするときも、「切る」作業をするときも、マグネットシート１枚分の作業を終わらせてから、次の作業をするようにしよう。

太　郎：それがいいね。でも、どちらかの人が「かく」作業を終えた１枚分のマグネットシートを、もう一方の人が「切る」作業をすることはいいことにしよう。

花　子：マグネットシートが残っている間は、休まずにやろう。

太　郎：マグネットシートは、あと６枚残っているよ。

花　子：６枚のマグネットシートを全て切り終えると、私の試した分と合わせて棒状のマグネットが４２個になるね。

太　郎：それだけあれば、十分だよね。次の係活動の時間に、６枚のマグネットシートを全て切り終えよう。

花　子：それまでに、作業の順番を考えておこうか。

太　郎：分担《ぶんたん》の仕方を工夫《くふう》して、できるだけ早く作業を終わらせたいよね。

花　子：係活動の時間が４５分間なので、時間内に終わるようにしたいね。

〔問題１〕　二人で６枚のマグネットシートを切り終えるのが４５分未満になるような作業の分担《ぶんたん》の仕方を考え、答え方の例のように、「かく」、「切る」、「→」を使って、解答らんに**太郎《たろう》**さんと**花子**さんの作業の順番をそれぞれ書きなさい。また、６枚のマグネットシートを切り終えるのにかかる時間を答えなさい。

ただし、最初の作業は同時に始め、二人が行う「かく」または「切る」作業は連続して行うものとし、間は空けないものとします。二人が同時に作業を終えなくてもよく、それぞれが作業にかかる時間は常に一定であるものとします。

行った作業	答え方の例
１枚のマグネットシートに「かく」作業をした後に、型がかかれているマグネットシートを「切る」作業をする場合。	かく　→　切る
１枚のマグネットシートに「かく」作業をした後に、他の１枚のマグネットシートを「かく」作業をする場合。	かく　→　かく

太郎さんと**花子**さんは、次の係活動の時間で棒状のマグネットを作りました。そして、運動会の前日に、得点係の打ち合わせをしています。

太　郎：このマグネットで、０から９の数字を表すことができるよ。(**図３**)

図３　マグネットをつけて表す数字

花　子：マグネットは、つけたり取ったりすることができるから便利だね。１枚のボードを１８０度回して、別の数字を表すこともできそうだね。

太　郎：そうだよ。6のボードを１８０度回すと9になるんだ。ただし、マグネットをつけるボードはとう明ではないから、ボードを裏返《うらがえ》すと数字は見えなくなるよ。

花　子：そうなんだ。

太　郎：２枚のボードを入れかえて、違《ちが》う数字を表すこともできるよ。例えば、123の1と3のボードを入れかえて、321にすることだよ。(**図４**)

図４　ボードを入れかえる前と後

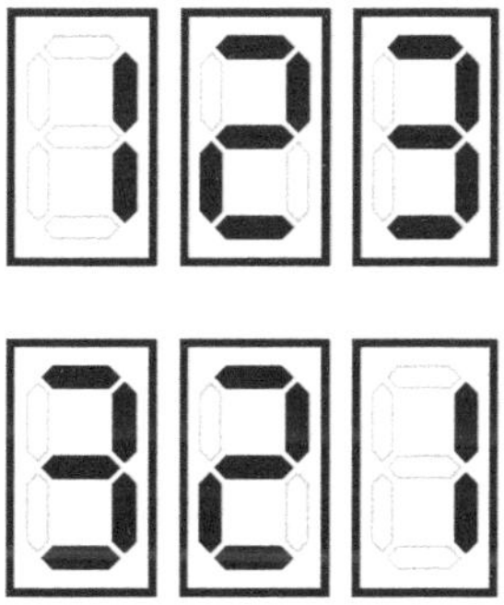

花　子：工夫をすると、短い時間で変えられそうだね。

太　郎：操作《そうさ》にかかる時間を計ってみようか。全部で操作は４種類あるから、操作に番号をつけるよ。

得点板の操作を一人で行ったときにかかる時間	
操作１：１個のマグネットをつける	２秒
操作２：１個のマグネットを取る	２秒
操作３：１枚のボードを１８０度回す	３秒
操作４：２枚のボードを入れかえる	３秒

花　子：得点は、３けたまで必要だよね。短い時間で変えられるような、工夫の仕方を考えよう。

太　郎：では、私一人で得点板の数字を456から987にしてみるよ。何秒で、できるかな。

〔問題２〕 得点板の数字を456から987にする場合、最短で何秒かかるのか答えなさい。
また、答え方の例を参考にして、解答らんに元の数字と変えた数字をそれぞれ一つずつ書き、文章で説明しなさい。ただし、解答らんの全ての段《だん》を使用しなくても構いません。

操作《そうさ》 （かかる時間）	答え方の例
001を008にする場合 （１０秒）	〔　１　〕→〔　８　〕　１にマグネットを５個つける。
008を009にする場合 （２秒）	〔　８　〕→〔　９　〕　８からマグネットを１個取る。
004を005にする場合 （６秒）	〔　４　〕→〔　５　〕　４にマグネットを２個つけて１個取る。
016を019にする場合 （３秒）	〔　６　〕→〔　９　〕　６のボードを１８０度回す。
123を321にする場合 （３秒）	〔　１　〕→〔　３　〕　一の位と百の位のボードを入れかえる。 〔　３　〕→〔　１　〕 ※どちらの書き方でもよい。

2　**花子**さんと**太郎**《たろう》さんは、休み時間に**先生**と交通手段《しゅだん》の選び方について話をしています。

花　子：家族と祖父母の家に行く計画を立てているときに、いくつか交通手段があることに気がつきました。

太　郎：主な交通手段といえば、鉄道やバス、航空機などがありますね。私《わたし》たちは、目的地までのきょりに応じて交通手段を選んでいると思います。

花　子：交通手段を選ぶ判断材料は、目的地までのきょりだけなのでしょうか。ほかにも、交通手段には、さまざまな選び方があるかもしれません。

先　生：よいところに気がつきましたね。実は、**太郎**さんが言ってくれた目的地までのきょりに加えて、乗りかえのしやすさなども、交通手段を選ぶときに参考にされています。

太　郎：人々《ひとびと》は、さまざまな要素から判断して交通手段を選んでいるのですね。

花　子：実際に移動するときに、人々がどのような交通手段を選んでいるのか気になります。同じ地域《ちいき》へ行くときに、異《こと》なる交通手段が選ばれている例はあるのでしょうか。

先　生：それでは例として、都道府県庁《とどうふけんちょう》のあるA、B、C、Dという地域について取り上げてみましょう。**図1**を見てください。これは、AからB、C、Dへの公共交通機関の利用割合《わりあい》を示したものです。

図1　AからB、C、Dへの公共交通機関の利用割合《わりあい》

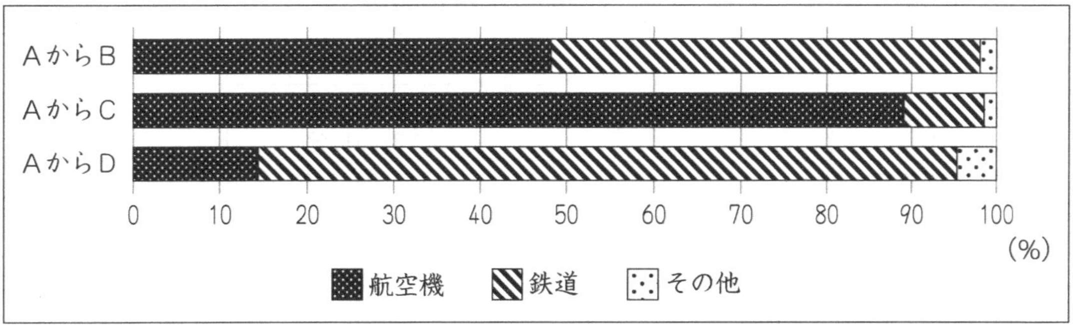

（第6回（２０１５年度）全国幹線旅客純流動調査《ぜんこくかんせんりょかくじゅんりゅうどうちょうさ》より作成）

太　郎：**図1**を見ると、AからB、AからC、AからDのいずれも、公共交通機関の利用割合は、ほとんどが航空機と鉄道で占《し》められていますね。目的地によって、航空機と鉄道の利用割合が異なることは分かりますが、なぜこれほどはっきりとしたちがいが出るのでしょうか。

先　生：それには、交通手段ごとの所要時間が関係するかもしれませんね。航空機は、出発前に荷物の検査など、さまざまな手続きが必要なため、待ち時間が必要です。鉄道は、主に新幹線を使うと考えられます。新幹線は、荷物の検査など、さまざまな手続きが必要ないため、出発前の待ち時間がほとんど必要ありません。

花　子：そうなのですね。ほかにも、移動のために支はらう料金も交通手段を選ぶ際の判断材料になると思います。

太　郎：**図1**のAからB、C、Dへの移動について、具体的に調べてみたいですね。

花　子：それでは、出発地と到着地《とうちゃくち》をそれぞれの都道府県庁に設定して、Aにある都道府県庁からB、C、Dにある都道府県庁まで、主に航空機と鉄道をそれぞれ使って移動した場合の所要時間と料金を調べてみましょう。

先　生：空港や鉄道の駅は、都道府県庁から最も近い空港や鉄道の駅を調べるとよいですよ。

花子さんと**太郎**さんは、インターネットを用いて、Aにある都道府県庁からB、C、Dにある都道府県庁まで、主に航空機と鉄道をそれぞれ使って移動した場合の所要時間と料金を調べ、**表1**にまとめました。

表1　Aにある都道府県庁《とどうふけんちょう》からB、C、Dにある都道府県庁まで、主に航空機と鉄道をそれぞれ使って移動した場合の所要時間と料金

	主な交通手段《こうつうしゅだん》	*所要時間	料金
Aにある都道府県庁から Bにある都道府県庁	航空機	2時間58分 （1時間15分）	28600円
	鉄道	4時間26分 （3時間12分）	18740円
Aにある都道府県庁から Cにある都道府県庁	航空機	3時間7分 （1時間35分）	24070円
	鉄道	6時間1分 （4時間28分）	22900円
Aにある都道府県庁から Dにある都道府県庁	航空機	3時間1分 （1時間5分）	24460円
	鉄道	3時間44分 （2時間21分）	15700円

*待ち時間をふくめたそれぞれの都道府県庁《とどうふけんちょう》間の移動にかかる所要時間。かっこ内は、「主な交通手段《こうつうしゅだん》」を利用している時間。

（第6回（2015年度）全国幹線旅客純流動調査《ぜんこくかんせんりょかくじゅんりゅうどうちょうさ》などより作成）

花　子：私たちは、交通手段の所要時間や料金といった判断材料を用いて、利用する交通手段を選んでいるのですね。

〔問題1〕　**花子**さんは「私たちは、交通手段の所要時間や料金といった判断材料を用いて、利用する交通手段を選んでいるのですね。」と言っています。**図1**中のAからC、またはAからDのどちらかを選び、その選んだ公共交通機関の利用割合とAからBの公共交通機関の利用割合を比べ、選んだ公共交通機関の利用割合がなぜ**図1**のようになると考えられるかを**表1**と会話文を参考にして答えなさい。なお、解答用紙の決められた場所にどちらを選んだか分かるように○で囲みなさい。

太　郎： 目的地までの所要時間や料金などから交通手段を選んでいることが分かりました。

花　子： そうですね。しかし、地域によっては、自由に交通手段を選ぶことが難《むずか》しい場合もあるのではないでしょうか。

先　生： どうしてそのように考えたのですか。

花　子： 私の祖父母が暮《く》らしているＥ町では、路線バスの運行本数が減少しているという話を聞きました。

太　郎： なぜ生活に必要な路線バスの運行本数が減少してしまうのでしょうか。Ｅ町に関係がありそうな資料について調べてみましょう。

太郎さんと**花子**さんは、**先生**といっしょにインターネットを用いて、Ｅ町の路線バスの運行本数や人口推移《すいい》について調べ、**表２**、**図２**にまとめました。

表２　Ｅ町における路線バスの平日一日あたりの運行本数の推移《すいい》

年度	2011	2012	2013	2014	2015	2016	2017	2018	2019	2020	2021
運行本数	４８	４８	４８	４８	４８	４８	３４	３４	３２	３２	３２

（令和２年地域《ちいき》公共《こうきょう》交通網《こうつうもう》形成《けいせい》計画《けいかく》などより作成）

図２　Ｅ町の人口推移《すいい》

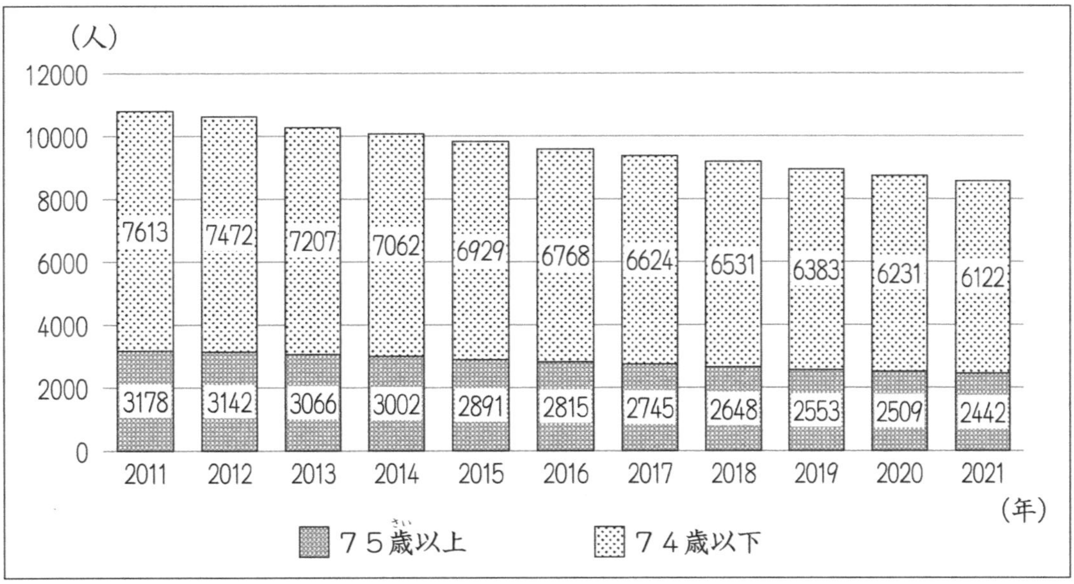

（住民基本台帳より作成）

花　子： **表２**、**図２**を読み取ると、Ｅ町の路線バスの運行本数や人口に変化があることが分かりますね。調べる中で、Ｅ町は「ふれあいタクシー」の取り組みを行っていることが分かりました。この取り組みについて、さらにくわしく調べてみましょう。

花子さんと**太郎**さんは、インターネットを用いて、E町の「ふれあいタクシー」の取り組みについて調べ、**図3**、**表3**にまとめました。

図3　E町の「ふれあいタクシー」の取り組みについてまとめた情報

補助《ほじょ》対象者・利用者	①　７５歳《さい》以上の人 ②　７５歳未満で運転免許証《うんてんめんきょしょう》を自主的に返納《へんのう》した人 ③　妊婦《にんぷ》などの特別に町長が認《みと》めた人　など
「ふれあいタクシー」の説明	自宅《じたく》から町内の目的地まで運んでくれる交通手段《しゅだん》であり、E町では２０１７年から導入された。利用するためには、利用者証の申請《しんせい》が必要である。２０２３年現在、町民一人あたり１か月に２０回以内の利用が可能で、一定額をこえたタクシー運賃《うんちん》を町が負担《ふたん》する。

（令和２年地域公共交通網形成計画《ちいきこうきょうこうつうもうけいせいけいかく》などより作成）

表3　E町の「ふれあいタクシー」利用者証新規交付数・*累計《るいけい》交付数の推移《すいい》

年度	2017	2018	2019	2020	2021
利用者証新規交付数	872	863	210	285	95
利用者証累計交付数	872	1735	1945	2230	2325

*累計《るいけい》：一つ一つ積み重ねた数の合計。

（令和２年地域公共交通網形成計画《ちいきこうきょうこうつうもうけいせいけいかく》などより作成）

先　生：興味深いですね。調べてみて、ほかに分かったことはありますか。

太　郎：はい。２０２１年においては、「ふれあいタクシー」の利用者証を持っている人のうち、９０％近くが７５歳《さい》以上の人で、全体の利用者も、９０％近くが７５歳以上です。利用者の主な目的は、病院や買い物に行くことです。また、利用者の９０％近くが「ふれあいタクシー」に満足しているという調査結果が公表されています。

花　子：「ふれあいタクシー」は、E町にとって重要な交通手段の一つになったのですね。

太　郎：そうですね。<u>E町の「ふれあいタクシー」導入の効果について考えてみたいですね。</u>

〔問題２〕　**太郎**さんは「<u>E町の「ふれあいタクシー」導入の効果について考えてみたいですね。</u>」と言っています。E町で「ふれあいタクシー」の取り組みが必要になった理由と、「ふれあいタクシー」導入の効果について、**表2**、**図2**、**図3**、**表3**、会話文から考えられることを説明しなさい。

3　花子さんと太郎《たろう》さんがまさつについて話をしています。

花　子：生活のなかで、すべりにくくする工夫《くふう》がされているものがあるね。

太　郎：図1のように、ペットボトルのキャップの表面に縦《たて》にみぞがついているものがあるよ。手でキャップを回すときにすべりにくくするためなのかな。

花　子：プラスチックの板を使って調べてみよう。

図1　ペットボトル

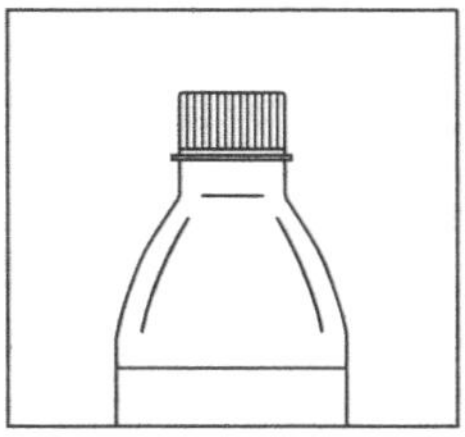

二人は、次のような実験1を行いました。

実験1

手順1　1辺が7cmの正方形の平らなプラスチックの板を何枚《まい》か用意し、図2のようにそれぞれ糸をつける。

図2　手順1の板

手順2　机《つくえ》の上にフェルトの布を固定し、その上に正方形のプラスチックの板を置く。

手順3　プラスチックの板の上に750gの金属をのせる。

手順4　同じ重さのおもりをいくつか用意する。図3のように、糸の引く方向を変えるために机に表面がなめらかな金属の丸い棒《ぼう》を固定し、プラスチックの板につけた糸を棒の上に通して、糸のはしにおもりをぶら下げる。おもりの数を増やしていき、初めてプラスチックの板が動いたときのおもりの数を記録する。

図3　手順4の様子

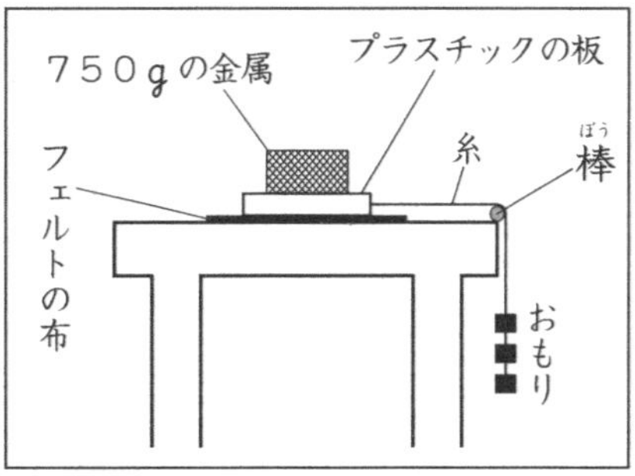

手順5　手順3の金属を1000gの金属にかえて、手順4を行う。

手順6　図4のように、手順1で用意したプラスチックの板に、みぞをつける。みぞは、糸に対して垂直《すいちょく》な方向に0.5cmごとにつけることとする。

図4　手順6の板

手順7　手順6で作ったプラスチックの板を、みぞをつけた面を下にして手順2～手順5を行い、記録する。

手順8　図5のように、手順1で用意したプラスチックの板に、みぞをつける。みぞは、糸に対して平行な方向に0.5cmごとにつけることとする。

図5　手順8の板

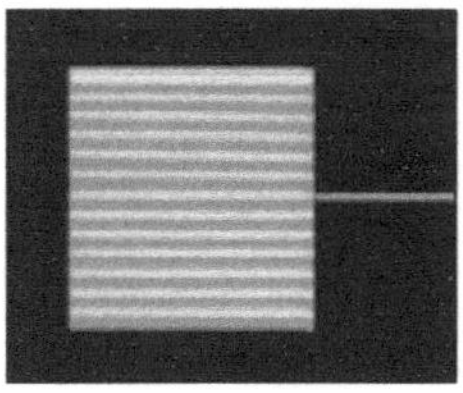

手順9　手順8で作ったプラスチックの板を、みぞをつけた面を下にして手順2～手順5を行い、記録する。

実験1の結果は、**表1**のようになりました。

表1　実験1の結果

	手順1の板	手順6の板	手順8の板
750gの金属をのせて調べたときのおもりの数（個）	14	19	13
1000gの金属をのせて調べたときのおもりの数（個）	18	25	17

太　郎：手でペットボトルのキャップを回すときの様子を調べるために、机の上にフェルトの布を固定して実験したのだね。

花　子：ペットボトルのキャップを回すとき、手はキャップをつかみながら回しているよ。

〔問題1〕　手でつかむ力が大きいときでも小さいときでも、**図1**のように、表面のみぞの方向が回す方向に対して垂直《すいちょく》であるペットボトルのキャップは、すべりにくくなると考えられます。そう考えられる理由を、**実験1**の結果を使って説明しなさい。

太　郎：そりで同じ角度のしゃ面をすべり下りるとき、どのようなそりだと速くすべり下りることができるのかな。

花　子：しゃ面に接する面積が広いそりの方が速くすべり下りると思うよ。

太　郎：そうなのかな。重いそりの方が速くすべり下りると思うよ。

花　子：しゃ面に接する素材によっても速さがちがうと思うよ。

太　郎：ここにプラスチックの板と金属の板と工作用紙の板があるから、まず面積を同じにして調べてみよう。

二人は、次のような**実験2**を行いました。

実験2

手順1　**図6**のような長さが約１００ｃｍで上側が平らなアルミニウムでできたしゃ面を用意し、水平な机《つくえ》の上でしゃ面の最も高いところが机から約４０ｃｍの高さとなるように置く。

図6　しゃ面

手順2　**図7**のような1辺が10ｃｍの正方形のア～ウを用意し、重さをはかる。そして、それぞれしゃ面の最も高いところに置いてから静かに手をはなし、しゃ面の最も低いところまですべり下りる時間をはかる。ただし、工作用紙の板は、ますがかかれている面を上にする。

図7　ア～ウ

ア　プラスチックの板	イ　金属の板	ウ　工作用紙の板
		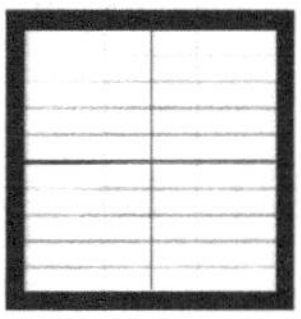

実験2の結果は、**表2**のようになりました。

表2　**実験2**の結果

	ア　プラスチックの板	イ　金属の板	ウ　工作用紙の板
面積（cm^2）	１００	１００	１００
重さ（ｇ）	５.２	２６.７	３.７
すべり下りる時間（秒）	１.４	０.９	１.８

太　郎：速くすべり下りるには、重ければ重いほどよいね。

花　子：本当にそうなのかな。プラスチックの板と金属の板と工作用紙の板をそれぞれ１枚《まい》ずつ積み重ねて調べてみよう。

二人は、次のような**実験３**を行いました。

実験３

手順１　**実験２**の手順１と同じしゃ面を用意する。

手順２　**実験２**の手順２で用いたプラスチックの板と金属の板と工作用紙の板を、それぞれ６枚ずつ用意する。それらの中からちがう種類の板、合計３枚を**図８**のように積み重ねて、板の間を接着ざいで接着したものを作り、１号と名前をつける。さらに、３種類の板を１枚ずつ順番をかえて積み重ねて、１号を作ったときに使用した接着ざいと同じ重さの接着ざいで接着したものを五つ作り、それぞれ２号～６号と名前をつける。ただし、積み重ねるとき、工作用紙の板は、ますがかかれている面が上になるようにする。

手順３　１号～６号を、積み重ねた順番のまま、それぞれしゃ面の最も高いところに置いてから静かに手をはなし、しゃ面の最も低いところまですべり下りる時間をはかる。

図８　板を積み重ねた様子

ア	プラスチックの板
イ	金属の板
ウ	工作用紙の板

実験３の結果は、**表３**のようになりました。ただし、アはプラスチックの板、イは金属の板、ウは工作用紙の板を表します。また、A、B、Cには、すべり下りる時間（秒）の値《あたい》が入ります。

表３　**実験３**の結果

	１号	２号	３号	４号	５号	６号
積み重ねたときの一番上の板	ア	ア	イ	イ	ウ	ウ
積み重ねたときのまん中の板	イ	ウ	ア	ウ	ア	イ
積み重ねたときの一番下の板	ウ	イ	ウ	ア	イ	ア
すべり下りる時間（秒）	１．８	A	１．８	B	C	１．４

〔問題２〕　**実験３**において、１号～６号の中で、すべり下りる時間が同じになると考えられる組み合わせがいくつかあります。１号と３号の組み合わせ以外に、すべり下りる時間が同じになると考えられる組み合わせを一つ書きなさい。また、すべり下りる時間が同じになると考えた理由を、**実験２**では同じでなかった条件のうち**実験３**では同じにした条件は何であるかを示して、説明しなさい。

適性検査Ⅲ

注　意

1　問題は 1 から 2 までで、９ページにわたって印刷してあります。

2　検査時間は４５分で、終わりは**午後０時１５分**です。

3　声を出して読んではいけません。

4　計算が必要なときは、この問題用紙の余白を利用しなさい。

5　答えは全て解答用紙に明確に記入し、**解答用紙だけを提出しなさい。**

6　答えを直すときは、きれいに消してから、新しい答えを書きなさい。

7　**受検番号**を解答用紙の決められたらんに記入しなさい。

東京都立両国高等学校附属中学校

問題は次のページからです。

問題を解くときに、問題用紙や解答用紙、ティッシュペーパーなどを実際に折ったり切ったりしてはいけません。

1 **みさき**さんと**りょう**さんは、大晦日《おおみそか》に**おじいさん**のそば屋に手伝いに来《き》ています。

み　さ　き：**おじいさん**、今日はよろしくお願いします。

り　ょ　う：もうお店の外に行列ができていますね。

おじいさん：今日は大晦日なので年こしそばを１００食限定で売ります。

み　さ　き：１００人もお客さんが来るのですね。

おじいさん：去年も一昨年《おととし》も１００食売り切れるまで行列がとぎれることがなかったのですよ。

り　ょ　う：このお店は、席は９席ありますね。１００人のお客さんをお店に入れようとするとかなり時間がかかりそうですね。

おじいさん：一人のお客さんがお店に入ってからそばを食べて出るまでの平均時間は１３分４８秒です。

み　さ　き：どれくらいの時間がかかるかな。

〔問題１〕 どれくらいの時間がかかるかな。とありますが、お店が開店してから１００食のそばが完売し、全てのお客さんがお店を出るまでにかかる時間はおよそ何時間何分何秒と考えられるか答えなさい。ただし、一人のお客さんがお店を出たら次のお客さんがお店に入るものとし、お客さんがお店に入ってからそばを食べて出るまでの時間は一人あたり１３分４８秒とする。

おじいさん：今日のメニューはそばだけです。そばは１食３８０円で、小盛《もり》か並《なみ》盛か大盛を選ぶことができます。

み　さ　き：小盛か並盛か大盛のどれにするかを聞いてそばを運べばよいですね。

り　ょ　う：小盛、並盛、大盛は何がちがいますか。

おじいさん：はじめに、打ったそばはそれぞれ小分けにし、冷とう庫で保管しています。その小分けにしたものを２個使うのが小盛、３個使うのが並盛、５個使うのが大盛です。ちなみに、今日は小分けにしたものを４００個用意しています。

み　さ　き：全てのお客さんが大盛を注文したら足りなくなってしまいますよ。

おじいさん：今までの経験から全てのお客さんが大盛を注文したことはないので足りると思いますよ。でも、とちゅうでそばが足りるか確認《かくにん》しないといけませんね。

そば屋が開店してしばらくたち、４０人のお客さんが来ました。

おじいさん：りょうさん、追加でそばを打つ必要があるか知りたいので、冷とうしてあるそばがどれくらい残っているかを数えてもらえますか。

り　ょ　う：今、冷とう庫に２７３個の小分けにされたそばが残っています。

おじいさん：ありがとうございます。このままのペースであれば用意したそばで足りそうですね。

み　さ　き：私《わたし》は４０人のお客さんのうち、小盛《もり》、並《なみ》盛、大盛をそれぞれ何人注文したのかが気になります。

〔問題２〕 私《わたし》は４０人のお客さんのうち、小盛《もり》、並《なみ》盛、大盛をそれぞれ何人注文したのかが気になります。とありますが、４０人のお客さんのうち、小盛、並盛、大盛をたのんだのはそれぞれ何人ですか。考えられる組み合わせを一組答えなさい。

みさきさんと**りょう**さんはそば屋の手伝いが終わりました。

おじいさん：二人ともありがとうございました。
り　ょ　う：今日はたくさんのお客さんが来ましたね。
おじいさん：そうですね。最後に、レジのお金を確認《かくにん》しましょう。
み　さ　き：開店前のレジには**表１**のようにお金が入っていました。

表１　開店前のレジに入っていたお金の種類と枚《まい》数

種類	１万円札	５千円札	千円札	５００円玉	１００円玉	５０円玉	１０円玉
枚数	０	１０	５０	１０	５０	１０	５０

み　さ　き：お会計のときに、１万円札でしはらったお客さんが一人いました。
り　ょ　う：５千円札でしはらったお客さんも一人いました。
み　さ　き：他には千円札でしはらったお客さんが３０人、５００円玉でしはらったお客さんが２０人いたと思います。
おじいさん：おつりを少なくするために、５８０円と５３０円でしはらったお客さんが5人ずつ、３８０円ぴったりでお金をしはらったお客さんは３８人でした。
り　ょ　う：おつりで使うこう貨や紙へいが足りなくなって困《こま》ったことはありませんでした。

〔問題３〕　レジのお金を確認《かくにん》しましょう。とありますが、閉店後のレジの中にあるお金の枚《まい》数を解答らんに合うように答えなさい。ただし、いくらでしはらう場合も全てのお客さんは最も少ないこう貨や紙へいの枚数でしはらったものとする。また、おつりも最も少ない枚数で出したものとする。

み　さ　き：お金がちゃんと合っていて良かったです。
おじいさん：二人とも今日はつかれたでしょう。よかったら、そばを食べていってください。
り　ょ　う：そういえば、おなかがすきました。
み　さ　き：ありがとうございます。

このページには問題は印刷されていません。

解答用紙 適性検査Ⅰ

1

〔問題1〕 20点

文章1

という効果。

文章2

という効果。

〔問題2〕 20点

〜

〔問題3〕 60点

20

100

※100点満点

受検番号

得点
※

※ ※ ※ ※ ※

※のらんには、記入しないこと。

解答用紙　適性検査Ⅱ

※100点満点

受　検　番　号

得　点
※

※のらんには、記入しないこと

1

〔問題１〕 15点

〔太郎《たろう》さんの作業〕

〔花子さんの作業〕

〔６枚《まい》のマグネットシートを切り終えるのにかかる時間〕 (　　　)分

※

〔問題２〕 15点

〔得点板の数字を４５６から９８７にするのにかかる最短の時間〕 (　　　)秒

〔　　　〕→〔　　　〕

〔　　　〕→〔　　　〕

〔　　　〕→〔　　　〕

〔　　　〕→〔　　　〕

〔　　　〕→〔　　　〕

※

解答用紙　適性検査Ⅲ

※100点満点

受検番号

得点
※

※のらんには、記入しないこと

1

〔問題１〕 15点

およそ		時間		分		秒

※

〔問題２〕 15点

小盛《もり》	並《なみ》盛	大盛
人	人	人

※

〔問題３〕 20点

１万円札	５千円札	千円札	
枚《まい》	枚	枚	
５００円玉	１００円玉	５０円玉	１０円玉
枚	枚	枚	枚

※

2

〔問題１〕20点

月　　日	月　　日

※

〔問題２〕15点

りょうさんの１セット目	黒 ・ 白 ・ 赤 ・ 赤
みさきさんの１セット目	・ ・ ・
りょうさんの２セット目	・ ・ ・

※

〔問題３〕15点

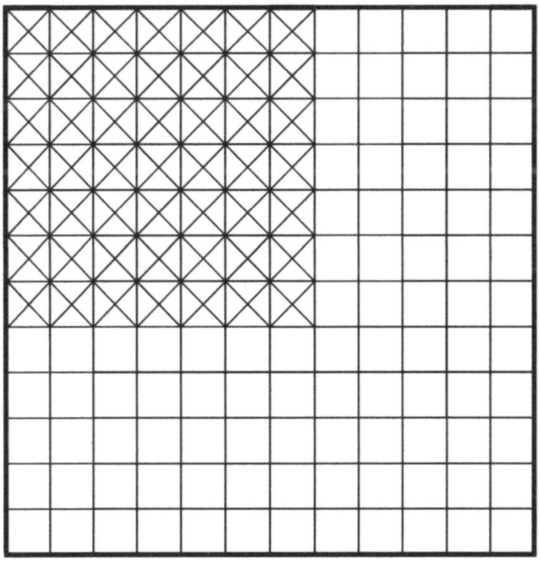

※

2

〔問題１〕 20点

(選んだ一つを○で囲みなさい。)

ＡからＣ　　　　ＡからＤ

※

〔問題２〕 20点

〔「ふれあいタクシー」の取り組みが必要になった理由〕

〔「ふれあいタクシー」導入の効果〕

※

3

〔問題１〕 12点

※

〔問題２〕 18点

〔組み合わせ〕

〔理由〕

※

（６　両国）

440　400　300　200

※

2　**みさき**さんと**りょう**さんは、**みさき**さんのおじいさんとおばあさんの誕生日《たんじょうび》を祝うパーティーの準備をしています。

みさき：来月は私《わたし》のおじいさんとおばあさんの誕生日なんだ。

りょう：二人とも同じ月なんだね。

みさき：二人の生まれた月の数、おじいさんの生まれた日にちの数、おばあさんの生まれた日にちの数の三つは、足してもかけても同じ数になるんだよ。

りょう：おもしろいね。

〔問題１〕　二人の生まれた月の数、おじいさんの生まれた日にちの数、おばあさんの生まれた日にちの数の三つは、足してもかけても同じ数になるんだよ。とありますが、おじいさんとおばあさんの誕生日《たんじょうび》として考えられる誕生日の組み合わせを一組答えなさい。

みさき：パーティーの中で行うゲームと、最後にプレゼントとしてわたすメッセージカードを考えたいな。

りょう：メッセージカードの装《そう》しょくのためにたくさんの折り紙を用意したから、これらを使ったゲームを考えよう。

みさき：折り紙は何色があるの。

りょう：黒色、白色、青色、赤色の４色があるよ。白色、青色、赤色はたくさんあるけれど、黒色は５枚《まい》しかないよ。

みさき：このようなゲームはどうかな。

みさきさんの考えたゲーム

①　このゲームは二人で行う。
②　黒色、白色、青色、赤色の４色の折り紙を５枚《まい》ずつ用意し、合計２０枚を中がすけて見えないふくろに入れる。
③　一人がふくろの中を見ないで、４枚の折り紙を取り出す。取り出した折り紙はふくろにもどさない。
④　取り出した折り紙のうち、同じ色の枚数を得点とする。
⑤　ふくろから４枚取り出すことを１セットとし、１セットずつ交ごに、２セット行う。
⑥　２セット終わった時点で合計の得点が多い方を勝ちとする。

りょう：白白白赤と取り出したら３点ということだね。白白赤赤と取り出したら何点になるの。
みさき：白色が２枚、赤色が２枚それぞれあるから、合わせて４点が得点になるよ。
りょう：なるほど。おもしろそうだね。
みさき：ためしに二人でやってみよう。**りょう**さんから始めてください。
りょう：黒色が１枚、白色が１枚、赤色が２枚だったから、２点だね。
みさき：次は私だね。３点だったよ。
りょう：次は私だね。３点だったよ。
みさき：まだ取り出していないけれど、私の勝ちだね。

〔問題２〕 まだ取り出していないけれど、私の勝ちだね。とありますが、**みさき**さんの１セット目と**りょう**さんの２セット目はそれぞれどのように取り出されたか答えなさい。解答らんの**りょう**さんの１セット目を参考に、解答らんに合うように答えなさい。

みさき：次はメッセージカードを考えよう。

りょう：カードは１辺が１２ｃｍの正方形だよ。（**図１**）

みさき：折り紙を使って、このカードを装しょくしていきたいな。

図１

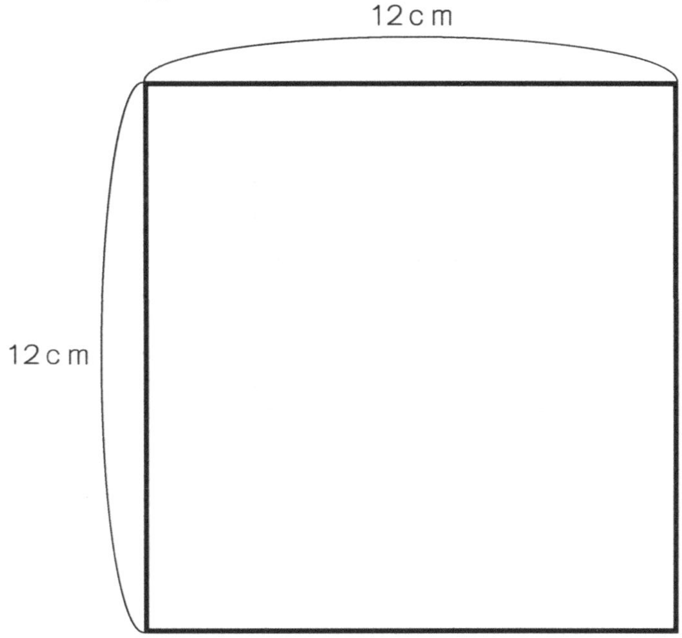

りょう：折り紙は１辺７ｃｍの正方形だね。

みさき：折り紙は切らないで、重ねてはっていって、模様《もよう》を作りたいな。

りょう：きれいにはれるようにカードのおもて面に１ｃｍずつ直線をかいたよ。（**図２**）

図２

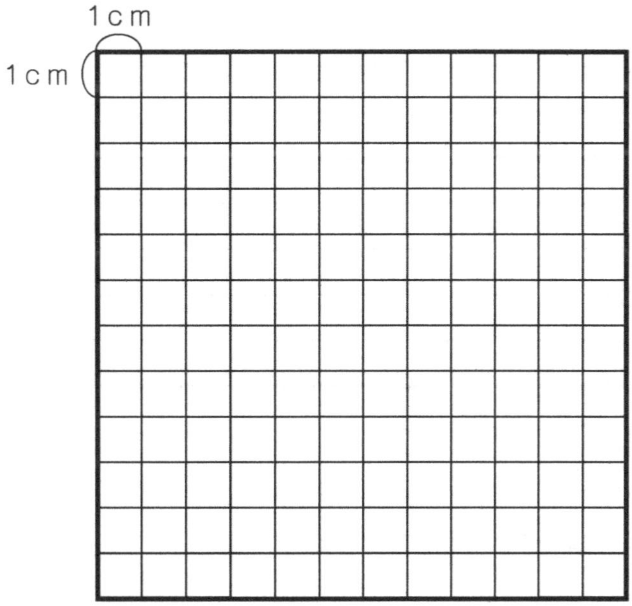

りょう：折り紙をはるときは、かいた直線やカードの辺に、折り紙の全ての辺を合わせてはるようにしよう。

みさき：白色の折り紙１枚にメッセージを書いたよ。(**図３**)

図３

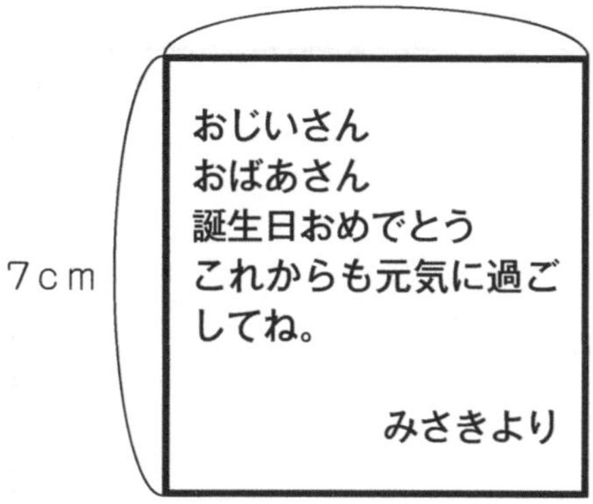

7cm
7cm
おじいさん
おばあさん
誕生日おめでとう
これからも元気に過ご
してね。
みさきより

みさき：**図３**のメッセージを書いた折り紙はカードの左上にはりたいな。

りょう：メッセージがかくれないように、メッセージを書いた折り紙は最後にはるようにしよう。(**図４**)

図４

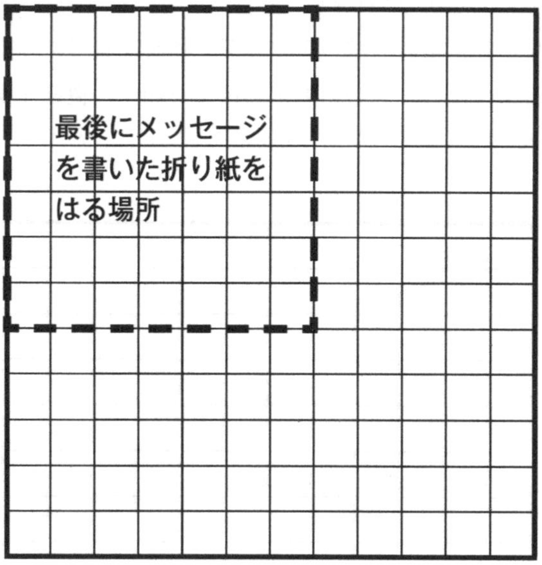

最後にメッセージ
を書いた折り紙を
はる場所

りょう：あまり重ねてはりすぎると厚くなってしまうから、１枚のカードに使う折り紙の枚数は、メッセージを書いた折り紙を入れて８枚にしよう。

みさき：はり方を考えよう。

みさきさんの考えたはり方

① 折り紙は白色、青色、赤色の３色を使う。ただし、どの色の折り紙も８枚《まい》以上あるものとする。
② 用意したカードのおもて面に折り紙を８枚はる。
③ 折り紙は切ったり、折ったりしてはることはしない。
④ かいた直線やカードの辺に、折り紙の全ての辺を合わせてはる。
⑤ はった折り紙はカードからはみ出さない。
⑥ 最後にはる折り紙はメッセージを書いた白色の折り紙とし、**図４**で示したようにする。
⑦ できあがったとき、折り紙が８枚とも全て見えるようにはる。また、カードのおもて面は見えなくなるようにする。
⑧ できあがったとき、重ねた折り紙の境目で色が変わるようにする。
⑨ できあがったとき、８枚のうち見えている面積が最小である部分の面積が最も大きくなるようにする。

りょう：８枚のうち見えている面積が最小である部分の面積が最も大きくなるようにするとはどういうことかな。

みさき：はり方はいろいろあるけれど、メッセージを書いた折り紙以外の７枚の見える面積をなるべく均等にするということだよ。

〔問題３〕 **みさきさんの考えたはり方**で、カードに折り紙をはったとき、このメッセージカードはどのような模様《もよう》になっているか答えなさい。答えるときは下の**答え方**に従《したが》って、解答らんに記入しなさい。

答え方

白色の折り紙が見えるマスには⊠となるようにかき、赤色の折り紙が見えるマスには⧄となるようにかき、青色の折り紙が見えるマスには何もかかないこと。

⑤

適性検査Ⅰ

注意

1 問題は **1** のみで、**5ページ**にわたって印刷してあります。

2 検査時間は**四十五分**で、終わりは**午前九時四十五分**です。

3 声を出して読んではいけません。

4 答えは全て解答用紙に明確に記入し、**解答用紙だけを提出しなさい。**

5 答えを直すときは、きれいに消してから、新しい答えを書きなさい。

6 **受検番号**を解答用紙の決められたらんに記入しなさい。

東京都立両国高等学校附属中学校

1

次の **文章1** と **文章2** とを読み、あとの問題に答えなさい。
（＊印のついている言葉には、本文のあとに〈注〉があります。）

文章1

何かをつくり出すには、技術や素材についての知識が必要だ。これらは見ることができるし、言葉で伝えることができるかもしれない。木工なら、木の切り方やけずり方、木と木を組み合わせる方法や組み立て方、使いやすい形や大きさ、重さなど、実際にものをつくるなかで生まれてきたたくさんの技術や知識がある。

しかし、頭の中にものづくりの知識があっても、「つくる」ことはできない。そこには、技術と実際の経験が必要だ。わかっていてもできないと言うのは、本当の意味で「わかっていない」のだ。

ものをつくり出すのに必要なことは、技術や知識だけではない。技術だけでは新しいものはできない。何をつくるのかが大切だ。何をつくるのか思いつくことを、アイデアが浮《う》かぶと言う。アイデアは実際のところ、ぽっかりと浮かんでくるものではない。アイデアが浮かぶのは一瞬《いっしゅん》だけれども、その背後《はいご》に長い時間が横たわっている。そういう時間に敬意《けいい》をはらうことが、ものづくりの基本だ。

ぼくらの生命そして生活は、自然の中で育った食物や材料によってささえられ、人間はそれらに手を加えて利用し、豊かになってきた。＊工芸の役割《やくわり》は、自然環境《かんきょう》とのかかわりの中で、人びとの生活の質を高めること、つまり生活を豊かにすることだ。日常品は生活をささえ、生活にささえられてつくり出される。ものたちは、どんな形でもよいのではなくて、それぞれがそこに住む人びとの考え方を反映《はんえい》している。よく考えたものもあれば、思いつきだけではないかと思われるものもある。さまざまな思いや考えが、ものたちをつくっている。車やカメラやラジオなどの機械もそうだけれど、スプーンやフォークやナイフや家具も、同じように人びとの考えや思いの結晶《けっしょう》だ。

つくることができるには、長い道のり、時間が必要な場合もある。ようやくつくりあげることができて、人は本当の意味で、「もの」を理解する。「知っている」から「できる」に変化するのだ。おそらく、そこには、人びとの歴史、考え方、自然環境などが影響《えいきょう》するだろう。とくに、生活で使われるものは、そこに住んでいる人たちの生活が形をつくる。そこでの人びとの生き方が、ものの形をつくるのだ。

工芸は、人から人へ、世代から世代へ伝えるということが大切だ。そして工芸で使う材料もまた、伝え育てることで存在《そんざい》している。今、家具をつくろうと木を植えて育て始めたら、使えるようになるまでに１００年以上かかる。材料によっては、２００年以上もかかって生み出される。かかった月日の長さを思うとき、人びとのつながりや環境をささえあうということの大切さが見えてくる。

ぼくは、古い道具やすり減った家具を見て、きれいだなと思うことがある。あれは、長い時間のなかで、たくさんの人たちがかかわり、考えてつくり、伝えてきたから美しくなったのだろう。何世代にもわたって伝えながらつくり出されてきたものは、一人の人間の力ではつくり出せない。時間を超《こ》えたコミュニケーションだ。ぼくらの社会や生活が変化していくなかで、ものの形も変化している。

　木製の道具や家具は、*骨董《こっとう》のように過去のものと思われる場合もあるが、スウェーデンでは、ひとつの手法として現代に生きていた。ナイフのけずりあとがあるような、荒《あら》けずりな木材のもつ表情が、古くさくなるのではなく、現代的ですらある。なぜ㋐古くさく感じないのかという問いの答えは、それが古くないからだ。それを人びとが受けつぎ、「もの」が新しい命、新しい生活をもらう。ぼくは、木工を始めたころ、技術が上がれば工業生産品のように美しいものをつくれると単純《たんじゅん》に思っていた。正確な機械のようにつくるにはどうしたらよいかと考えていたぼくが、今では、時が経《た》ってできた隙間《すきま》や傷《きず》すら味があるのだと思うようになった。左右対称《たいしょう》、正確な円。それだけがすべてではない。ぼくらの生活は、そんなにかたくなくていい。木材はやさしい。もっと自由で良い。

（遠藤敏明《えんどうとしあき》「〈自然と生きる〉木でつくろう　手でつくろう」（一部改変）による）

〔注〕

工芸——生活に役立つ品物を美しくつくるわざ。

骨董《こっとう》——古い美術品や古道具で、ねうちのあるもの。

文章2

お詫び

著作権上の都合により、文章は掲載しておりません。
ご不便をおかけし、誠に申し訳ございません。

教英出版

お詫び

著作権上の都合により、文章は掲載しておりません。
ご不便をおかけし、誠に申し訳ございません。

教英出版

お詫び

著作権上の都合により、文章は掲載しておりません。
ご不便をおかけし、誠に申し訳ございません。

教英出版

（田口幹人《たぐちみきと》「なぜ若《わか》い時に本を読むことが必要なのだろう」による）

〈注〉

希薄《きはく》――少なくてうすいようす。

蓄積《ちくせき》――物や力がたまること。

闇雲《やみくも》に――むやみやたらに。

価値観《かちかん》――ものごとを評価するときに基準とする判断や考え方。

汲《く》み取《と》る――人の気持ちをおしはかる。

培《つちか》った――やしない育てた。

〈問題1〉　㋐古くさく感じない　とありますが、なぜそのように言えるのでしょうか。解答らんに当てはまるように二十字以上三十字以内で **文章1** からぬき出しなさい。

> ［　　　　　　　　］ことを思わせる隙間《すきま》や傷《きず》のある家具などが、新しい命を感じさせるから。

〈問題2〉　㋑行間を読む　とありますが、本を読むことにおいては、何をどうすることですか。「真実」「事実」という語を用いて説明しなさい。

〈問題3〉　あなたは、これからの学校生活でどのように学んでいこうと思いますか。あなたの考えを四百字以上四百四十字以内で書きなさい。ただし、次の条件と下の〈**きまり**〉にしたがうこと。

条件
①　あなたが、**文章1**・**文章2** から読み取った、共通していると思う考え方をまとめ、それをはっきり示すこと。
②　「①」の内容と、自分はどのように学んでいくつもりかを関連させて書くこと。
③　適切に段落《だんらく》分けをして書くこと。

〈**きまり**〉
○題名は書きません。
○最初の行から書き始めます。
○各段落《だんらく》の最初の字は一字下げて書きます。
○行をかえるのは、段落をかえるときだけとします。
○「、」や「。」や「」」などもそれぞれ字数に数えます。これらの記号が行の先頭に来るときには、前の行の最後の字と同じますめに書きます（ますめの下に書いてもかまいません）。
○「。」と「」」が続く場合には、同じますめに書いてもかまいません。この場合、「。」」で一字と数えます。
○段落をかえたときの残りのますめは、字数として数えます。
○最後の段落の残りのますめは、字数として数えません。

適性検査Ⅱ

注　　意

1　問題は **1** から **3** までで、**１２ページ**にわたって印刷してあります。

2　検査時間は**４５分**で、終わりは**午前１１時１０分**です。

3　声を出して読んではいけません。

4　計算が必要なときは、この問題用紙の余白を利用しなさい。

5　答えは全て解答用紙に明確に記入し、**解答用紙だけを提出しなさい。**

6　答えを直すときは、きれいに消してから、新しい答えを書きなさい。

7　**受検番号**を解答用紙の決められたらんに記入しなさい。

東京都立両国高等学校附属中学校

問題は次のページからです。

１　放課後、**太郎**《たろう》さんと**花子**さんは、教室で話をしています。

太　郎：今日の総合的な学習の時間に、**花子**さんの班《はん》は何をしていたのかな。
花　子：私《わたし》はプログラミングを学んで、タブレットの画面上でロボットを動かしてブロックを運ぶゲームを作ったよ。
太　郎：おもしろそうだね。やってみたいな。

花子さんは画面に映《うつ》し出された図（**図１**）を、**太郎**さんに見せました。

図１　映《うつ》し出された図

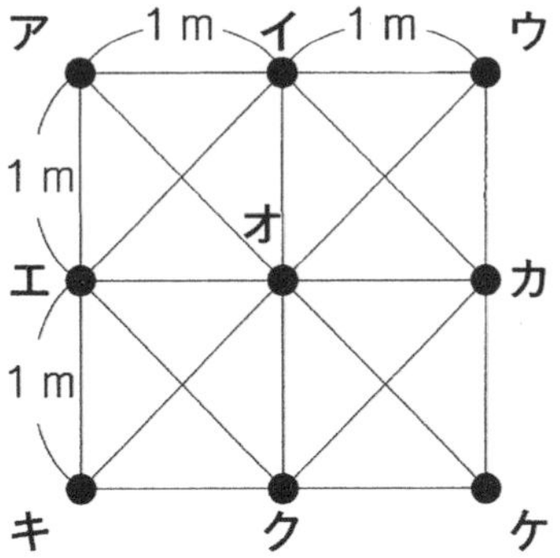

花　子：この画面で道順を設定すると、ロボットは黒い点から黒い点まで、線の上だけを動くことができるんだ。黒い点のところにブロックを置いておくと、ロボットがその黒い点を通ったときにブロックを運んでくれるんだ。運んだブロックをおろす場所も設定できるよ。設定できることをまとめてみるね。

〔設定できること〕
ロボットがスタートする位置
ブロックを置いていない黒い点から、スタートする。
ブロックを置く位置
ブロックは黒い点の上に、１個置くことができる。ロボットは、ブロックが置いてある黒い点を通ると、そこに置いてあるブロックを運びながら、設定した次の黒い点に進む。
倉庫（ロボットがブロックをおろす場所）の位置
ロボットが倉庫に行くと、そのとき運んでいるブロックを全て倉庫におろす。

太　郎：９個の黒い点のある位置は、それぞれ**ア**から**ケ**というんだね。
花　子：そうだよ。**ア**から**オ**に行く場合は**ア→オ**や、**ア→エ→オ**や、**ア→イ→ウ→オ**のように設定できるんだよ。
太　郎：四角形**アエオイ**、四角形**イオカウ**、四角形**エキクオ**、四角形**オクケカ**は正方形なのかな。
花　子：全て正方形だよ。**ア**から**イ**までや、**ア**から**エ**までは１ｍの長さに設定してあるよ。
太　郎：では、ブロックを置く位置と倉庫の位置を設定してみよう。
花　子：**図２**のように**イ**と**カ**と**キ**にブロックをそれぞれ１個ずつ置いて、**ケ**に倉庫の位置を設定してみたよ。それらの黒い点の上に、ブロックを置く位置と倉庫の位置が表示されるんだ。
太　郎：この３個のブロックを倉庫に運ぶために、どのようにロボットを動かせばよいかを考えよう。
花　子：ロボットの速さは分速１２ｍなのだけど、ブロックを運んでいるときはおそくなるよ。
太　郎：どのくらいおそくなるのかな。

花　子：運んでいるブロックの数によって、何も運んでいないときよりも、１m進むのにかかる時間が増えるんだ。でも、運んでいるブロックの数が変わらない限り、ロボットは一定の速さで動くよ。**表1**にまとめてみるね。

太　郎：ブロックを３個運んでいるときは、かなりおそくなるね。

花　子：とちゅうで倉庫に寄ると、そのとき運んでいるブロックを全て倉庫におろすことができるよ。

太　郎：最も短い時間で全てのブロックを運ぼう。スタートする位置も考えないとね。

花　子：まず、計算をして、全てのブロックを倉庫まで運ぶ時間を求めてみよう。

太　郎：１辺の長さが１mの正方形の対角線の長さは１．４mとして計算しよう。

花　子：私が考えたスタートする位置からロボットが動いて全てのブロックを倉庫に運ぶまでの時間を求めると、４８．８秒になったよ。

太　郎：私の計算でも４８．８秒だったよ。けれども、スタートする位置も道順も**花子**さんの考えたものとは、別のものだったよ。

図２　**花子**さんが設定した図

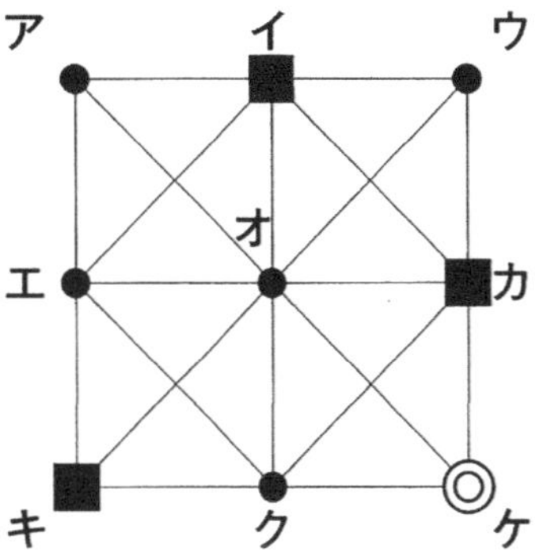

（■ブロック　◎倉庫）

表１　何も運んでいないときよりも、１m進むのにかかる時間の増え方

運んでいるブロックの数	増える時間
１個	２秒増える
２個	５秒増える
３個	８秒増える

〔問題１〕　**図２**のように**太郎**さんと**花子**さんは**イ**と**カ**と**キ**にブロックを置く位置を、**ケ**に倉庫の位置を設定しました。４８．８秒で全てのブロックを倉庫まで運ぶとき、スタートする位置と道順はどのようになっていますか。いくつか考えられるもののうちの一つを、**ア**～**ケ**の文字と**→**を使って答えなさい。また、４８．８秒になることを式と文章で説明しなさい。ただし、ロボットは3個のブロックを倉庫に運び終えるまで止まることはありません。また、ブロックを集める時間や倉庫におろす時間、ロボットが向きを変える時間は考えないものとします。

花　子：**太郎**さんの班はプログラミングを学んで、何をしていたのかな。

太　郎：私はスイッチをおして、電球の明かりをつけたり消したりするプログラムを作ったよ。画面の中に電球とスイッチが映し出されて（**図３**）、１個のスイッチで１個以上の電球の明かりをつけることや消すことができるんだ。

花　子：おもしろそうだね。

太　郎：そうなんだよ。それでクイズを作っていたけれど、まだ完成していないんだ。手伝ってくれるかな。

花　子：いいよ、見せてくれるかな。

図３　映し出された図

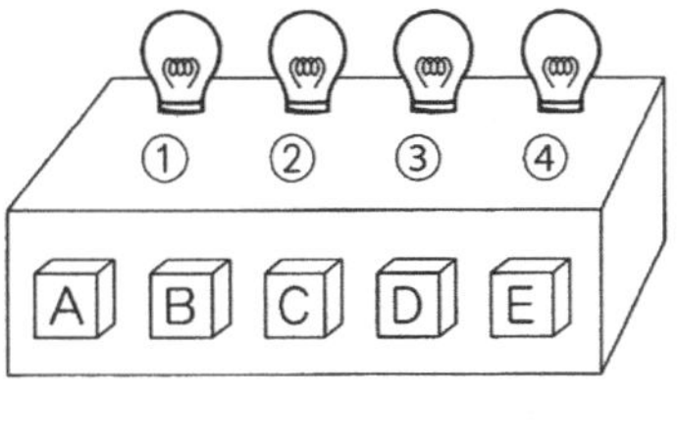

〔**太郎**さんが作っているクイズ〕

①～④の４個の電球と、Ａ～Ｅの５個のスイッチがあります。**全ての電球の明かりが消えている状態で、**Ａのスイッチをおすと、②と③の電球の明かりがつきました。次のヒントを読んで、全ての電球の明かりが消えている状態で、Ｂ～Ｅのスイッチはそれぞれどの電球の明かりをつけるかを答えなさい。

ヒント（あ）：全ての電球の明かりが消えている状態で、ＡとＢとＣのスイッチをおしたあと、明かりがついていたのは①と③の電球であった。

ヒント（い）：全ての電球の明かりが消えている状態で、ＢとＣとＤのスイッチをおしたあと、明かりがついていたのは①と②と④の電球であった。

ヒント（う）：全ての電球の明かりが消えている状態で、ＡとＤとＥのスイッチをおしたあと、明かりがついていたのは①と④の電球であった。

花　子：Ａのスイッチは、②と③の電球の明かりをつけるスイッチなんだね。

太　郎：Ａのスイッチは、②と③の電球の明かりを消すこともあるよ。②と③の電球の明かりがついている状態で、Ａのスイッチをおすと、②と③の電球の明かりは消えるんだ。

花　子：①と④の電球の明かりがついている状態で、Ａのスイッチをおしても、①と④の電球の明かりはついたままなのかな。

太　郎：そうだよ。Ａのスイッチをおしても、①と④の電球の明かりは何も変化しないんだ。

花　子：Ａ以外にも、②の電球の明かりをつけたり消したりするスイッチがあるのかな。

太　郎：あるよ。だから、Ａのスイッチをおして②の電球の明かりがついたのに、ほかのスイッチをおすと②の電球の明かりを消してしまうこともあるんだ。

花　子：ヒントでは３個のスイッチをおしているけれど、おす順番によって結果は変わるのかな。

太　郎：どの順番でスイッチをおしても、結果は同じだよ。だから、順番は考えなくていいよ。

花　子：ここまで分かれば、クイズの答えが出そうだよ。

太　郎：ちょっと待って。このままではクイズの答えが全ては出せないと思うんだ。ヒントがあと１個必要ではないかな。

花　子：これまで分かったことを、表を使って考えてみるね。スイッチをおしたときに、電球の明かりがつく場合や消える場合には○、何も変化しない場合には×と書くよ。（**表２**）

表２　花子さんが書きこんだ表

	①の電球	②の電球	③の電球	④の電球
Ａのスイッチ	×	○	○	×
Ｂのスイッチ				
Ｃのスイッチ				
Ｄのスイッチ				
Ｅのスイッチ				

太　郎：Ａのスイッチのらんは全て書きこめたね。それでは、**ヒント（あ）**から考えてみようか。

花　子：**ヒント（あ）**を見ると、①の電球の明かりがついたね。でも①の電球のらんを見ると、Ａのスイッチは×だから、ＢとＣのスイッチのどちらか一方が○でもう一方が×になるね。

太　郎：つまり、ＡとＢとＣのスイッチの①の電球のらんは、次の**表３**のようになるね。

表３　①の電球について**太郎**《たろう》さんが示した表

	①の電球
Ａのスイッチ	×
Ｂのスイッチ	○
Ｃのスイッチ	×

または

	①の電球
Ａのスイッチ	×
Ｂのスイッチ	×
Ｃのスイッチ	○

花　子：次は、③の電球を考えてみよう。**ヒント（あ）**では、③の電球の明かりもついたね。

太　郎：③の電球のらんを見ると、Ａのスイッチは○だから、ＢとＣのスイッチは、次の**表４**のようになるね。

表４　③の電球について**太郎**さんが示した表

	③の電球
Ａのスイッチ	○
Ｂのスイッチ	○
Ｃのスイッチ	○

または

	③の電球
Ａのスイッチ	○
Ｂのスイッチ	×
Ｃのスイッチ	×

花　子：次は、**ヒント（い）**を見ると、①の電球の明かりがついたね。

太　郎：**ヒント（あ）**で、①の電球はＢとＣのスイッチのどちらか一方が○でもう一方が×になると分かったね。だから、Ｄのスイッチの①の電球のらんには×と書けるんだ。

花　子：さらに、**ヒント（う）**を見ると、①の電球の明かりがついたね。ＡとＤのスイッチの①の電球のらんは×なので、Ｅのスイッチの①の電球のらんには○が書けるよ。（**表５**）

表５　**太郎**さんと**花子**さんがさらに書きこんだ表

	①の電球	②の電球	③の電球	④の電球
Ａのスイッチ	×	○	○	×
Ｂのスイッチ				
Ｃのスイッチ				
Ｄのスイッチ	×			
Ｅのスイッチ	○			

太　郎：ほかの電球についても考えていくと、ＤとＥのスイッチの②から④の電球のらんの○と×が全て書きこめるね。

花　子：でも、ＢとＣのスイッチについては、○と×の組み合わせが何通りかできてしまうよ。

太　郎：やはり、ヒントがあと１個必要なんだ。**ヒント（え）**を次のようにしたら、○と×が一通りに決まって、表の全てのらんに○と×が書きこめたよ。

> **ヒント（え）**：全ての電球の明かりが消えている状態で、□と□と□のスイッチをおしたあと、明かりがついていたのは①と②の電球であった。

〔問題２〕　**表５**の全てのらんに○か×を書きこむための**ヒント（え）**として、どのようなものが考えられますか。解答用紙の**ヒント（え）**の□に、Ａ～Ｅの中から異《こと》なる３個のアルファベットを書きなさい。また、**ヒント（あ）**～**ヒント（う）**と、あなたが考えた**ヒント（え）**をもとにして、解答用紙の**表５**の空いているらんに○か×を書きなさい。

2　**花子**さんと**太郎**《たろう》さんは、社会科の時間に産業について、**先生**と話をしています。

花　子：これまでの社会科の授業で、工業には、自動車工業、機械工業、食料品工業など、多様な種類があることを学びました。

太　郎：私《わたし》たちの生活は、さまざまな種類の工業と結び付いていましたね。

先　生：私たちの生活に結び付いているのは、工業だけではありませんよ。多くの産業と結び付いています。

花　子：工業のほかにどのような産業があるのでしょうか。

太　郎：たしかに気になりますね。おもしろそうなので、調べてみましょう。

花子さんと**太郎**さんは、産業について調べた後、**先生**と話をしています。

花　子：工業のほかにも、農業や小売業など、たくさんの産業があることが分かりました。同じ産業でも、農業と小売業では特徴《とくちょう》が異《こと》なりますが、何か分け方があるのでしょうか。

先　生：産業は大きく分けると、第１次産業、第２次産業、第３次産業の３種類に分類することができます。

太　郎：それらは、どのように分類されているのですか。

先　生：第１次産業は、自然に直接働きかけて食料などを得る産業で、農業、林業、漁業のことをいいます。第２次産業は、第１次産業で得られた原材料を使用して、生活に役立つように商品を製造したり、加工したりする産業で、工業などのことをいいます。第３次産業は、第１次産業や第２次産業に分類されない産業のことで、主に仕入れた商品を販売《はんばい》する小売業などの商業や、物を直接生産するのではなく、人の役に立つサービス業などのことをいいます。

花　子：大きく区分すると、三つの産業に分類されるのですね。では、日本の産業全体でどれくらいの人が働いているのでしょうか。

太　郎：働いている人のことを就業者《しゅうぎょうしゃ》といいます。日本の産業全体の就業者数を調べてみましょう。

花子さんと**太郎**さんは、日本の産業全体の就業者数について調べました。

花　子：産業全体の就業者数を３０年ごとに調べてみると、１９６０年は約４３７０万人、１９９０年は約６１３７万人、２０２０年は約５５８９万人でした。

太　郎：就業者数は１９６０年、１９９０年、２０２０年と変化しているのですね。それぞれの産業別では、どれくらいの人が働いているのでしょうか。

花　子：私は、第１次産業、第２次産業、第３次産業、それぞれの産業で働いている人の年齢《ねんれい》がどのように構成されているのかを知りたいです。

太　郎：では、今、三つに分類した産業別の就業者数を年齢層《ねんれいそう》ごとに調べ、一つの図にまとめてみましょう。

花子さんと**太郎**さんは、１９６０年、１９９０年、２０２０年における年齢層ごとの産業別の就業者数を調べ、年ごとにグラフ（**図１**）を作成しました。

図1　１９６０年、１９９０年、２０２０年における年齢層《ねんれいそう》ごとの産業別の就業者数《しゅうぎょうしゃすう》

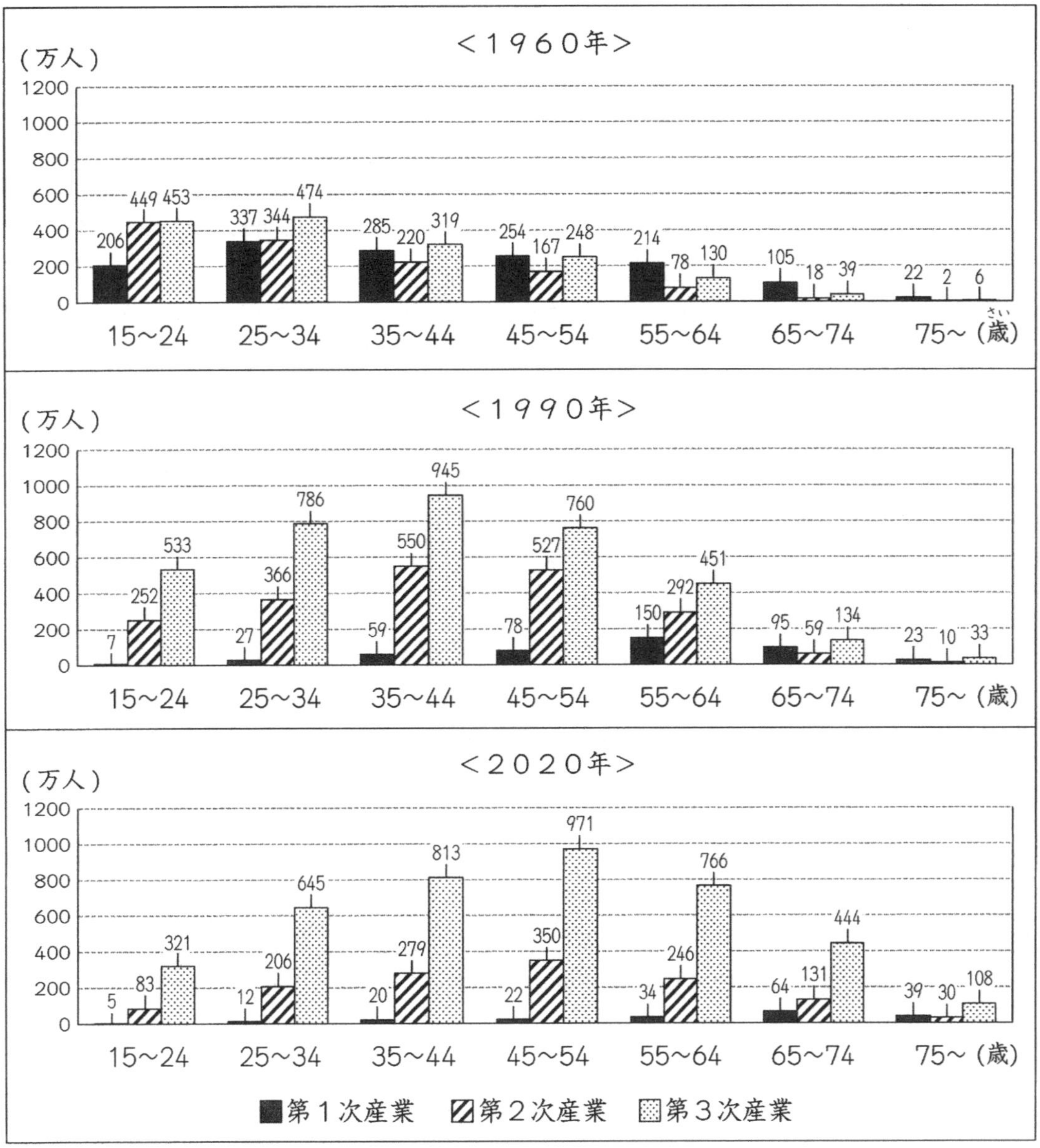

(国勢調査《こくせいちょうさ》より作成)

花　子：**図1**から、１９６０年、１９９０年、２０２０年で産業別の就業者数と就業者数の最も多い年齢層が変化していることが分かりますね。

太　郎：では、１９６０年、１９９０年、２０２０年を比べて、産業別の就業者数と就業者数の最も多い年齢層の変化の様子を読み取りましょう。

〔問題１〕 **太郎**さんは「１９６０年、１９９０年、２０２０年を比べて、産業別の就業者数と就業者数の最も多い年齢層の変化の様子を読み取りましょう。」と言っています。第２次産業、第３次産業のいずれか一つを選び、１９６０年、１９９０年、２０２０年における、産業別の就業者数と就業者数の最も多い年齢層がそれぞれどのように変化しているか、**図1**を参考にして説明しなさい。

太　郎：グラフを読み取ると、約６０年間の産業別の就業者数と年齢層ごとの就業者数の変化の様子がよく分かりましたね。

花　子：そうですね。ところで、第１次産業に就業している人が、自然に直接働きかけて食料などを得ること以外にも、取り組んでいる場合がありますよね。

太　郎：どういうことですか。

花　子：夏休みにりんご農園へ行ったとき、アップルパイの製造工場があったので見学しました。りんごの生産者がアップルパイを作ることに関わるだけでなく、完成したアップルパイを農園内のお店で販売していました。

先　生：たしかに、りんごを生産する第１次産業、そのりんごを原材料としたアップルパイの製造をする第２次産業、アップルパイの販売をする第３次産業と、同じ場所でそれぞれの産業の取り組みが全て見られますね。二人は、「６次産業化」という言葉を聞いたことはありますか。

太　郎：初めて聞きました。「６次産業化」とは何ですか。

先　生：「６次産業化」とは、第１次産業の生産者が、第２次産業である生産物の加工と、第３次産業である流通、販売、サービスに関わることによって、生産物の価値《かち》をさらに高めることを目指す取り組みです。「６次産業化」という言葉の「６」の数字は、第１次産業の「１」と第２次産業の「２」、そして第３次産業の「３」の全てを足し合わせたことが始まりです。

花　子：そうなのですね。生産物の価値を高めるのは、売り上げを増加させることが目的ですか。

先　生：第１次産業の生産者の売り上げを増加させ、収入《しゅうにゅう》を向上させることが目的です。

太　郎：つまり、「６次産業化」によって、売り上げが増加し、第１次産業の生産者の収入向上につながっているのですね。

先　生：農林水産省《のうりんすいさんしょう》のアンケート調査では、「６次産業化」を始める前と後を比べて、「６次産業化」に取り組んだ農家の約７割《わり》が、年間の売り上げが増えたと答えています。

花　子：どのような取り組みを行って、売り上げは増加したのでしょうか。私は夏休みにりんご農園へ行ったので、農業における「６次産業化」の取り組みをもっとくわしく調べてみたいです。

太　郎：では、「６次産業化」によって売り上げが増加した農家の事例について、調べてみましょう。

太郎さんと**花子**さんは農業における「６次産業化」の取り組み事例について調べて、**先生**に報告しました。

花　子：ゆず農家の取り組み事例がありました。

先　生：「６次産業化」の取り組みとして、ゆずの生産以外に、どのようなことをしているのですか。

太　郎：ゆずを加工して、ゆずポン酢《ず》などを生産し、販売しています。

先　生：売り上げを増加させるために、具体的にどのような取り組みを行っていましたか。

花　子：インターネットを用いて販売先を広げました。その結果、遠くに住んでいる人が、商品を購入《こうにゅう》することができるようになっています。また、地域《ちいき》の使われなくなっていた農地を活用することで、ゆずの生産を増加させています。使われなくなっていた農地を活用した結果、土地が荒《あ》れるのを防ぐことができ、地域の防災にも役立っています。

太　郎：農家の人たちだけでなく、消費者や地域の人たちなどの農家以外の人たちにとっても利点があるということが分かりました。他の農家の取り組みも調べてみたいです。

花　子：では、他の農家ではどのような取り組みをしているのか、調べてみましょう。

図2　**花子**さんが調べた「*養鶏《ようけい》農家」の取り組み事例

<table>
<tr><td>（生産部門）
卵《たまご》</td><td>（加工部門）
プリン、オムライスなど</td><td>（販売《はんばい》部門）
カフェとレストランでの提供《ていきょう》やインターネットを用いた通信販売</td></tr>
<tr><td colspan="3">＜具体的な取り組み＞
①カフェ事業を始めた結果、来客数が増加した。
②宿泊施設《しゅくはくしせつ》で宿泊者に対して、卵や地元の食材を活用した料理を提供している。
③飼育体験・お菓子《かし》作り体験・カフェ店員体験などを実施《じっし》している。</td></tr>
</table>

＊養鶏《ようけい》：卵《たまご》や肉をとるためにニワトリを飼うこと。

（農林水産省《のうりんすいさんしょう》ホームページなどより作成）

図3　**太郎《たろう》**さんが調べた「しいたけ農家」の取り組み事例

<table>
<tr><td>（生産部門）
しいたけ</td><td>（加工部門）
しいたけスープなど</td><td>（販売《はんばい》部門）
レストランでの提供《ていきょう》やインターネットを用いた通信販売</td></tr>
<tr><td colspan="3">＜具体的な取り組み＞
④色や形が不揃《ふぞろ》いで出荷《しゅっか》できず、捨《す》てていたしいたけを加工し、新たな商品やレストランのメニューなどを開発し、提供している。
⑤しいたけの加工工場見学などの新しい観光ルートを提案した結果、旅行客が増えた。
⑥地元の会社と協力して加工商品を開発し、販売している。</td></tr>
</table>

（農林水産省《のうりんすいさんしょう》ホームページなどより作成）

太　郎：さまざまな「6次産業化」の取り組みが、行われていることが分かりました。

花　子：「6次産業化」には、さまざまな利点があるのですね。

太　郎：そうですね。「6次産業化」は、これからの第1次産業を発展《はってん》させていく上で、参考になるかもしれませんね。

〔問題2〕　**花子**さんは「「6次産業化」には、さまざまな利点があるのですね。」と言っています。**図2**の①～③、**図3**の④～⑥の＜具体的な取り組み＞の中から一つずつ取り組みを選び、それらに共通する利点を答えなさい。なお、農家の人たちの立場と農家以外の人たちの立場から考え、それぞれ説明すること。

3 **花子**さんと**太郎《たろう》**さんが水滴《すいてき》について話をしています。

花　子：雨が降《ふ》った後、いろいろな種類の植物の葉に水滴がついていたよ。
太　郎：植物の種類によって、葉の上についていた水滴の形がちがったよ。なぜなのかな。
花　子：葉の形や面積と関係があるのかな。調べてみよう。

二人は、次のような**実験１**を行いました。

実験１

手順１　次の**ア**～**オ**の５種類の葉を、それぞれ１枚《まい》ずつ用意し、葉の形の写真をとる。
ア　アジサイ　**イ**　キンモクセイ　**ウ**　イチョウ　**エ**　ツバキ　**オ**　ブルーベリー

手順２　１枚の葉の面積を、**図１**のように方眼用紙を用いて求める。

手順３　それぞれの葉の表側に、約５ｃｍの高さからスポイトで水を４滴《てき》分たらす。そして、葉についた水滴を横から写真にとる。

図１　方眼用紙と葉

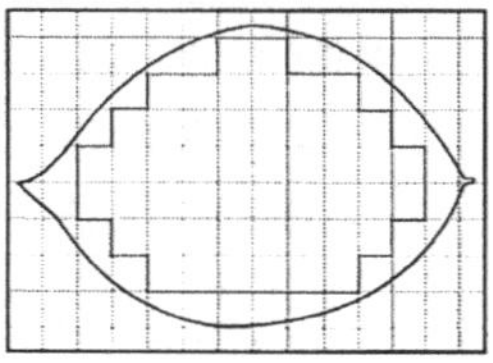

実験１の記録は、**表１**のようになりました。

表１　**実験１**の記録

	ア	イ	ウ	エ	オ
葉の形			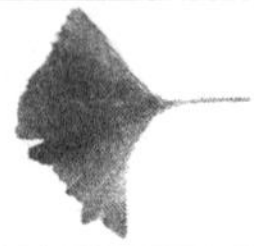		
葉の面積（ｃｍ^2）	１１１	２２	３６	１８	１７
水滴《すいてき》の写真	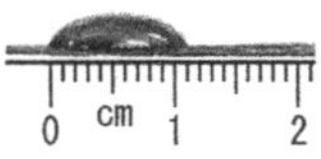	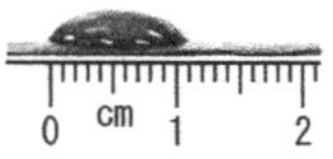	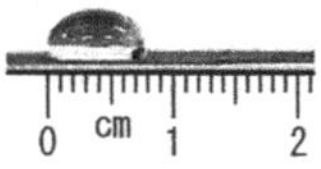	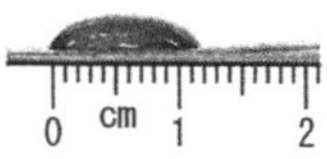	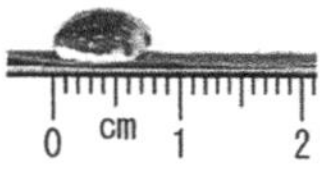

太　郎：**ア**～**オ**の中に、葉を少しかたむけると、水滴が転がりやすい葉と水滴が転がりにくい葉があったよ。
花　子：葉の上で水滴が転がりやすいと、葉から水が落ちやすいのかな。
太　郎：それを調べるために、葉の表側を水につけてから引き上げ、どれだけの量の水が葉についたままなのか調べてみよう。
花　子：葉についたままの水の量が分かりやすいように、葉は１０枚使うことにしましょう。

二人は、次のような**実験２**を行いました。

実験２

手順１　**実験１**の**ア**～**オ**の葉を、新しく１０枚ずつ用意し、１０枚の葉の重さをはかる。

手順２　**図２**のように、手順１で用意した葉の表側を１枚ずつ、容器に入った水につけてから引き上げ、水につけた後の１０枚の葉の重さをはかる。

手順３　手順１と手順２ではかった重さから、１０枚の葉についたままの水の量を求める。

図２　葉と水

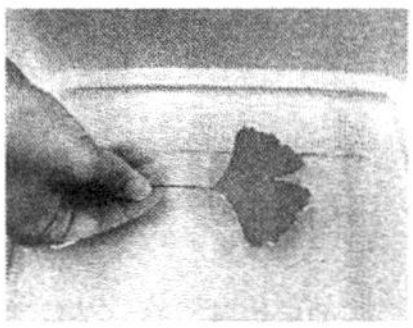

１０枚の葉についたままの水の量は、**表２**のようになりました。

表２　１０枚《まい》の葉についたままの水の量

	ア	イ	ウ	エ	オ
１０枚の葉についたままの水の量（g）	１１．６	２．１	０．６	１．８	０．４

太　郎：**表２**の１０枚の葉についたままの水の量を、少ないものから並《なら》べると、**オ**、**ウ**、**エ**、**イ**、**ア**の順になるね。だから、この順番で水滴が転がりやすいのかな。

花　子：**表１**の葉の面積についても考える必要があると思うよ。**表２**の１０枚の葉についたままの水の量を**表１**の葉の面積で割《わ》った値《あたい》は、**ア**と**イ**と**エ**では約０．１になり、**ウ**と**オ**では約０．０２になったよ。

太　郎：**表１**の水滴の写真から分かることもあるかもしれないね。

〔問題１〕（１）　**表１**と**表２**と会話文をもとに、水滴《すいてき》が転がりやすい葉１枚《まい》と水滴が転がりにくい葉１枚を選びます。もし**ア**の葉を選んだとすると、もう１枚はどの葉を選ぶとよいですか。**イ**、**ウ**、**エ**、**オ**の中から一つ記号で答えなさい。

（２）　**花子**さんは、「**表２**の１０枚の葉についたままの水の量を**表１**の葉の面積で割《わ》った値《あたい》は、**ア**と**イ**と**エ**では約０．１になり、**ウ**と**オ**では約０．０２になったよ。」と言いました。この発言と**表１**の水滴の写真をふまえて、水滴が転がりやすい葉か転がりにくい葉か、そのちがいをあなたはどのように判断したか説明しなさい。

太　郎：葉についた水滴《すいてき》について調べたけれど、汗《あせ》が水滴のようになることもあるね。
花　子：汗をかいた後、しばらくたつと、汗の水分はどこへいくのかな。
太　郎：服に吸収《きゅうしゅう》されると思うよ。ここにある木綿《もめん》でできたTシャツとポリエステルでできたTシャツを使って、それぞれの布について調べてみよう。

二人は、次のような**実験３**を行いました。

実験３

手順１　木綿でできたTシャツとポリエステルでできたTシャツから、同じ面積にした木綿の布３０枚《まい》とポリエステルの布３０枚を用意し、重さをはかる。水の中に入れ、引き上げてからそれぞれ重さをはかり、増えた重さを求める。

手順２　新たに手順１の布を用意し、スタンプ台の上に布を押《お》しあてて黒色のインクをつける。次に、インクをつけた布を紙の上に押しあてて、その紙を観察する。

手順３　新たに手順１の木綿の布３０枚とポリエステルの布３０枚を用意し、それぞれ平らに積み重ねて横から写真をとる。次に、それぞれに２kgのおもりをのせて、横から写真をとる。

実験３は、**表３**と**図３**、**図４**のようになりました。

表３　手順１の結果

	木綿《もめん》の布	ポリエステルの布
増えた重さ（g）	１４．１	２４．９

図３　手順２で観察した紙

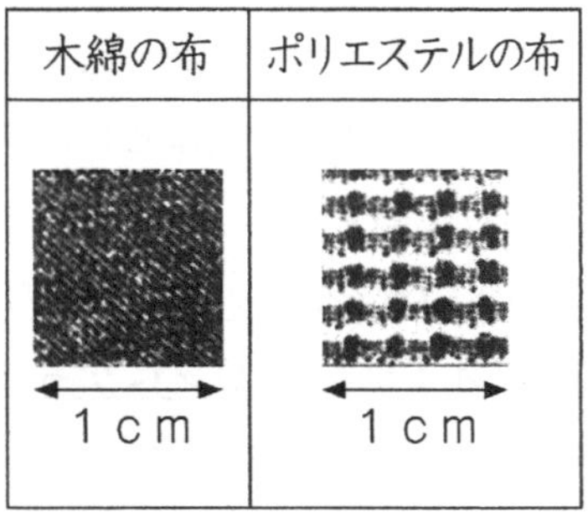

図４　手順３で布を積み重ねて横からとった写真

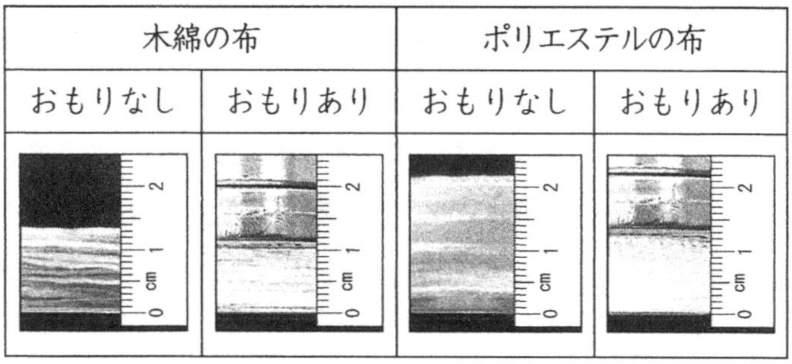

花　子：汗の水分は服に吸収されるだけではなく、蒸発《じょうはつ》もすると思うよ。
太　郎：水を通さないプラスチックの箱を使って、調べてみよう。

二人は、次のような**実験４**を行いました。

実験4

手順1　同じ布でできたシャツを3枚用意し、それぞれ水150gを吸収させ、プラスチックの箱の上にかぶせる。そして、箱とシャツの合計の重さをそれぞれはかる。

手順2　手順1のシャツとは別に、木綿でできたTシャツとポリエステルでできたTシャツを用意し、それぞれ重さをはかる。そして、**図5**のように、次の**カ**と**キ**と**ク**の状態をつくる。

図5　カとキとクの状態

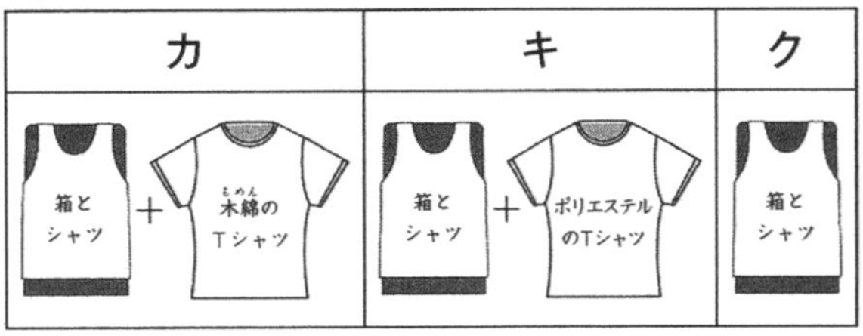

カ　箱とシャツの上に、木綿のTシャツをかぶせた状態

キ　箱とシャツの上に、ポリエステルのTシャツをかぶせた状態

ク　箱とシャツの上に何もかぶせない状態

手順3　手順2の**カ**と**キ**については、60分後にそれぞれのTシャツだけを取って、箱とシャツの合計の重さとTシャツの重さをそれぞれはかる。手順2の**ク**については、60分後に箱とシャツの合計の重さをはかる。

実験4の結果は、**表4**のようになりました。

表4　箱とシャツの合計の重さとTシャツの重さ

	カ		キ		ク
	箱とシャツ	Tシャツ	箱とシャツ	Tシャツ	箱とシャツ
はじめの重さ　(g)	1648.3	177.4	1648.3	131.5	1648.3
60分後の重さ (g)	1611	189.8	1602.4	150.3	1625.2

花　子：**表4**から、60分たつと、箱とシャツの合計の重さは、**カ**では37.3g、**キ**では45.9g、**ク**では23.1g、それぞれ変化しているね。

太　郎：Tシャツの重さは、**カ**では12.4g、**キ**では18.8g、それぞれ変化しているよ。

〔問題2〕（1）**実験3**で用いたポリエステルの布の方が**実験3**で用いた木綿《もめん》の布に比べて水をより多く吸収《きゅうしゅう》するのはなぜですか。**図3**から考えられることと**図4**から考えられることをふまえて、説明しなさい。

（2）**実験4**の手順2の**カ**と**キ**と**ク**の中で、はじめから60分後までの間に、箱とシャツの合計の重さが最も変化しているのは、**表4**から**キ**であると分かります。蒸発《じょうはつ》した水の量の求め方を説明し、**キ**が最も変化する理由を答えなさい。

適 性 検 査 Ⅲ

注　　意

1　問題は **1** から **2** までで、**10**ページにわたって印刷してあります。

2　検査時間は**45分**で、終わりは**午後0時35分**です。

3　声を出して読んではいけません。

4　計算が必要なときは、この問題用紙の余白を利用しなさい。

5　答えは全て解答用紙に明確に記入し、**解答用紙だけを提出しなさい。**

6　答えを直すときは、きれいに消してから、新しい答えを書きなさい。

7　**受検番号**を解答用紙の決められたらんに記入しなさい。

東京都立両国高等学校附属中学校

問題を解くときに、問題用紙や解答用紙、ティッシュペーパーなどを実際に折ったり切ったりしてはいけません。

1　**おじいさん**と**みさき**さんと**りょう**さんは、いっしょに動物園に来ています。

おじいさん：動物園に入園するためにチケットを買いましょう。
み　さ　き：今日は子供《こども》料金の割引《わりびき》と、自分たちでさつえいした写真を使ってアルバムを作るイベントがあるみたいだよ。
り　ょ　う：この前来たときは、３人で１５００円だったけれど、今回は１３５０円だったね。
おじいさん：私《わたし》はおとな料金で、**みさき**さんと**りょう**さんは子供料金ですね。
み　さ　き：ということは、おとな料金が**Ａ**円で、割引前の子供料金が**Ｂ**円、子供料金の割引は**Ｃ**％っていうことだね。

〔問題１〕　おとな料金が**Ａ**円で、割引前の子供料金が**Ｂ**円、子供料金の割引は**Ｃ**％っていうことだね。とありますが、**Ａ**、**Ｂ**、**Ｃ**に当てはまる整数を一組答えなさい。ただし、**Ａ**は**Ｂ**よりも大きく、**Ｃ**は１以上４０以下とする。

３人は動物園に入園しました。

おじいさん：受付でカメラを借りてきました。
り　ょ　う：このカメラで写真をさつえいし、最後にアルバムを作るんですね。
み　さ　き：そうみたいだね。
り　ょ　う：では、さっそくどの動物から見てまわろうか。
おじいさん：二人で案内図を確認《かくにん》してきてごらん。
み　さ　き：確認してきました。
り　ょ　う：このエリアは**図１**の**あ**～**く**の８か所の展示《てんじ》スペースにゴリラ、トラ、ゾウ、クマ、バク、カワウソ、テナガザル、キジの８種類の動物が１種類ずついるみたいです。

図１

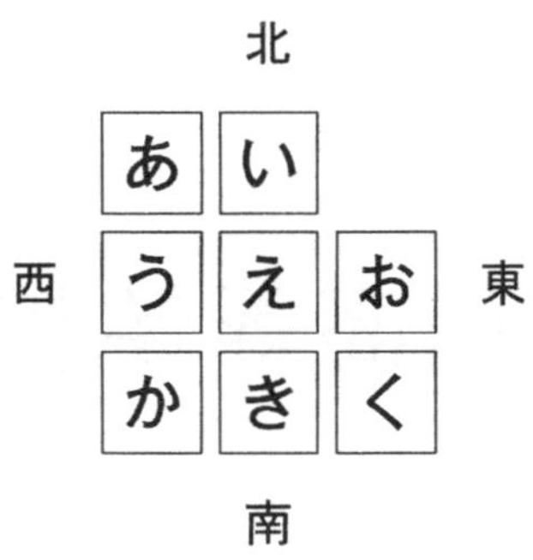

おじいさん： その８種類の動物の位置関係を教えてください。

み　さ　き： バクの北どなりにはゴリラがいて、東どなりにはカワウソがいます。

り　ょ　う： ゾウの東どなりにはキジがいます。

み　さ　き： クマの南どなりにはテナガザルがいます。

おじいさん： その情報だけだと、まだどこにどの動物がいるか分からないな。**お**の展示スペースにはどの動物がいるだろう。

〔問題２〕 **お**の展示スペースにはどの動物がいるだろう。とありますが、**お**の展示スペースにいる可能性のある動物を全て答えなさい。

おじいさん： トラの展示スペースの前に来ました。

み　さ　き： 看板《かんばん》にこのトラの解説が書いてあるよ。

り　ょ　う： トラは速く走るけれど、体重も結構あるんだね。

み　さ　き： 親トラの体重は[ア][イ][ウ]kgで、子トラの体重は[エ][オ]kgみたいだよ。親トラの体重は子トラの体重のちょうど[カ]倍だね。

〔問題３〕 親トラの体重は[ア][イ][ウ]kgで、子トラの体重は[エ][オ]kgみたいだよ。親トラの体重は子トラの体重のちょうど[カ]倍だね。とありますが、[ア]～[カ]には１から６までの数が一つずつ入ります。解答らんに合うようにそれぞれに入る数を答えなさい。

りょう：たくさんさつえいした写真をもとに、最後にアルバム作りをしよう。

おじいさん：ここでアルバム作りができるみたいですよ。

みさき：どのようなアルバムを作ることができるのですか。

おじいさん：２種類作ることができるようです。一つは**図２**のような２０個の正方形のマスに１枚ずつ写真を入れる平面のアルバムです。もう一つは、それをもとに作る立方体になっているアルバムです。

図２

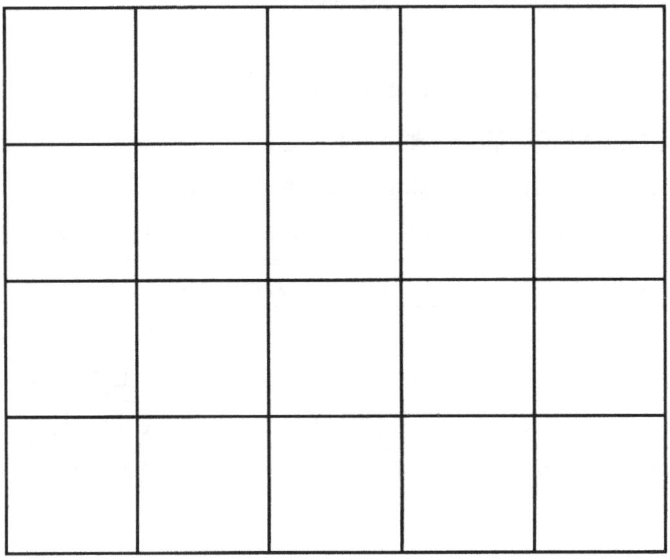

りょう：立方体のアルバムなんておもしろいですね。

みさき：まずは平面のアルバムを作ろう。

りょう：８種類の動物を見てきたけれど、うまく写真がとれたのは５種類の動物だったね。

みさき：トラ、ゾウ、クマ、バク、キジだね。同じ動物でもいろいろな角度からとったから、２０個の正方形のマスに写真を入れていこう。

りょう：**図３**のように動物の写真を入れることにしたよ。

図3

トラ	トラ	キジ	バク	キジ
ゾウ	クマ	トラ	トラ	バク
トラ	ゾウ	クマ	ゾウ	クマ
トラ	ゾウ	キジ	ゾウ	バク

み　さ　き：立方体のアルバムはどのように作ったらいいのだろう。

おじいさん：**図3**をもとに展開図《てんかいず》を切り取って立方体のアルバムを作ります。

り　ょ　う：いろいろな切り取り方がありそうだね。

み　さ　き：部屋のすみにかざりたいから、頂点《ちょうてん》をつくる三つの面は常にちがう動物が見えるようにしたいな。

り　ょ　う：あと５種類全ての動物を入れたいね。

〔問題４〕　部屋のすみにかざりたいから、頂点《ちょうてん》をつくる三つの面は常にちがう動物が見えるようにしたいな。とありますが、**図3**を切り取ってできる立方体の展開図を一つ答えなさい。解答らんにある図の切り取る立方体の展開図を斜線《しゃせん》でぬりなさい。ただし、５種類全ての動物の写真を使うこと。

2　**りょう**さん、**みさき**さんは工場見学でミルクレープを作る工場に来ました。

工場長：ようこそ、いらっしゃいました。見学時間は３０分ほどですが、楽しんでいってください。ミルクレープというケーキは知っていますか。

りょう：ミルクレープは、クレープ生地《きじ》にクリームをぬって何枚《なんまい》も重ねたケーキですね。（**図１**）

図１

工場長：そうです。この工場で作っているミルクレープはクレープ生地に生クリームをぬって１３枚重ねています。１３枚重ねたものを１ホールと数えます。

みさき：１ホールの一番上のクレープ生地には生クリームをぬらないのですね。

工場長：はい、ぬりません。

りょう：**図２**は何をしているところですか。

工場長：ベルトコンベアに置かれているクレープ生地に機械Ａが生クリームをぬっているところです。それでは、この機械Ａや**ベルトコンベアの性能**、**クレープ生地の大きさと間隔《かんかく》**について説明します。

図２　移動しながら２回転しクリームをぬる

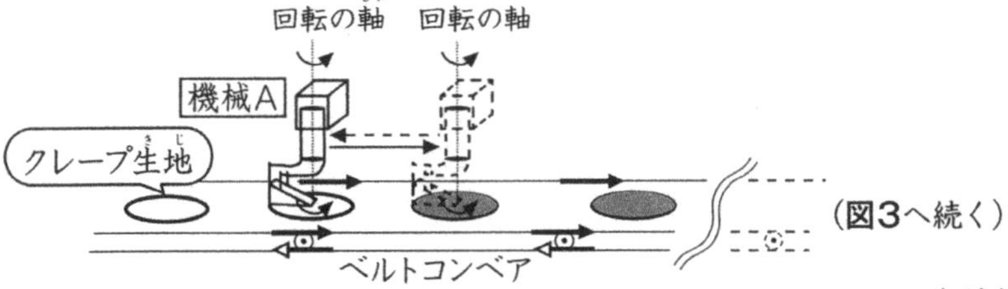

図３

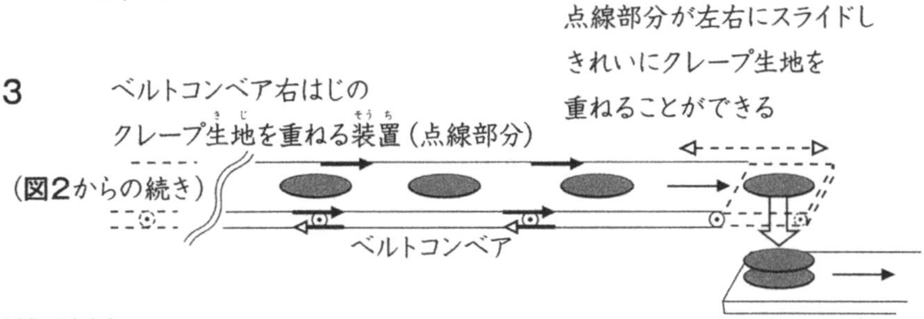

解答用紙

適性検査Ⅰ

1

〔問題1〕 15点

ことを思わせる隙間《すきま》や傷《きず》のある家具などが、

新しい命を感じさせるから。

〔問題2〕 25点

〔問題3〕 60点

※100点満点

受検番号

得点
※

※のらんには、記入しないこと。

解答用紙　適性検査Ⅱ

※100点満点

受検番号

得点
※

※のらんには、記入しないこと

1

〔問題１〕15点

〔道順〕

スタート　　　　　　　　　　　　　　　　　　　　倉庫

(　　　　) →　　　　　　　　　　　　　　　　　→ ケ

〔式と文章〕

※

〔問題２〕15点

ヒント（え）：全ての電球の明かりが消えている状態で、

□ と □ と □ のスイッチをおしたあと、

明かりがついていたのは①と②の電球であった。

表５　太郎《たろう》さんと**花子**さんがさらに書きこんだ表

	①の電球	②の電球	③の電球	④の電球
Aのスイッチ	×	○	○	×
Bのスイッチ				
Cのスイッチ				
Dのスイッチ	×			
Eのスイッチ	○			

※

解答用紙　適性検査Ⅲ

※100点満点

受検番号

得点
※

※のらんには、記入しないこと

1

〔問題１〕15点

A	円	B	円	C	%

※

〔問題２〕15点

※

〔問題３〕10点

ア		イ		ウ	
エ		オ		カ	

※

〔問題４〕10点

トラ	トラ	キジ	バク	キジ
ゾウ	クマ	トラ	トラ	バク
トラ	ゾウ	クマ	ゾウ	クマ
トラ	ゾウ	キジ	ゾウ	バク

※

2

〔問題１〕10点

cm

※

〔問題２〕20点

クレープ生地《きじ》の中心と中心の間隔《かんかく》		cm
機械Aと機械Bとの回転の軸《じく》の間隔		cm
理由		

※

〔問題３〕20点

（1）<3秒後までの状態を表す図>

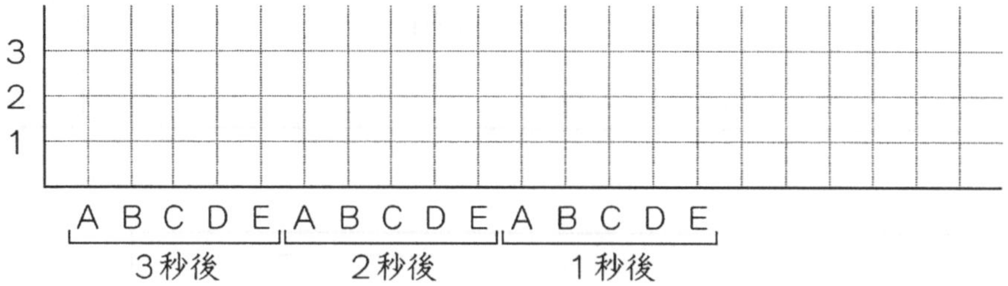

（2）

機械A		機械B		機械C	
機械D		機械E			

※

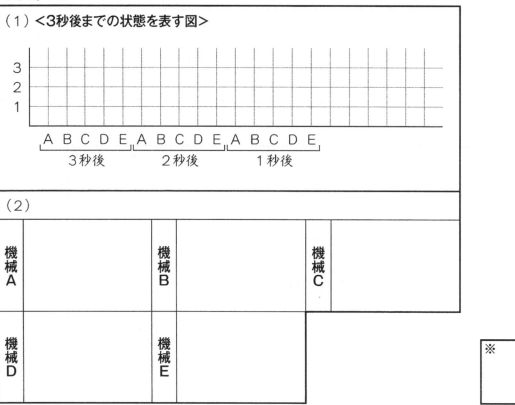

2

〔問題１〕 20点

（選んだ一つを〇で囲みなさい。） 第２次産業　　　　第３次産業

※

〔問題２〕 20点

（**図２**と**図３**から一つずつ選んで〇で囲みなさい。） **図２**：　①　②　③　　　**図３**：　④　⑤　⑥
〔農家の人たちの立場〕
〔農家以外の人たちの立場〕

※

3

〔問題１〕 14点

(1)

(2)

※

〔問題２〕 16点

(1)

(2)

※

（５　両国）

440　400　300　200

※

【解答用

機械Ａの説明

① クレープ生地に生クリームをすばやくぬることができる。

② ベルトコンベアと同じ速さで右にスライドし、機械Ａの回転の軸《じく》とクレープ生地の中心を合わせて、０．８秒で２回転しながら生クリームをぬることができる。

③ 右にスライドした後、０．２秒で元の位置にもどる。ただし、スライド時間の０．８秒と０．２秒は変えることはできない。

④ 機械Ａの横はば（ベルトコンベアと平行な方向）は、回転部分もふくめて最大２４ｃｍである。

ベルトコンベアの性能

① ベルトコンベアの動く速さは通常、秒速５０ｃｍである。

② この動く速さは最大で秒速１２５ｃｍまで自由に変えることができる。

クレープ生地の大きさと間隔

① クレープ生地１枚は直径２４ｃｍの円形である。

② クレープ生地は、ベルトコンベアの上に等間隔になるように置かれている。

工場長： 図３のように、ベルトコンベアの右はじには、クレープを重ねる装置《そうち》があります。点線部分が左にタイミングよくスライドすることで、次々《つぎつぎ》とクレープ生地を重ねて、１ホールを作ります。みなさんが見学する約３０分の間に１４０ホール作ることができます。

りょう： この機械Ａを使った場合、最も効率よく生クリームをぬるためには、ベルトコンベア上に置くクレープ生地の間隔は何ｃｍにすればいいのかな。

みさき： 機械Ａが生クリームをぬり始めてから元の位置に戻るまでの時間が決まっているので、ベルトコンベアの動く速さを考えればすぐ分かります。

〔問題１〕 機械Ａが生クリームをぬり始めてから元の位置に戻るまでの時間が決まっているので、ベルトコンベアの動く速さを考えればすぐ分かります。とありますが、１枚目と２枚目のクレープ生地の中心と中心の間隔を何ｃｍはなしてベルトコンベア上に置けばよいか答えなさい。ただし、このときのベルトコンベアの動く速さは、秒速５０ｃｍとします。

みさき：ところで、この機械Ａは全部で何台あるのですか。

工場長：機械Ａと同じ性能のものが他に４台あります。それぞれ機械Ｂ、Ｃ、Ｄ、Ｅとしています。

りょう：もし一つのベルトコンベアに沿《そ》って５台を並べて同時に動かすことができれば、一定時間内に５倍の量のミルクレープを作ることができそうです。でも、すでに生クリームがぬられたクレープ生地を、別の機械でまたぬってしまうこともあるのかな。

みさき：ちょっと工夫《くふう》が必要だね。まずは機械Ａと機械Ｂの２台を同時に動かす場合を考えてみよう。

〔問題２〕 ちょっと工夫《くふう》が必要だね。まずは機械Ａと機械Ｂの２台を同時に動かす場合を考えてみよう。とありますが、最も効率よくクレープ生地に生クリームをぬるためには、等間隔に置かれているクレープ生地の中心と中心の間隔と機械Ａと機械Ｂとの回転の軸の間隔をそれぞれ何ｃｍにすればよいかを答えなさい。また、その理由を文章で説明しなさい。ただし、このときのベルトコンベアの動く速さは、秒速５０ｃｍとします。

このページには問題は印刷されていません。

りょう：次は５台の機械を同時に動かした場合を考えてみよう。まずは、ベルトコンベアの動く速さを最大にしておく必要があるね。

みさき：１ホールの１３枚目のクレープ生地には生クリームをぬってはいけないわけだから、どの機械をどのタイミングで生クリームをぬらないまま回転させるかを計算しておく必要があると思います。

りょう：なるほど、事前準備が大事ですね。

みさき：生クリームだけでなく、１ホールの中にチョコレートクリームやストロベリークリームをぬることはできないかな。

工場長：Ａ～Ｅのそれぞれの機械が３種類のクリームをぬることができ、しかもその順番を自由に変えることができるように改良すれば、何とかなるかもしれないですね。

りょう：改良できたとして、どのクリームをどういう順番でぬるようにすれば、ミルクレープができるかな。

みさき：こういうルールで作るのはどうかな。

みさきさんが考えたルール

① クリームをぬる機械は左からＡ、Ｂ、Ｃ、Ｄ、Ｅと並んでいる。

② 最初のクリームをぬった１秒後の状態は、ＡとＥはストロベリークリーム、ＢとＤは生クリーム、Ｃはチョコレートクリームとする。

③ それぞれの機械がぬるクリームは、直前に左どなりの機械がぬったものと同じものとする。ただし、左どなりに機械がないＡについては、Ｅと同じクリームをぬる。

④ １ホールの一番上にあたるクレープ生地にはクリームはぬらない。

⑤ クレープ生地の重ね方は、ベルトコンベアの流れに沿って、機械Ｅ、Ｄ、Ｃ、Ｂ、Ａ、Ｅ、……でぬられたクレープ生地の順とする。

りょう：例えば、機械Ｄが④によってクリームをぬらなかった場合、その１秒後の機械Ｅは何をぬるのですか。

工場長：本来、機械Ｄがぬる予定だったクリームと同じものをぬるものとしましょう。また、次のホールの一番下は機械Ｃでぬられたクレープ生地になります。

りょう：複雑なルールだから、本当に正しくぬられているか確認《かくにん》する方法はないかな。

みさき：図をかいてみるのはどうだろう。

みさきさんが考えた図のかき方

① これまでどのクリームがどのようにぬられたかを**図4**に表す。

図4

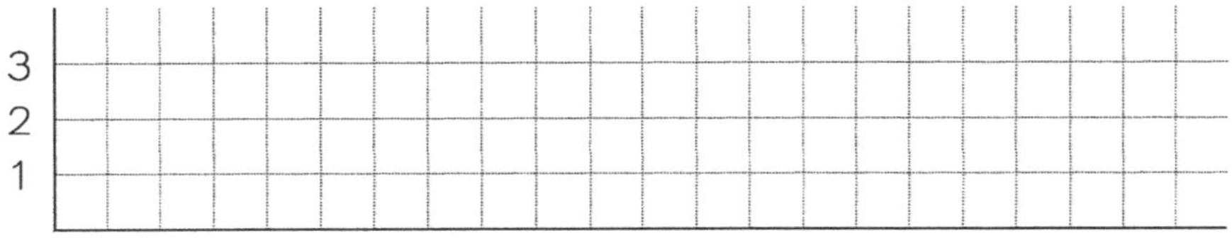

② ストロベリークリームをぬった場合は「1」、生クリームをぬった場合は「2」、チョコクリームをぬった場合は「3」の目《め》盛《も》りに点をかく。また、それぞれの機械はアルファベットで示す。

③ となり合う点を直線で結ぶ。

④ **＜1秒後までの状態を表す図＞**は**図5**になる。

図5

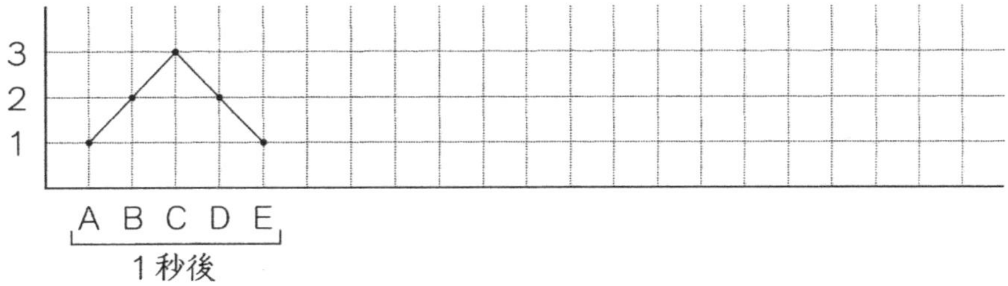

⑤ クリームをぬらないところに当たる点を○印で囲む。

みさき： このように図をかけば、それぞれの機械がどのクリームをぬったかがすぐに確認できます。

〔問題3〕 こういうルールで作るのはどうかな。とありますが、**みさきさんが考えたルール**にしたがって次の問いに答えなさい。

（1） **＜3秒後までの状態を表す図＞**を**みさきさんが考えた図のかき方**にしたがって、解答らんに記入しなさい。

（2） 30分後に機械A～機械Eのそれぞれの機械がぬったクリームは、3種類のうち何か。「1」、「2」、「3」を用いて解答らんに合うようにかきなさい。また、もし13枚目に当たるものがあれば、数字に○印をつけなさい。

みさき： これで、3種類のクリームを使ったミルクレープを作れるね。

適性検査Ⅰ

注意

1 問題は 1 のみで、**6ページ**にわたって印刷してあります。

2 検査時間は**四十五分**で、終わりは**午前九時四十五分**です。

3 声を出して読んではいけません。

4 答えは全て解答用紙に明確に記入し、**解答用紙だけを提出しなさい。**

5 答えを直すときは、きれいに消してから、新しい答えを書きなさい。

6 **受検番号**を解答用紙の決められたらんに記入しなさい。

④

東京都立両国高等学校附属中学校

問題は次のページからです。

1

次の **文章1** と **文章2** とを読み、あとの問題に答えなさい。
（＊印のついている言葉には本文のあとに〔注〕があります。）

文章1

異世界《いせかい》への扉《とびら》は、思わぬところに潜《ひそ》んでいる。そして、その扉の存《そん》在《ざい》に気づくきっかけもまた、思わぬところに潜んでいる。

「貝殻《かいがら》拾いって、だれもがついやっちゃいますよね」

知り合いの編集者が、会話の中でこんなひとことを発した。

あらたな異世界への扉への気づきは、このひとことが始まりだった。

自然は特別な人のためのものではない。「だれもがやれてしまうようなことで自然とつきあえるというのは、大事なこと」とつねづね思っていただけに、このひとことには意表を突《つ》かれた。そして、どんなに身近な自然でも、どんなに手軽な方法でも、相手が自然であれば、思わぬ世界に通じることのできる可能性が、そこにある。

「そうか。貝殻拾いにはまだ、あらたなおもしろさがあるかもしれない」

そう思う。

この編集者のひとことをきっかけに、もう一度、貝拾いを本格的に再開してみようと僕《ぼく》は思った。ただ、少年時代のころのように、ひたすらに、たくさんの種類を拾い集めることを目標にしても意味はない。

なぜ貝殻を拾うのか。

貝殻を拾って、なにかが見えてくるのか。

そんなことを考えてみる。

これまた思わぬことに、あらたな貝殻拾いのヒントは、少年時代に拾い集めた貝殻コレクションの中に隠《かく》されていた。

少年時代に拾い集めた貝殻のうち、「これは」と思う種類……たとえばめったに拾うことのできなかったタカラガイの仲間など……は、紙箱に入れられ、僕の行く先々にともにあった。一方、そうして選ばれることのなかった貝殻は、実家の軒下《のきした》に放置されることになった。もう一度、貝殻拾いを見直してみようと思ったとき、僕は、そうして放置され、半ば＊雨ざらしになっていた貝殻をかきわけ、いくつか特徴的《とくちょうてき》な貝殻を取り上げ、沖縄に持って帰ることにした。

このとき、まず気づいたことがある。それは、「貝殻は丈夫《じょうぶ》だ」ということだ。少年時代に拾い上げ、その後、軒下に放置されていたのにもかかわらず、貝殻の形は崩《くず》れておらず、色もそれほどあせていなかった。耐水《たいすい》インクで貝殻に直接書き込《こ》んであったデータもまだ読み取れた。さらに雨ざらし状態から「救出」してきた貝殻のひとつを、沖縄に戻《もど》ってまじまじと見たら、気になる二枚貝《にまいがい》がひとつあることを発見してしまう。

擦《す》り切れた二枚貝の片方《かたほう》の殻で、白くさらされた貝殻は、さらにねずみ色にうっすらと染《そ》まっていた。二枚貝にしては殻の厚い貝だ。書き込《こ》まれたデータには一九七五年一二月一三日 ＊沖ノ島とあったが、僕自身にはこのような貝殻を拾い上げた記憶《きおく》はまったくなかった。少年時代につけていた貝殻採集の記録ノートを見返してみたが、当日の記録にも、該当《がいとう》する貝の記述はなかった。「うすよごれた二枚貝」として、さほど当時の僕は注目しなかったということだろう。

少年時代は拾い上げたことさえ認識《にんしき》していなかったこの貝は、あらためて図鑑《ずかん》で調べてみると、ハイガイという名前の貝であった。ハイガイというのは、殻《から》の厚いこの貝を焼いて、石灰《せっかい》をつくったことによっている。興味深いことは、この貝の分布地が図鑑によると、*伊勢湾《いせわん》以南となっていることだ。つまり千葉は、本来の分布地よりも北に位置する。そんな貝が、なぜ僕の貝殻コレクションに含《ふく》まれていたのだろう。

じつは、ハイガイは、今よりも水温の高かった縄文時代《じょうもんじだい》には*館山《たてやま》近辺にも生息していた。そのころの貝殻が、地層《ちそう》から洗《あら》い出されて海岸に打ち上がっていたわけだった。

これが、僕のあらたな貝殻拾いの視点《してん》のヒントとなる「発見」だった。貝殻は生き物そのものではなく、生き物のつくりだした構造物だ。そのため、かなり丈夫だ。それこそ、数千年前の縄文時代の貝殻が、海岸に転がっていても、*現生種の貝殻とすぐには見分けがつかないほどに。

貝殻は丈夫であるので、時を超《こ》えることができる。

すなわち、「貝殻拾いをすると、*タイムワープができるのではないだろうか」……それが僕のあらたな貝殻拾いの視点となった。

そんな目で探《さが》してみると、「今はいないはずの貝」があちこちで拾えることに気がついた。それは、いったい、いつごろの貝か。そして、なぜ、その貝はいなくなったのか。

たとえば少年時代に僕が雑誌《ざっし》の紹介《しょうかい》記事を読んであこがれた南の島が西表島《いりおもてじま》だ。イリオモテヤマネコで有名な「原始の島」というイメージのある島であるが、その一方、古くからこの島には人々《ひとびと》が住みついていた。そのため、西表島の海岸には、ところどころ貝塚《かいづか》が見られる。そうした貝塚の貝は、それこそ小さなころの僕が図鑑で見てあこがれたような貝……大型のタカラガイであるホシキヌタや、重厚《じゅうこう》なラクダガイ、これも大型の二枚貝であるシャコガイ類など……ばかりで、ついためいきをついてしまうのだが、それらの貝に混じってたくさんのセンニンガイの殻が見られる。センニンガイは*マングローブ林に生息する、細長い巻貝《まきがい》だ。貝塚から見つかるということは当然食用にされていたというわけだが、現在の西表島のマングローブ林では、このセンニンガイは一切《いっさい》見つからない。*黒住《くろずみ》さんによると西表島や石垣島《いしがきじま》からは、センニンガイは一七世紀以降《いこう》、消滅《しょうめつ》したと考えられるという。どうやら人間の*採取圧《さいしゅあつ》によって、個体数を減らし、ついには絶滅《ぜつめつ》してしまったと考えられている（現在でも東南アジアに行くと、センニンガイを見ることができる。江ノ島《えのしま》などの観光地に行くと、外国産の貝殻の盛《も》り合わせがパックされて売られているが、ときにこの、外国産のセンニンガイが含まれているパックも目にする）。

こんなふうに、人間の影響《えいきょう》によって、地域《ちいき》で見られる貝が変わっていく。その移り変わりの歴史が、足元に転がる貝殻から見える。

そうした視点で貝殻拾いを始めたとき、僕は少年時代に拾えなかった貝があることにようやく気づいた。「なぜその貝がそこに落ちているのか」という問《とい》は、解決できるかどうかは別として、容易になしうる問だ。しかし、「なぜその貝がそこに落ちていないのか」という問は、その問に気づくこと自体が困難《こんなん》である。

　僕は貝殻の拾いなおしをし始めたことで、少年時代の自分の貝殻コレクションに、ハマグリが含まれていないのに初めて気づいたのである。ハマグリといえば、貝の名前をあまり知らない生徒や学生でも、「知っている」貝だろう。しかし、そんな貝を、少年時代にせっせと貝殻拾いに通っていたはずの僕が拾ったことがなかった……ただの一度も拾い上げたことがなかったのだった。それはなぜか。そして、どこに行ったらハマグリが拾えるのか。その謎《なぞ》解《と》きが僕のあらたな貝殻拾いのひとつの目標となっていった。

（盛口《もりぐち》　満《みつる》「自然を楽しむ——見る・描《えが》く・伝える」による）

〈注〉

雨ざらし——雨にぬれたままになっているさま。

沖ノ島——千葉県南部の島。

伊勢湾《いせわん》——愛知県と三重県にまたがる太平洋岸にある湾《わん》。

館山《たてやま》——千葉県南部の館山湾《たてやまわん》に面する市。

現生種——現在生きている種。

タイムワープができる——現実とは別の時間に移動できる。

マングローブ林——あたたかい地域《ちいき》の河口に生育する常緑の木からなる林。

黒住《くろずみ》さん——黒住耐二《くろずみたいじ》。貝の研究者。

採取圧《さいしゅあつ》——むやみに採ること。

文章2

夕暮《ゆうぐ》れの迫《せま》る空を、南から北に向かって、カラスは次々《つぎつぎ》と飛んで行った。そして、口々《くちぐち》に「カア」「カア」「カア、カア、カア」と鳴いていた。北の方にある森からは時折、カラスの集団が一斉《いっせい》に鳴き始める声が、遠い波音のように聞こえていた。口々に鳴く声は、まるで言葉を交《か》わしているかのようだ。それなら、これだけたくさんのカラスがいるのだから、呼《よ》べば応えるカラスもいるかもしれないと思った。そこで、なるべくカラスっぽい声で「かー、かー」と鳴いてみた。

「カア」

「カア」

「カア」

カラスが上空から鳴き返してきた。次々と飛び過ぎる「友人たち」を見送りながら、私《わたし》は、自分が*ドリトル先生か*シートンになったかのような気分を味わっていた。この経験が忘《わす》れられなくてカラスを研究しようと決心した、とまでは言わないけれども、何の影響《えいきょう》もなかったとも決して言わない。

さて。*大学院に入り、それなりにカラスを研究した後、研究者の目で見返してみて、かつての自分の解釈《かいしゃく》は重大な*錯誤《さくご》を含《ふく》んでいる可能性に気づいた。それは、「カラスは果たして私の鳴き真似《まね》に応えたのか」ということだ。

「応える」とは何か。応えたと言うからには、ある個体が他個体の音声を認識《にんしき》し、その音声に対して反応《はんのう》した、という証拠《しょうこ》がいる。だが自発的な行動と、他個体への反応をどのように区別するか。まして一〇〇羽《わ》を超《こ》えるカラスが、あるものは自発的に、あるものは返事として鳴いていたかもしれない場合、一体どのように判断すればよかったのか。

これは今から遡《さかのぼ》って検証することはできない。だが、当時の自分には「自発的に鳴いた場合と返事をした場合を区別する」という発想すらなかった。人間同士ならば返事をしたと感じられる程度の*タイムラグでカラスの一羽か二羽が鳴いた、という事実を、「自分に対して返事をした」と解釈しただけである。人間同士ならば、その解釈でもよいかもしれない。だが全く別種の生物を相手に、このような予断をもった判断をしてはいけない。

今なら自分にこう問い返すだろう。「普段《ふだん》からカアカア鳴き続けている相手がたまたまその時も鳴いたからって、自分に返事したとなぜ言えるの?」

動物学者として言おう。あのカラスの声が返事であったとしても、それは他のカラスの音声への反応だったろう。私の鳴き真似に返事をしたと考える積極的な根拠《こんきょ》はない。

そして、さらに一五年あまり。私は山の中でカラスの分布を調べるため、*音声プレイバック法を用いてカラスを探《さが》す、という調査を行っている。カラスの声をスピーカーから流すと、縄張りを持った*繁殖《はんしょく》個体は侵入者《しんにゅうしゃ》だと思って大声で鳴きながら飛んでくるからだ。

調査を始めた頃《ころ》は適切な装備《そうび》も方法もよくわからなかったので、機材がうまく動かないことや、機材を持っていないこともあった。そんな時でも、「本当にカラスいないのかな?」と疑《うたが》った場合には、失敗覚《かく》悟《ご》で、自分の声で鳴き真似してみることはあった。とにかく何か刺激《しげき》を与《あた》えてカラスを鳴かせるか飛ばせるかすれば、データは得られるからである。

すると、思ったよりカラスは鳴くのである。こちらの鳴き真似からだいたい五分以内だ。しかも鳴き真似に合わせるように、鳴き方を調整しているように思えることが度々《たびたび》ある。こちらが四声鳴けば向こうも四声鳴き、「カー、カー、カアカア」と鳴けば向こうも「カー、カー、カアカアカア」などと途中《とちゅう》で調子を変えて鳴く。もし発声が完全に自発的なものならば、発声の頻度《ひんど》はこちらの鳴き真似とは無関係なものとなり、「鳴き真似の後、数分以内の音声が多い」という結果にはならないであろう。そして、単に「おかしな声が聞こえて驚《おどろ》いたので鳴いただけ」なら、こちらの鳴き真似の特徴《とくちょう》と高い確率で一致《いっち》するのは妙《みょう》だ。カラスはこちらの音声を認識した上で、その音声に反応している——つまり、私の鳴き真似に対して返事をしているのではないか。

この不思議な二重唱がどんな生物学的基盤《せいぶつがくてききばん》をもつのか、鳴き真似を本当にカラスの声だと勘違《かんちが》いしているのか、そういった点はまだわからないが、カラスは人間に対して鳴き返してくることが確かにあるのだ、とは言えそうである。

直感から研究を始めなければならない場合は、確かにある。一方で科学者は、状況《じょうきょう》を説明しうる仮説を公平に捉《とら》え、自分に都合の良い結果さえも疑わなくてはならない。しかし、そうやって疑った先に、思いがけず心躍《こころおど》る景色が広がることもある。

今、改めて動物学者として言おう。三〇年以上前のあの日、カラスは私に向かって応えたかもしれないのだ。

(松原《まつばら》始《はじめ》「科学者の目、科学の芽」岩波科学ライブラリー による)

〔注〕
ドリトル先生——児童文学作品の主人公である動物医師。
シートン——アメリカの動物文学作家。
大学院——大学卒業後に専門《せんもん》分野の学習と研究を行う機関。
錯誤《さくご》——あやまり。
タイムラグ——時間のずれ。
音声プレイバック法——鳥の鳴き声を流し、これに反応《はんのう》して鳴き返してきた声で生息を確認《かくにん》する方法。
繁殖《はんしょく》個体——巣をつくり、卵《たまご》を産んで、ひなを育てているカラス。

〈問題1〉　<u>心躍《こころおど》る景色</u>とありますが、これは **文章1** ではどのように表現されていますか。解答らんに書きなさい。

〈問題2〉　**文章1**・**文章2** で筆者は、いずれも生き物を研究対象にしています。研究に対する筆者の姿勢《しせい》に共通するのはどのような点ですか。解答らんに書きなさい。

〈問題3〉　あなたは、これからの六年間をどのように過ごしたいですか。**文章1**・**文章2** のいずれかの、筆者の研究や学問への向き合い方をふまえ、どちらをふまえたかを明らかにして自分の考えを書きなさい。なお、内容のまとまりやつながりを考えて段落《だんらく》に分け、四百字以上四百四十字以内で述べなさい。
ただし、下の〈**きまり**〉にしたがうこと。

〈**きまり**〉
○題名は書きません。
○最初の行から書き始めます。
○各段落《だんらく》の最初の字は一字下げて書きます。
○行をかえるのは、段落をかえるときだけとします。
○、や。や」などもそれぞれ字数に数えます。これらの記号が行の先頭に来るときには、前の行の最後の字と同じますめに書きます。（ますめの下に書いてもかまいません。）
○。と」が続く場合には、同じますめに書いてもかまいません。この場合、。」で一字と数えます。
○段落をかえたときの残りのますめは、字数として数えます。
○最後の段落の残りのますめは、字数として数えません。

適性検査Ⅱ

注　　意

1　問題は 1 から 3 までで、１２ページにわたって印刷してあります。

2　検査時間は**４５分**で、終わりは**午前１１時１０分**です。

3　声を出して読んではいけません。

4　計算が必要なときは、この問題用紙の余白を利用しなさい。

5　答えは全て解答用紙に明確に記入し、**解答用紙だけを提出しなさい。**

6　答えを直すときは、きれいに消してから、新しい答えを書きなさい。

7　**受検番号**を解答用紙の決められたらんに記入しなさい。

東京都立両国高等学校附属中学校

問題は次のページからです。

1　来週はクラス内でお楽しみ会をします。係である**花子**さんと**太郎**《たろう》さんは、お楽しみ会で渡《わた》すプレゼントの準備をしています。

花　子：プレゼントのお花のかざりができたよ。
太　郎：すてきだね。次は何を作ろうか。
花　子：モールで図形を作って、それを台紙にはったカードをいくつか作ろうよ。
太　郎：いいアイデアだね。カードのデザインはどうしようか。
花　子：わくわくするものがいいね。
太　郎：それならロケットはどうかな。デザインを考えてみるよ。

太郎さんは、**図1**のようなカードのデザインを考えました。花子さんと太郎さんは、モールを使って、**図2**のような図形を作り、それらを組み合わせて台紙にはり、**図3**のようなロケットのカードを作ることにしました。

図1　カードのデザイン

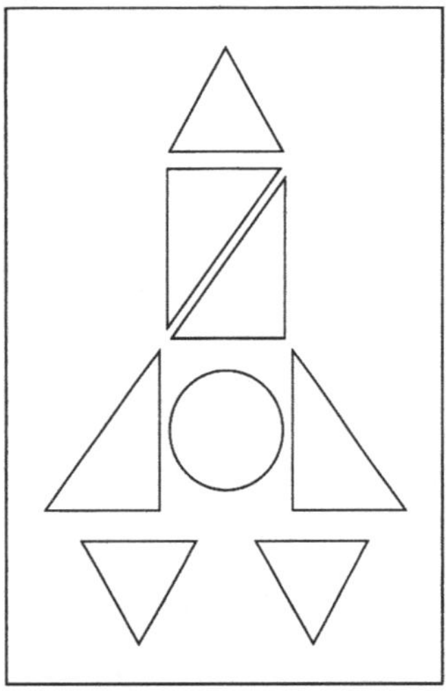

図2

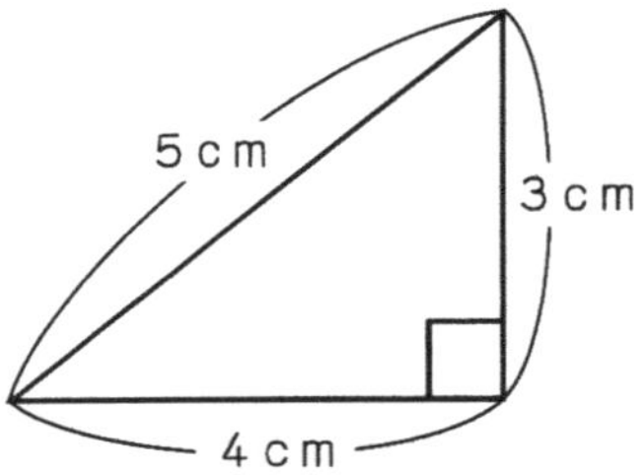

直角三角形

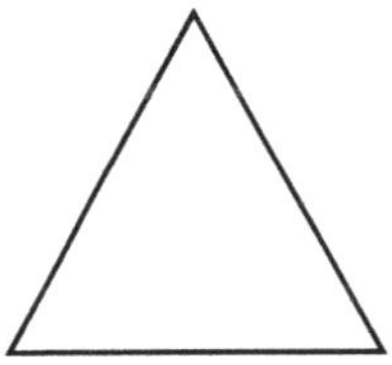

正三角形（1辺3cm）

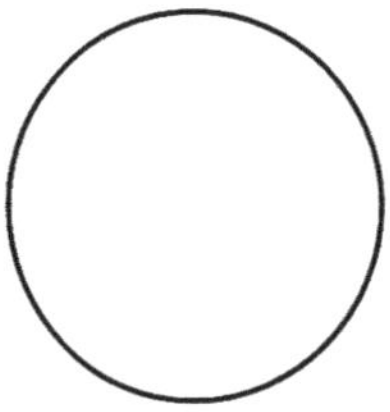

円（直径3cm）

図3　カードのイメージ

花　子：１ｍの長さのモールが６本あるね。

太　郎：私《わたし》は１本のモールを切って、直角三角形を作るよ。

花　子：できるだけ多く作ってね。

太　郎：直角三角形が８個作れたよ。箱に入れておくね。

花　子：私は別の１本のモールを切って、正三角形をできるだけ多く作ったよ。できた正三角形も同じ箱に入れておくね。

太　郎：次は、円をできるだけ多く作ってみようかな。

花　子：でも１枚《まい》のカードを作るのに、円は１個しか使わないよ。

太　郎：それなら１本のモールから、直角三角形と正三角形と円を作ってみようかな。それぞれ３個ずつ作れそうだね。

花　子：それぞれ3個ずつ作る切り方だとモールの余りがもったいないよ。できるだけ余りの長さが短くなるような切り方にしよう。

太　郎：そうだね。残りのモール４本を切る前に、カードは何枚作れるか考えよう。

〔問題１〕　１ｍのモールが４本と箱の中の図形があります。４本のモールで**図２**の直角三角形と正三角形と円を作り、箱の中の図形と組み合わせて**図３**のカードを作ります。モールの余りをつなげて図形を作ることはできないこととします。できるだけ多く**図３**のカードを作るとき、以下の問いに答えなさい。

ただし、円周率は3．１４とし、モールの太さは考えないこととします。

（１）　４本のモールの余りの長さの合計を求めなさい。

（２）　箱の中の図形のほかに、直角三角形と正三角形と円はそれぞれ何個ずつ必要か求めなさい。そのとき、それぞれのモールからどの図形を何個ずつ切るか、文章で説明しなさい。

花子さんと太郎さんは、お花のかざりや**図3**のロケットのカードをふくめて６種類のプレゼントを作りました。

花　子：プレゼントをどのように選んでもらおうか。
太　郎：６種類あるから、さいころを使って決めてもらったらどうかな。
花　子：それはいいね。でも、さいころは別のゲームでも使うから、ちがう立体を使おうよ。
太　郎：正三角形を６個組み合わせてみたら、こんな立体ができたよ。それぞれの面に数字を書いてみるね。

太郎さんは**図4**のような立体を画用紙で作り、**1**から**6**までの数字をそれぞれの面に１個ずつ書きました。

図4　３方向から見た立体

花　子：この立体を机《つくえ》の上で転がしてみよう。
太　郎：机に接する面は一つに決まるね。
花　子：転がし方が分かるように、画用紙に立体の面と同じ大きさの正三角形のマスをたくさん書いて、その上を転がしてみよう。

太郎さんは画用紙に**図5**のような正三角形のマスを書き、**図4**の立体の面が正三角形のマスと接するように置きました。置いた面の正三角形の１辺が動かないように立体を転がしてみると、あることに気づきました。

図5

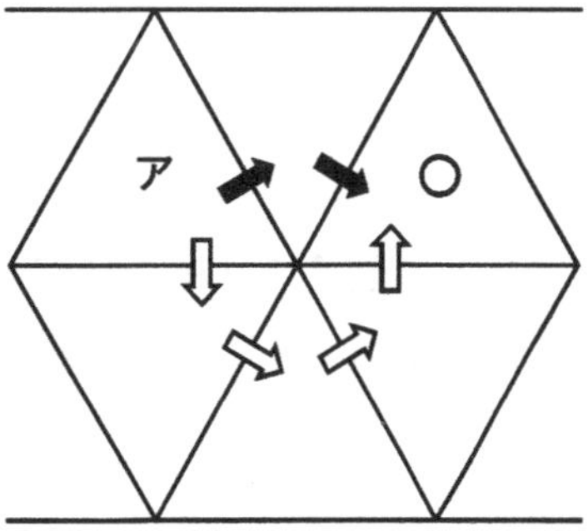

➡ は花子さんの転がし方
⇨ は太郎さんの転がし方

太　郎：立体の**1**の面が、**ア**のマスに数字と文字が同じ向きで接するように置いたよ。転がして**ア**から○のマスまで移動させてみよう。
花　子：私は２回転《ころ》がして○のマスまで移動させたよ。○のマスに接する面が**4**になったよ。
太　郎：私は４回転《ころ》がして移動させてみたけど、○のマスに接する面は**4**ではなかったよ。
花　子：転がし方を変えると同じマスへの移動でも、接する面の数字が変わるんだね。

太郎さんは画用紙に**図6**のような正三角形のマスを書きました。花子さんと太郎さんは、**図4**の立体を**イ**のマスから●のマスまでどのように転がすことができるか考えました。

図6

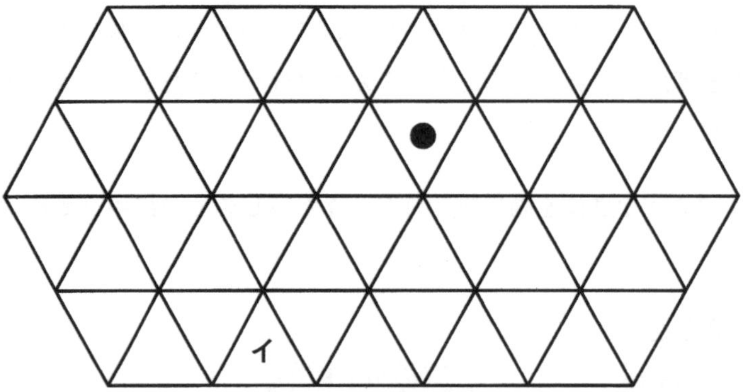

花　子：転がしているとき、一つ前のマスにはもどれないことにしよう。

太　郎：５回転《ころ》がすと、**イ**のマスから●のマスまで移動させることができたよ。

花　子：でも６回転《ころ》がして、**イ**のマスから●のマスまで移動させることはできなかったよ。

太　郎：けれど７回転《ころ》がしたら、**イ**のマスから●のマスまで移動させることができたよ。

花　子：５回の転がし方は１通りだけど、７回の転がし方は何通りかあるね。

太　郎：７回転《ころ》がしたら、●のマスに接する面の数字も何種類かありそうだから、●のマスに接する面の数字に応じて、プレゼントを決められるね。

花　子：でも、**イ**のマスに**１**の面を置いたとき、どのように転がしても●のマスに接しない面があるね。

太　郎：全ての面が●のマスに接するようにするには、くふうが必要だね。

〔問題２〕 **図４**の立体の**１**の面を、**図６**の**イ**のマスに数字と文字が同じ向きで接するように置きます。**図４**の立体を７回転《ころ》がして、**イ**のマスから●のマスまで移動させます。ただし、転がしているとき、一つ前のマスにはもどれないこととします。以下の問いに答えなさい。

（１） 転がし方はいくつかありますが、そのうちの１通りについて、マスに接する面の数字を順に書きなさい。

（２） **図４**の立体を７回転《ころ》がして、**イ**のマスから●のマスまで移動させたときに、●のマスに接する面の数字を全て書きなさい。

2　**花子**さんと**太郎《たろう》**さんは、休み時間に、給食の献立表《こんだてひょう》を見ながら話をしています。

花　子：今日の給食は何だろう。
太　郎：いわしのつみれ汁《じる》だよ。千葉県の郷土料理《きょうどりょうり》だね。郷土料理とは、それぞれの地域《ちいき》で、昔から親しまれてきた料理のことだと書いてあるよ。
花　子：千葉県の海沿《うみぞ》いでは、魚を使った郷土料理が食べられているんだね。日本は周囲を海に囲まれている国だから、他の地域でも、魚を使った郷土料理が食べられてきたのかな。
太　郎：そうかもしれないね。でも、毎日魚がとれたわけではないだろうし、大量にとれた日もあるだろうから、魚を保存《ほぞん》する必要があっただろうね。
花　子：それに、今とちがって冷蔵庫《れいぞうこ》や冷凍庫《れいとうこ》がなかったから、魚を保存するのに大変苦労したのではないかな。
太　郎：次の家庭科の時間に、日本の伝統的な食文化を調べることになっているから、さまざまな地域で、昔から親しまれてきた魚を使った料理と保存方法を調べてみよう。

花子さんと**太郎**さんは、家庭科の時間に、三つの地域の魚を使った料理と保存方法を調べ、**図1**にまとめました。

図1　花子さんと太郎《たろう》さんが調べた魚を使った料理と保存《ほぞん》方法の資料

<table>
<tr><td colspan="2">①北海道小樽《おたる》市　料理名：サケのルイベ</td></tr>
<tr><td>
サケのルイベ

サケ</td><td><u>材　　料</u>：サケ
<u>保存方法</u>：内臓《ないぞう》をとり除《のぞ》いたサケを、切り身にして雪にうめた。サケを雪にうめて、こおらせることで、低い温度に保ち、傷《いた》みが進まないようにした。</td></tr>
<tr><td colspan="2">②神奈川県小田原《おだわら》市　料理名：マアジのひもの</td></tr>
<tr><td>
マアジのひもの

マアジ</td><td><u>材　　料</u>：マアジ
<u>保存方法</u>：地元でとれるマアジを開き、空気がかわいた時期に、日光に当てて干《ほ》した。マアジを干すことで水分が少なくなり、傷みが進まないようにした。</td></tr>
<tr><td colspan="2">③石川県金沢《かなざわ》市　料理名：ブリのかぶらずし</td></tr>
<tr><td>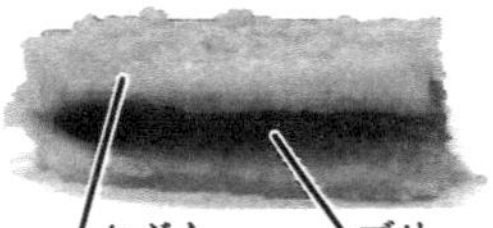

ブリのかぶらずし

ブリ</td><td><u>材　　料</u>：ブリ、かぶら（かぶ）、＊[1]甘酒《あまざけ》など
<u>保存方法</u>：かぶら（かぶ）でブリをはさみ、甘酒につけた。空気が冷たく、しめった時期に、甘酒につけることで＊[2]発酵《はっこう》をうながし、傷みが進まないようにした。
＊の付いた言葉の説明
＊１ 甘酒《あまざけ》：米にこうじをまぜてつくる甘《あま》い飲み物。
＊２ 発酵《はっこう》：細菌《さいきん》などの働きで物質が変化すること。発酵は、気温０度以下では進みにくくなる。</td></tr>
</table>

（農林水産省《のうりんすいさんしょう》ホームページなどより作成）

花　子：どの料理に使われる魚も、冬に保存されているけれど、地域ごとに保存方法がちがうね。
太　郎：保存方法が異《こと》なるのは、地域の気候に関係しているからかな。
花　子：そうだね。では、**図1**の地域の気温と降水量《こうすいりょう》を調べてみよう。

花子さんと**太郎**さんは、**図1**の地域の月ごとの平均気温と降水量を調べました。

花　子：各地域の月ごとの平均気温と降水量をまとめてみると、**図2**のようになったよ。

図2　月ごとの平均気温と降水量《こうすいりょう》

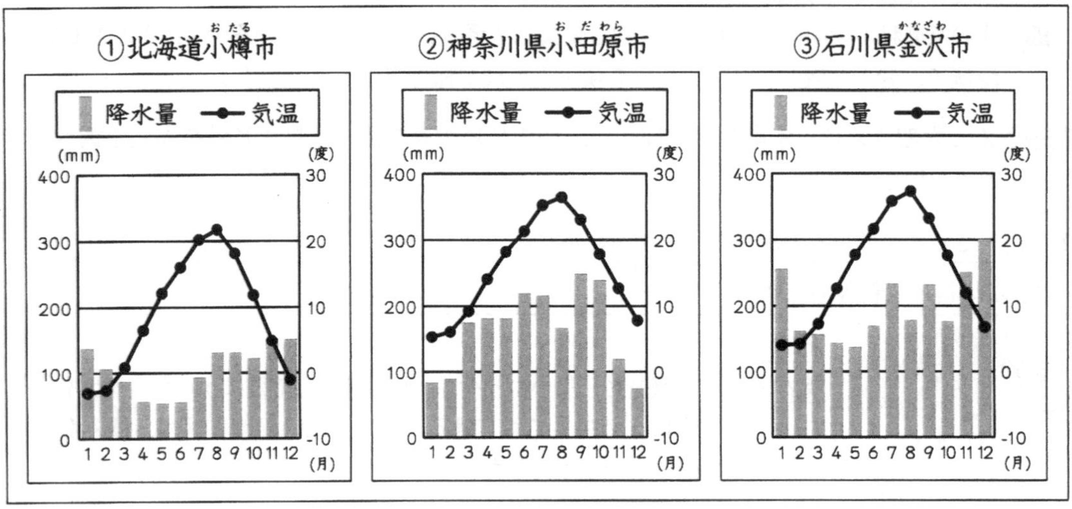

（気象庁《きしょうちょう》ホームページより作成）

太　郎：同じ月でも、地域によって平均気温や降水量がちがうし、同じ地域でも、月によって平均気温や降水量がちがうことが分かるね。
花　子：それぞれの地域で、月ごとの平均気温や降水量に適した保存方法が用いられているのだね。

〔問題1〕　花子さんは「それぞれの地域で、月ごとの平均気温や降水量に適した保存方法が用いられているのだね。」と言っています。**図1**の魚を使った料理は、それぞれどのような保存方法が用いられていますか。それらの保存方法が用いられている理由を、会話文を参考に、**図1**、**図2**と関連させて説明しなさい。

花子さんと**太郎**さんは、調べたことを**先生**に報告しました。

先　生：魚の保存方法と気温、降水量の関係についてよく調べましたね。

花　子：気温と降水量のちがいは、保存方法以外にも、郷土料理に影響《えいきょう》をあたえたのでしょうか。

先　生：では、次の資料を見てください。

図3　先生が示した地域《ちいき》

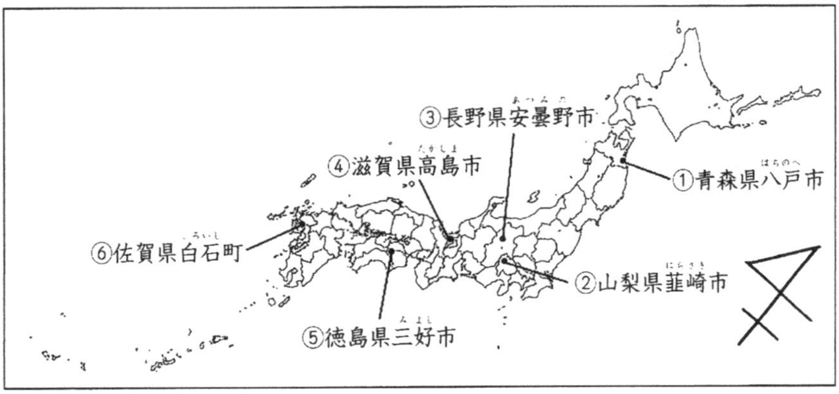

図4　先生が示した地域《ちいき》の郷土料理《きょうどりょうり》

①青森県八戸《はちのへ》市 せんべい汁の画像	せんべい汁《じる》：鶏肉《とりにく》でだしをとったスープに、小麦粉で作ったせんべいと、野菜を入れたなべ料理。	②山梨県韮崎《にらさき》市 ほうとうの画像	ほうとう：小麦粉で作っためんを、かぼちゃなどの野菜といっしょにみそで煮《に》こんだ料理。
③長野県安曇野《あづみの》市 手打ちそばの画像	手打ちそば：そば粉で作っためんを、特産品のわさびなどの薬味が入ったそばつゆにつけて食べる料理。	④滋賀県高島《たかしま》市 しょいめしの画像	しょいめし：野菜と千切りにした油《あぶら》揚《あ》げをしょうゆなどで煮て、そこに米を入れて炊《た》いた料理。
⑤徳島県三好《みよし》市 そば米雑すいの画像	そば米雑《ごめぞう》すい：米の代わりに、そばの実を塩ゆでし、からをむき、かんそうさせて、山菜などと煮こんだ料理。	⑥佐賀県白石《しろいし》町 すこずしの画像	すこずし：炊いた米に酢《す》などで味付けし、その上に野菜のみじん切りなどをのせた料理。

（農林水産省《のうりんすいさんしょう》ホームページなどより作成）

太　郎：先生が示された郷土料理の主な食材に注目すると、それぞれ米、小麦、そばのいずれかが活用されていることが分かりました。保存方法だけではなく、食材のちがいにも、気温と降水量が関係しているということでしょうか。

先　生：地形、標高、水はけ、土の種類など、さまざまな要因がありますが、気温と降水量も大きく関係しています。米、小麦、そばを考えるなら、その地域の年平均気温と年間降水量に着目する必要があります。

花　子：では、今度は月ごとではなく、それぞれの地域の年平均気温と年間降水量を調べてみます。

花子さんと**太郎**さんは**先生**が**図３**で示した地域の年平均気温と年間降水量を調べ、**表１**にまとめました。

表１　花子さんと太郎《たろう》さんが調べた地域《ちいき》の年平均気温と年間降水量《こうすいりょう》

	年平均気温（度）	年間降水量（mm）
① 青森県八戸《はちのへ》市	10.5	1045
② 山梨県韮崎《にらさき》市	13.8	1213
③ 長野県安曇野《あづみの》市	9.6	1889
④ 滋賀県高島《たかしま》市	14.1	1947
⑤ 徳島県三好《みよし》市	12.3	2437
⑥ 佐賀県白石《しろいし》町	16.1	1823

（気象庁《きしょうちょう》ホームページより作成）

先　生：よく調べましたね。

太　郎：ですが、**表１**では、**図４**の主な食材との関係が分かりにくいです。

花　子：そうですね。年平均気温が高い地域と低い地域、年間降水量が多い地域と少ない地域を、さらに分かりやすく表したいのですが、どうすればよいですか。

先　生：縦軸《たてじく》を年平均気温、横軸《よこじく》を年間降水量とした図を作成してみましょう。**表１**の地域の年平均気温と年間降水量をそれぞれ図に示し、主な食材が同じものを丸で囲んでみると、**図５**のようになります。

太　郎：<u>**図４**と**図５**を見ると、主な食材と年平均気温や年間降水量との関係が見て取れますね。</u>

花　子：そうですね。他の主な食材についても調べてみると面白そうですね。

図５　先生が示した図

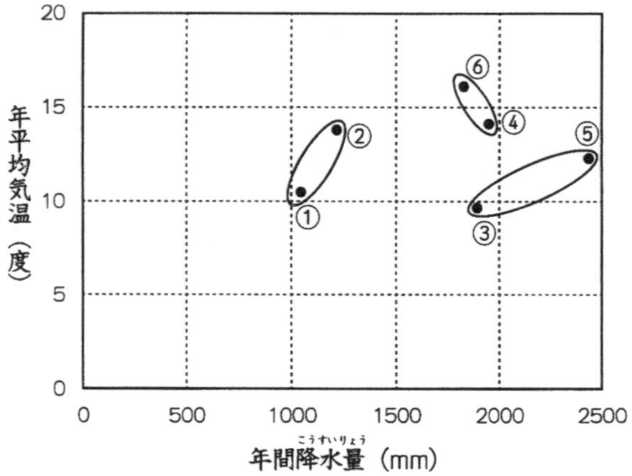

〔問題２〕　太郎さんは「<u>**図４**と**図５**を見ると、主な食材と年平均気温や年間降水量との関係が見て取れますね。</u>」と言っています。**図４**の郷土料理の中で主な食材である米、小麦、そばから二つを選びなさい。選んだ二つの食材がとれる地域の年平均気温、年間降水量を比べながら、それらの地域の年平均気温、年間降水量がそれぞれ選んだ食材とどのように関係しているのか、**図５**と会話文を参考にし、説明しなさい。

3　**花子**さん、**太郎《たろう》**さん、**先生**が石けんと洗剤《せんざい》について話をしています。

花　子：家でカレーライスを食べた後、すぐにお皿を洗《あら》わなかったので、カレーのよごれを落としにくかったよ。食べた後に、お皿を水につけておくとよかったのかな。

太　郎：カレーのよごれを落としやすくするために、お皿を水だけにつけておくより、水に石けんやいろいろな種類の洗剤を入れてつけておく方がよいのかな。調べてみたいな。

先　生：それを調べるには、**図1**のようなスポイトを用いるとよいです。スポイトは液体ごとに別のものを使うようにしましょう。同じ種類の液体であれば、このスポイトから液体をたらすと、1滴《てき》の重さは同じです。

図1　スポイト

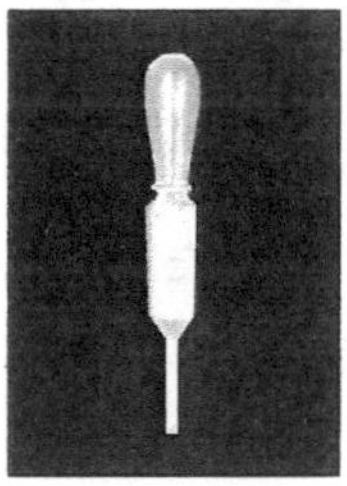

二人は、先生のアドバイスを受けながら、次のような**実験1**を行いました。

実験1

手順1　カレールウをお湯で溶《と》かした液体を、**図2**のようにスライドガラスにスポイトで4滴たらしたものをいくつか用意し、12時間おく。

図2　スライドガラス

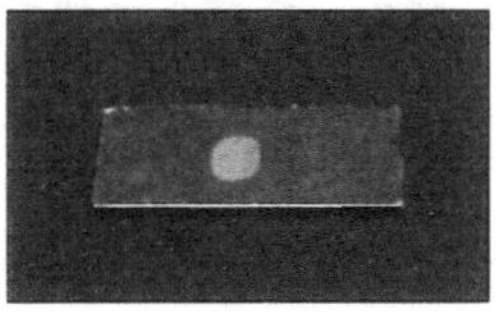

手順2　水100gが入ったビーカーを4個用意する。1個は水だけのビーカーとする。残りの3個には、スポイトを使って次の**ア**～**ウ**をそれぞれ10滴たらし、ビーカーの中身をよくかき混ぜ、液体**ア**、液体**イ**、液体**ウ**とする。

ア　液体石けん　　**イ**　台所用の液体洗剤　　**ウ**　食器洗い機用の液体洗剤

手順3　手順1で用意したスライドガラスを、手順2で用意したそれぞれの液体に、**図3**のように1枚《まい》ずつ入れ、5分間つけておく。

手順4　スライドガラスを取り出し、その表面を観察し、記録する。

手順5　観察したスライドガラスを再び同じ液体に入れ、さらに55分間待った後、手順4のように表面を観察し、記録する。

図3　つけておく様子

実験1の記録は、**表1**のようになりました。

表1　スライドガラスの表面を観察した記録

	水だけ	液体**ア**	液体**イ**	液体**ウ**
5分後	よごれがかなり見える。	よごれがほぼ見えない。	よごれが少し見える。	よごれがほぼ見えない。
60分後	よごれが少し見える。	よごれが見えない。	よごれが見えない。	よごれが見えない。

花　子：よごれが見えなくなれば、カレーのよごれが落ちているといえるのかな。

先　生：カレーのよごれには色がついているものだけでなく、でんぷんもふくまれます。

太　郎： でんぷんのよごれを落とすことができたか調べるために、ヨウ素液が使えるね。
先　生： けんび鏡で観察すると、でんぷんの粒《つぶ》を数えることができます。でんぷんのよごれの程度を、でんぷんの粒の数で考えるとよいです。

二人は、先生のアドバイスを受けながら、次のような**実験２**を行いました。

実験２

手順１　**実験１**の手順１と同様に、カレーがついたスライドガラスを新たにいくつか用意する。その１枚にヨウ素液を１滴たらし、けんび鏡を用いて１５０倍で観察する。**図４**のように接眼レンズを通して見えたでんぷんの粒の数を、液体につける前の粒の数とする。

図４　でんぷんの粒《つぶ》

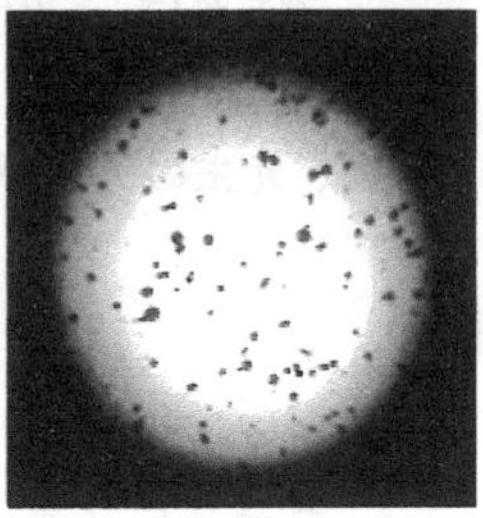

手順２　手順１で用意したスライドガラスについて、**実験１**の手順２～３を行う。そして、手順１のように観察し、それぞれのでんぷんの粒の数を５分後の粒の数として記録する。

手順３　手順２で観察したそれぞれのスライドガラスを再び同じ液体に入れ、さらに５５分間待った後、手順２のようにでんぷんの粒の数を記録する。

実験２の記録は、**表２**のようになりました。

表２　接眼レンズを通して見えたでんぷんの粒《つぶ》の数

	水だけ	液体**ア**	液体**イ**	液体**ウ**
５分後の粒の数（粒）	８０４	６３２	５０４	４７６
６０分後の粒の数（粒）	４８４	８２	６８	１６６

花　子： 手順１で、液体につける前の粒の数は１７７２粒だったよ。
先　生： どのスライドガラスも液体につける前の粒の数は１７７２粒としましょう。
太　郎： ５分後と６０分後を比べると、液体**ウ**より水だけの方が粒の数が減少しているね。

〔問題１〕（１）　よごれとして、色がついているよごれとでんぷんのよごれを考えます。**実験１**と**実験２**において、５分間液体につけておくとき、よごれを落とすために最もよいと考えられるものを液体**ア**～**ウ**から一つ選びなさい。また、その理由を、**実験１**と**実験２**をもとに書きなさい。

（２）　**実験２**において、５分後から６０分後までについて考えます。水だけの場合よりも液体**ウ**の場合の方が、でんぷんのよごれの程度をより変化させたと考えることもできます。なぜそう考えることができるのかを、**実験２**をもとに文章を使って説明しなさい。

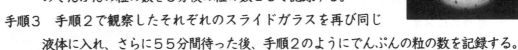

花　子： 台所にこぼしたサラダ油を綿のふきんでふき取ったのだけれど、ふきんから油を落とすために洗剤《せんざい》の量をどれぐらいにするとよいのかな。

太　郎： 洗剤の量を多くすればするほど、油をより多く落とすことができると思うよ。

先　生： **図1**のようなスポイトを用いて、水に入れる洗剤の量を増やしていくことで、落とすことができる油の量を調べることができます。

二人は、次のような**実験3**を行い、サラダ油5gに対して洗剤の量を増やしたときに、落とすことができる油の量がどのように変化するのか調べました。

実験3

手順1　20.6gの綿のふきんに、サラダ油5gをしみこませたものをいくつか用意する。

手順2　**図5**のような容器に水1kgを入れ、洗剤を**図1**のスポイトで4滴《てき》たらす。そこに、手順1で用意したサラダ油をしみこませたふきんを入れる。容器のふたを閉《し》め、上下に50回ふる。

図5　容器

手順3　容器からふきんを取り出し、手でしぼる。容器に残った液体を外へ流し、容器に新しい水1kgを入れ、しぼった後のふきんを入れる。容器のふたを閉め、上下に50回ふる。

手順4　容器からふきんを取り出し、よくしぼる。ふきんを日かげの風通しのよいところで24時間おき、乾燥《かんそう》させる。乾燥させた後のふきんの重さを電子てんびんではかる。

手順5　手順1～4について、**図1**のスポイトでたらす洗剤の量を変化させて、乾燥させた後のふきんの重さを調べる。

実験3の結果は、**表3**のようになりました。

表3　洗剤《せんざい》の量と乾燥《かんそう》させた後のふきんの重さ

洗剤の量（滴《てき》）	4	8	12	16	20	24	28	32	36	40
ふきんの重さ（g）	24.9	24.6	23.5	23.5	23.0	22.8	23.8	23.8	23.8	23.9

花　子： 調理の後、フライパンに少しの油が残っていたよ。少しの油を落とすために、最低どのくらい洗剤の量が必要なのか、調べてみたいな。

太　郎： 洗剤の量をなるべく減らすことができると、自然環境《かんきょう》を守ることになるね。洗剤に水を加えてうすめていって、調べてみよう。

先　生： 洗剤に水を加えてうすめた液体をつくり、そこに油をたらしてかき混ぜた後、液体の上部に油が見えなくなったら、油が落ちたと考えることにします。

二人は、次のような**実験４**を行いました。

実験４

手順１　ビーカーに洗剤１ｇと水１９ｇを加えて２０ｇの液体をつくり、よくかき混ぜる。この液体を液体Ａとする。液体Ａを半分に分けた１０ｇを取り出し、試験管**Ａ**に入れる。液体Aの残り半分である10ｇは、ビーカーに入れたままにしておく。

手順２　手順1でビーカーに入れたままにしておいた液体Ａ１０ｇに水１０ｇを加えて２０ｇにし、よくかき混ぜる。これを液体Bとする。液体Bの半分を試験管**B**に入れる。

手順３　ビーカーに残った液体Ｂ１０ｇに、さらに水１０ｇを加えて２０ｇとし、よくかき混ぜる。これを液体Cとする。液体Cの半分を試験管**C**に入れる。

手順４　同様に手順３をくり返し、試験管**D**、試験管**E**、試験管**F**、試験管**G**を用意する。

手順５　試験管**Ａ～G**に**図１**のスポイトでそれぞれサラダ油を１滴入れる。ゴム栓《せん》をして試験管**Ａ～G**を１０回ふる。試験管をしばらく置いておき、それぞれの試験管の液体の上部にサラダ油が見えるか観察する。

手順６　もし、液体の上部にサラダ油が見えなかったときは、もう一度手順５を行う。もし、液体の上部にサラダ油が見えたときは、そのときまでに試験管にサラダ油を何滴入れたか記録する。

実験４の記録は、**表４**のようになりました。

表４　加えたサラダ油の量

	試験管**A**	試験管**B**	試験管**C**	試験管**D**	試験管**E**	試験管**F**	試験管**G**
サラダ油の量（滴《てき》）	５９	４１	３８	１７	５	１	１

〔問題２〕（１）　太郎さんは、「洗剤の量を多くすればするほど、油をより多く落とすことができると思うよ。」と予想しました。その予想が正しくないことを、**実験３**の結果を用いて説明しなさい。

（２）　フライパンに残っていたサラダ油０．４ｇについて考えます。新たに用意した**実験４**の試験管**Ａ～G**の液体１０ｇに、サラダ油０．４ｇをそれぞれ加えて１０回ふります。その後、液体の上部にサラダ油が見えなくなるものを、試験管**Ａ～G**からすべて書きなさい。また、**実験４**から、サラダ油０．４ｇを落とすために、**図１**のスポイトを用いて洗剤は最低何滴《てき》必要ですか。整数で答えなさい。

ただし、**図１**のスポイトを用いると、サラダ油１００滴の重さは２．５ｇ、洗剤１００滴の重さは２ｇであるものとします。

適性検査Ⅲ

注　　意

1　問題は 1 から 2 までで、**7ページ**にわたって印刷してあります。

2　検査時間は**45分**で、終わりは**午後0時35分**です。

3　声を出して読んではいけません。

4　計算が必要なときは、この問題用紙の余白を利用しなさい。

5　答えは全て解答用紙に明確に記入し、**解答用紙だけを提出しなさい。**

6　答えを直すときは、きれいに消してから、新しい答えを書きなさい。

7　**受検番号**を解答用紙の決められたらんに記入しなさい。

東京都立両国高等学校附属中学校

問題は次のページからです。

1 **りょう**さんと**先生**と**みさき**さんは定規について話をしています。

りょう：定規にはいろいろな種類がありますね。

先　生：どのようなものがありますか。

みさき：直線定規や三角定規は授業で使ったことがあります。

りょう：三角定規は二つ種類があったね。

みさき：両方、直角三角形だけど、一つは直角二等辺三角形で、もう一つは直角以外の一方の角が30°でした。

りょう：三角定規を使って三角定規に出てくる角度以外の角度を作ることはできないのですか。

先　生：三角定規を合わせたり、重ねたりすれば作れますよ。

みさき：私《わたし》は**図1**のように重ねてみました。

図1

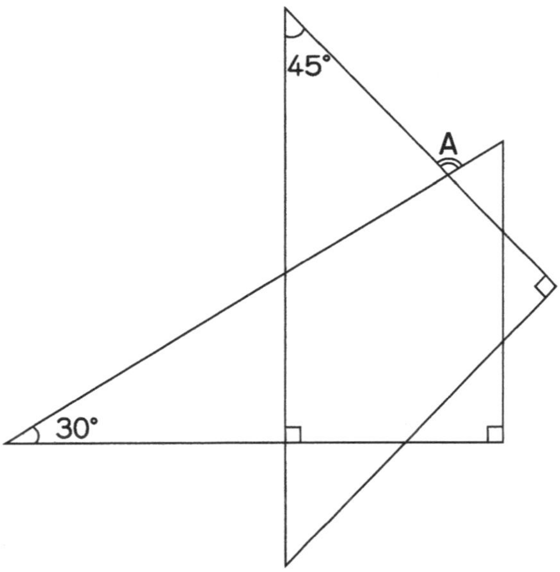

りょう：二つの直角三角形を重ねることによって、もともと三角定規にある角度以外の角度ができたね。<u>**A**の角度は何度なのだろう。</u>

〔問題1〕 <u>**A**の角度は何度なのだろう。</u>とありますが、**図1**において**A**の角度を答えなさい。

りょう：今度は直線定規でも何か問題は考えられないかな。

先　生：職員室にあった長い直線定規を持ってきましたよ。

りょう：すごく長いですね。何ｃｍあるのですか。

先　生：120 ｃｍです。

みさき：120 という数は約数がたくさんありそうですね。

先　生：何個ありますか。

りょう：数えたら 120 の約数は 16 個ありました。

先　生：では、このような問題はどうでしょう。この直線定規の目《め》盛《も》りの 120 の約数で等分するところに印をつけていき、印が一つだけつく目盛りを考えてみましょう。ただし、約数のうち１と 120 は除《のぞ》きます。

みさき：どういうことですか。

先　生：例えば、２だったら２等分だから、60 の目盛りのところに印をつけます。４だったら４等分だから、30 と 60 と 90 の目盛りのところに印をつけます。

みさき：60 はすでに印が二つついたから、答えにはならないのですね。

先　生：そのとおりです。

りょう：先生、答えには３けたの目盛りもありそうです。

先　生：そうですね。では、印が一つだけつく３けたの目盛りを三つ探《さが》してみましょう。

〔問題２〕 印が一つだけつく３けたの目盛りを三つ探《さが》してみましょう。とありますが、120 ｃｍの直線定規の目盛りに先生が言うように印をつけていくとき、印が一つだけつく３けたの数を三つ答えなさい。

りょう：他におもしろい定規はありませんか。

先　生：余計な目盛りのない定規というのがありますよ。

みさき：どのような定規ですか。

先　生：次のようなルールで目盛りがつけられている定規です。

> **目盛りのつけ方のルール**
>
> ルール①　ｃｍを単位として目盛りの数字は整数でなければならない。
>
> ルール②　定規上の目盛りを二つ選んだ時の間の長さが、他の目盛りの組み合わせには存在《そんざい》しない。

りょう：このルールと余計な目盛りのないこととのつながりが分かりません。

先　生：例として、３ｃｍの定規を考えてみましょう。ふつうの定規は、**図2**のように等間かくで目盛りが4個ついています。この場合、**図3**のように１ｃｍの長さは3か所ではかることができます。それでは２ｃｍの長さは何か所ではかれますか。

図2

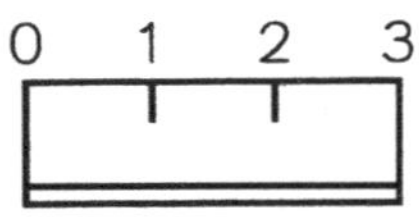

図3

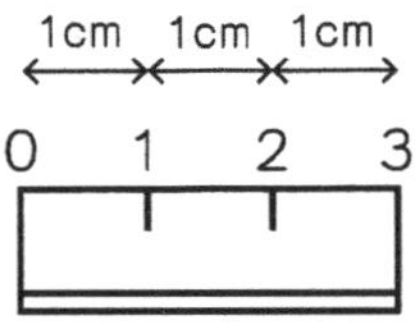

みさき：０から２の目盛りと１から３の目盛りの２か所です。

先　生：そのとおりです。このように、ふつうの定規だとルール②を満たしていません。では、３ｃｍの長さの定規に、どのように目盛りをつければルールを満たしますか。

りょう：０と１と３のところです。

先　生：そうです。その目盛りだと**図4**のようにどの長さも重なりません。そうやって、このルールを満たすと、ふつうの定規よりも目盛りが少なくなるから、余計な目盛りのない定規というのです。

図4

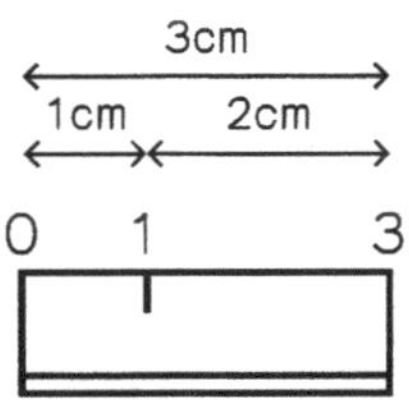

みさき：３ｃｍよりも長い定規だとどうなるのですか。

先　生：このルールを満たしたうえで、その定規の長さまでの整数全てをはかれる定規は１ｃｍ、３ｃｍ、６ｃｍの三つだけです。

りょう：意外に少ないですね。定規が６ｃｍよりも長くなるとどうなるのですか。

先　生：“はかることができない長さ”が出てきます。例えば１１ｃｍの定規では“はかることができない長さ”が一つ出てきます。それは何ｃｍでしょうか。

みさきさんとりょうさんは１１ｃｍの定規で“はかることができない長さ”を考えました。

みさき：“はかることができない長さ”は６ｃｍですか。

先　生：正解です。

りょう：私の答えは１０ｃｍになりました。

先　生：それも正解です。１１ｃｍの定規ではルールを満たす目盛りのつけ方は１通りではないので、どちらも正解です。

みさき：ルールを満たしていても、目盛りのつけ方によって“はかることができない長さ”が変わるのはおもしろいですね。

先　生：そして、定規が長くなるほど“はかることができない長さ”が増えていきます。例えば、１７ｃｍの定規では目盛りが６個必要で“はかることができない長さ”が二つ出てきます。

りょう：どの長さだろう。ちょっと考えてみます。

〔問題３〕　１７ｃｍの定規では目盛りが６個必要で“はかることができない長さ”が二つ出てきます。とありますが、**目盛りのつけ方のルール**に従《したが》って、０と１７以外に目盛りを４個つけるとき、その目盛りを答えなさい。また、その目盛りのつけ方で出てくる“はかれない長さ”を二つとも答えなさい。

2022(R4) 両国高等学校附属中
K 教英出版

解答用紙　適性検査Ⅰ

1

〔問題1〕10点

〔問題2〕30点

〔問題3〕60点

20

100

※

※

※

※

※

※100点満点

受検番号

得点
※

※のらんには、記入しないこと。

解答用紙　適性検査Ⅱ

※100点満点

受　検　番　号

得　　　　点
※

※のらんには何も書かないこと

1

〔問題１〕 15点

(1)	ｃｍ
(2)	〔直角三角形〕 個 / 〔正三角形〕 個 / 〔円〕 個
	〔説明〕

※

〔問題２〕 15点

(1)	イ 1 → □ → □ → □ → □ → □ → □ → □ ●
(2)	

※

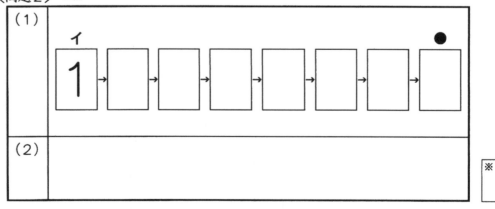

解答用紙　適性検査Ⅲ

※100点満点

受検番号

得点
※

※のらんには、記入しないこと

1

〔問題１〕 10点

°

※

〔問題２〕 15点

ｃｍ、 ｃｍ、 ｃｍ

※

〔問題３〕 20点

目《め》盛《も》りの数字

０ 17

はかれない長さ

ｃｍ、 ｃｍ

※

2

〔問題１〕　25点

西れき　　年

〔理由〕

※

〔問題２〕　15点

２月

日	月	火	水	木	金	土
1	2	3	4	5	6	7
8	9	10	11	12	13	14
15	16	17	18	19	20	21
22	23	24	25	26	27	28

※

〔問題３〕　15点

$$\frac{\text{ア}}{\text{イ}\ 14}+\frac{\text{ウ}}{\text{エ}}+\frac{\text{オ}}{\text{カ}}=\frac{\text{キ}}{\text{ク}}$$

※

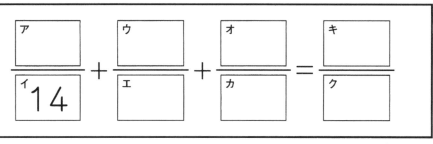

【解答用紙

2

〔問題１〕　20点

〔サケのルイベ〕
〔マアジのひもの〕
〔ブリのかぶらずし〕

※

〔問題２〕　20点

（選んだ二つを◯で囲みなさい。） 米　・　小麦　・　そば

※

3

〔問題１〕　14点

（１）〔選んだもの〕

〔理由〕

（２）

※

〔問題２〕　16点

（１）

（２）〔サラダ油が見えなくなるもの〕

〔洗剤《せんざい》〕　滴《てき》

※

（4　両国）

440　400　300　200

※

【解答用

2 **りょう**さんと**みさき**さんは誕生《たんじょう》日《び》について話をしています。

りょう： みさきさんの誕生日はいつかな。

みさき： ２月 14 日だよ。

りょう： 2022 年だと月曜日だね。

みさき： ２月 14 日は１年に１回来るけれど、次に２月 14 日が月曜日になるのは何年だろう。

りょう： 計算してみよう。

みさき： いいね。確か 2020 年がうるう年だったよ。

りょう： うるう年は２月が 28 日まででではなく、29 日まである年のことで、４年に１度訪《おとず》れるね。

〔問題１〕 ２月 14 日は１年に１回来るけれど、次に２月 14 日が月曜日になるのは何年だろう。とありますが、西れき 2022 年の２月 14 日が月曜日だったとき、次に２月 14 日が月曜日になるのは西れき何年か求め、解答らんに合うように答えなさい。またその求め方を説明しなさい。

りょう： うるう年でない２月は 28 日までだから、カレンダーだと**図１**のように４行に全ての日付が入りきることもあるね。

図１

２月

日	月	火	水	木	金	土
1	2	3	4	5	6	7
8	9	10	11	12	13	14
15	16	17	18	19	20	21
22	23	24	25	26	27	28

みさき：図1のカレンダーを使ってパズルを考えたよ。

りょう：どんなパズルなの。

みさき：図2のように日付に○印をつけて、その日付の数を全てたしていって、ある数を目指すんだよ。

図2

りょう：○印のつけ方に何かルールはあるの。

みさき：あるよ。上から順に○印をつけていくんだよ。

りょう：どういうこと。

みさき：第１週はどこに○印をつけてもいいけど、第２週以降《いこう》は、真上の日付に○印がついていたら、○印がつけられるということだよ。例えば、１に○印がついていれば8に○印がつけられるし、8に○印がついていれば15に○印をつけられるようになるよ。

りょう：分かった。目指す数を決めてくれるかな。

みさき：私《わたし》が生まれた日付の14に0をつけた、140にしてみよう。

りょう：やってみるね。

りょうさんとみさきさんはしばらく考えました。

りょう：できたよ。

みさき：私もできたよ。私の答えとちがって、りょうさんの答えには第１週の全てに○印がついているね。

〔問題２〕 りょうさんの答えには第１週の全てに○印がついているね。とありますが、りょうさんの答えとして考えられるものを、会話文のルールに従《したが》って解答らんのカレンダーに○印をつけて答えなさい。

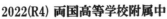

りょう：次は、２月の日付である１から 28 までの数を使って、何かパズルはできないかな。

みさき：分数を使ったパズルはどうかな。

りょう：どんなパズルなの。

みさき：図３の式が成り立つようにアからクに１から 28 のいずれかの数を当てはめよう。
ただし、私が生まれた日付である 14 は使うようにしたいな。

図３

$$\frac{\boxed{\text{ア}}}{\boxed{\text{イ}}}+\frac{\boxed{\text{ウ}}}{\boxed{\text{エ}}}+\frac{\boxed{\text{オ}}}{\boxed{\text{カ}}}=\frac{\boxed{\text{キ}}}{\boxed{\text{ク}}}$$

りょう：では、**イ**に 14 を入れて考えてみるよ。

〔問題３〕 **図３**の式が成り立つように**ア**から**ク**に１から 28 のいずれかの数を当てはめよう。
とありますが、**イ**を 14 として、**図３**の式が成り立つように**ア**と**ウ**から**ク**に 14 以外の１から 28 のいずれかの数を解答らんに書きなさい。ただし、同じ数は１回しか使ってはならず、いずれの分数もそれ以上約分のできない分数とする。

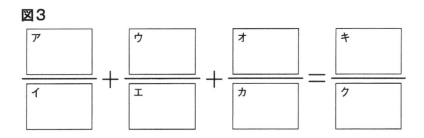

③

適性検査Ⅰ

注意

1 問題は 1 のみで、**6ページ**にわたって印刷してあります。

2 検査時間は**四十五分**で、終わりは**午前九時四十五分**です。

3 声を出して読んではいけません。

4 答えは全て解答用紙に明確に記入し、**解答用紙だけを提出しなさい。**

5 答えを直すときは、きれいに消してから、新しい答えを書きなさい。

6 **受検番号**を解答用紙の決められたらんに記入しなさい。

東京都立両国高等学校附属中学校

1 次の**文章1**と**文章2**とを読み、あとの問題に答えなさい。
（*印の付いている言葉には、本文のあとに〔注〕があります。）

文章1

中国を最近、訪問《ほうもん》した。中国の人たちと話し合っていて、*孔子《こうし》の教えが今も生きていることが感じられた。それにつけても思い出したのは、*桑原武夫《くわばらたけお》先生の『論語《ろんご》』である。桑原先生の名解説で、*『論語』が「孔子とその一門とのいきいきとした*言行録」として捉《とら》えられ、いわゆる*道学者としてではなく、人間、孔子の姿《すがた》を生き生きと浮《う》かびあがらせてくる書物であることが示される。

いろいろ好きな言葉があるが、ここに掲《かか》げたのは、*雍也《ようや》第六 二十の*「子曰《いわ》く、之《こ》れを知る者は之れを好む者に如《し》かず、之れを好む者は之れを楽しむ者に如かず」の後半である。ここには、知る、好む、楽しむ、という三つの動詞《どうし》があげられており、その重みが異《こと》なることを*端的《たんてき》に示している。

最近は情報化社会という表現がもてはやされて、誰《だれ》もが新しい情報をできるだけ多く、そして早くキャッチすることに力をつくしている。確かに「知る」ことは大切だ。しかし、そのことに心を使いすぎると、それに疲《つか》れてしまったり、情報量の多さに押《お》し潰《つぶ》されてしまって、それに主体的にかかわっていく力がなくなってしまう。

「好む」者は、つまり「やる気」をもっているので、積極性がある。情報は与《あた》えられてくるので、人を受動的にする。人間の個性というものは、何が好きかというその人の積極的な姿勢《しせい》のなかに現れやすい。*私《わたし》はカウンセリングのときに、何か好きなものがあるかを問うことがよくある。好きなことを中心に、その人の㋐個性が開花してくる。

孔子は、「好む」の上に「楽しむ」があるという。これはなかなか味わいのある言葉である。桑原先生の解説によれば、「『楽』は*客体の中に入ってあるいはそれと一体化して安住することであろう。最初の二つの段階《だんかい》を経て、第三段階の安らぎの理想像に達するとする」ということになる。

「好む」は積極的だが、下手《へた》をすると気負いすぎになる。それは「近《きん》所迷惑《じょめいわく》」を引き起こすことさえある。「楽しむ」はそれを超《こ》え、あくまで積極性を失ってはいないが安らぎがある。これはまさに「理想像」である。これを提示するのに、「知」、「好」の段階を置いたところに孔子の知恵《ちえ》が感じられる。

（河合隼雄《かわいはやお》「『出会い』の不思議」による）

〈注〉

孔子《こうし》――古代中国の思想家。

桑原武夫《くわばらたけお》先生の『論語《ろんご》』――フランス文学者である桑原武夫氏による『論語』の解説書。

『論語』――中国の古典。

言行録――言ったことや行《おこな》ったことを書き記したもの。

道学者――道徳を説く人。

雍也《ようや》第六　二十――『論語』の章の一つ。

「子曰《いわ》く、之《こ》れを知る者は之れを好む者に如《し》かず、之れを好む者は之れを楽しむ者に如かず」――孔子が言う、知るということだけでは、まだ、これを愛好することに及《およ》ばない。愛好するということは、これを楽しむことには及ばない。

端的《たんてき》――遠回しでなく、はっきりと表すさま。

私《わたし》はカウンセリングのときに――筆者はカウンセリングを仕事としている。

客体――はたらきかけるさいの、目的となるもの。対象。

文章2

（以前からあこがれのあった小鼓《こつづみ》を京都で習ってみることになった筆者は、着物をきちんと着付けてもらい、緊張《きんちょう》しながらお稽古《けいこ》の場にのぞんだ。）

いよいよ部屋を移動して小鼓《*こつづみ》に触《さわ》ってみることになった。

「まずは簡単《かんたん》に小鼓について説明します。鼓は馬の皮でできておりまして、表と裏《うら》があります。桜の木でできた胴《どう》という部分があり、麻《あさ》の紐《ひも》を縦《たて》と横に組み合わせただけの打楽器です」

目の前に小鼓を置いていただくと、「本物だあ」という無邪気《むじゃき》な感動があった。

「構えると打撃《だげき》面が見えないというのが、小鼓の特徴《とくちょう》です」

打撃面が見えない、というのがどういうことなのか咄嗟《とっさ》には理解できないまま頭の中で必死にメモをとる。

「まずは固定観念なしでいっぺん打っていただきます」

とはいえ、どう持っていいのかもわからない。手をこうやって、親指はこの形にして、くるりとまわして、と言われるままにおそるおそる小鼓を持ち上げて、右肩《みぎかた》に掲《かか》げた。

「イメージ通りに打ってみてください」

勢いよく腕《うで》を振《ふ》って、小鼓を手のひらでばしりと叩《たた》いた。テレビなどでよく見る映像《えいぞう》の真似《まね》っこだ。イメージと勢いに反して、ぺん、という間抜《まぬ》けな音が出た。

「いろいろやってみてください」

何度打っても、ぺん、ぱん、という、机《つくえ》を叩いているような間の抜《ぬ》けた音しか出ない。

打撃面が見えない、という意味が打ってみてわかった。自分の手のひらがどんな動きをしているのか、鼓のどの辺を打っているのか自分ではわからないのだ。

「案外、鳴らないものでしょう」

先生の言葉に、「はい」としみじみ頷《うなず》いた。

じゃあ、と、先生が姿勢《しせい》と持ち方を正してくださった。

「手をぶらぶらにして」

言われた通りに手首から力を抜く。先生が腕をもって一緒《いっしょ》に打ってくださった。

ぽん！　ぽん！

さっきとは比べ物にならない大きな音が出て驚《おどろ》いた。周りの空気がぶるぶる震《ふる》える感じがする。騒音《そうおん》の振動《しんどう》とはまったく違《ちが》う、部屋の空気がびりっと引《ひ》き締《し》まるような震えだ。

「鼓はいかに力を抜くことができるかということが大事です。鼓は、実はこの打った面ではなく、こっちの後ろから音が出ていきます。ちょっと私《わたし》の言うことを聞いていただけると、すぐ鳴るんです」

本当にその通りで、魔法《まほう》みたいだったので、感動して何度も「はい！」と頷いた。

「息を吸《す》ったり吐《は》いたりすると、もっといい音が出ます。吸う、ぽん」

息を吸《す》い込《こ》んで打つと、ぽん、という音がもっと大きくなった。

「村田さんらしい鼓の音というのが必ずあって、同じ道具を打っても人によって違う音が出ます。ここにいらっしゃる方がそれぞれ手に取ったら、それぞれ違う音が出ます」

上手《じょうず》な人はみんな完璧《かんぺき》な音を打っていて、それは同じ音色なのだろうと勝手に想像していたので、驚くと同時に、自分らしい音とはどんな音なのか、と胸《むね》が高鳴った。

「今、村田さんが打った鼓を、何もすることなしに私が打ってみます」

先生が打つと、美しい響《ひび》きに、部屋の空気がびりびりと気持ちよく震えた。凛《りん》とした振動に呼応《こおう》して、部屋の空気が変化して一つの世界として完成された感覚があった。

「鼓には五種類の音があります」

説明をしながら先生が鼓を打つ。さっきまで自分が触っていた鼓から、魔法のように複雑に、いろいろな音が飛び出す。

「今日みたいに湿気《しっけ》がある日は、小鼓にとってはとってもいい日なんです」

たまたま来た日がよく音が出る日だという偶然《ぐうぜん》が、なんだか自分が小鼓とご縁《えん》があったみたいでうれしくなった。

今度は掛《か》け声《ごえ》をかけて鼓を打ってみた。

「掛け声も音の一つです」

少し恥《は》ずかしかったが、自分の身体も楽器の一つだと思うと、少し勇気が出た。先生の*謡《うたい》に合わせて、

「よー」

と掛け声を出し、ぽん、と打った。もっと大きく響かせたいと思っても、なかなかお腹《なか》から力が出なかった。声に気をとられて、鼓の音もまた間抜けになってしまった。

「音が出ないのも楽しさの一つです。少しのアドバイスで音が鳴るようになります、素直《すなお》な人ほどぽんと鳴ります」

先生の言葉に、とにかく素直に！　としっかり心に刻《きざ》み付《つ》けた。

「村田さんが来てくれて一番の喜びは、これで鼓を触ったことがない人が一人減ったということです。日本の楽器なのに、ドレミは知っていても小鼓のことはわからないという人が多い。鼓を触ったことのない人が減っていくというのが、自分の欲《よく》というか野望です」

先生の中にごく自然に宿っている言葉が、何気なくこちらに渡《わた》されてくる。先生の言葉も、鼓と同じように、生徒によって違う音で鳴るのだろうと感じた。

「*お能の世界は非日常の世界なのですけれど、やはり日常に全て通じているんです」

最後にもう一度、鼓を構えて音を鳴らした。

とにかく素直に、素直に、と自分に言い聞かせて、身体の全部を先生の言葉に任せるような感覚で、全身から力を抜いた。

ぽん！

今日、自分ひとりで出した中で一番の大きな音が、鼓からぽーんと飛んでいった。

「とても素直な音ですね」

先生の言葉にうれしくなってしまい、もっと鳴らそうと思うと、㋑今度は変な音が出た。

「今度はちょっと欲張《よくば》ってきましたね」

音でなんでもわかってしまうのだなと恥ずかしくなった。

「ありがとうございました」

お稽古《けいこ》の最後に、敬意《けいい》を込《こ》めて先生に深く頭を下げた。お礼の言葉は日常でも使っているが、先生に向かって、「学ばせてくださってありがとうございました」という気持ちを込めて発するその言葉は、普段《ふだん》とは意味合いが違っていた。

その夜はずっと鼓のことを考えていた。ぽーんと気持ちよく鳴った音だけではなく、先生の言葉に込められた「日本らしさ」ということ。鼓を触ったことのない人間が、今日一人減って、それが私だということ。

短い時間だったけれど、私の中に何かが宿った気がした。思った以上に忘《わす》れられない経験として、自分の中に刻まれていた。

鼓から飛んでいった私だけの「音」の感覚が、今も身体に残っている。ぽーん、と響いた、私だけの音。あの音にもう一度会いたいと、東京に戻《もど》った今も、たまに手首をぶらぶらさせながら想《おも》い続けている。

（村《むら》田《た》沙《さ》耶《や》香《か》「となりの脳《のう》世界」朝日新聞出版による）

〔注〕

小鼓《こつづみ》――日本の伝統的な打楽器の一つ。（図1）

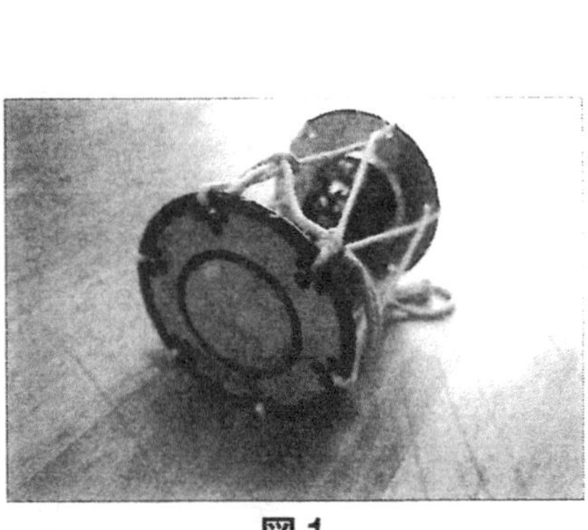

図1

謡《うたい》――日本の古典的芸能の一つである能楽の歌詞《かし》をうたうこと。

お能――能楽。室町時代《むろまちじだい》に完成した。

〈問題1〉 ㋐個性 とありますが、これは、文章2 ではどのような形で表れていますか。会話文以外の部分から、五字以上十字以内でぬき出しなさい。

〈問題2〉 ㋑今度は変な音が出た。 とありますが、それはなぜですか。十五字以上二十字以内で説明しなさい。ただし、文章1 の表現も用いること。

〈問題3〉 文章2 のお稽古《けいこ》の場面では、文章1 の「知る、好む、楽しむ」のどの段階《だんかい》まで表されていると言えるでしょうか。あなたの考えを四百字以上四百四十字以内で書きなさい。ただし、次の条件と下の〈きまり〉にしたがうこと。

条件　次の三段落構成《さんだんらくこうせい》にまとめて書くこと

①第一段落では、「知る」、「好む」、「楽しむ」のどの段階まで表されていると考えるか、自分の意見を明確に示す。

②第二段落では、「①」の根拠《こんきょ》となる箇所《かしょ》を 文章2 から具体的に示し、文章1 と関係付けて説明する。

③第三段落では、「①」で示したものとはちがう段階だと考える人にも分かってもらえるよう、その人の考え方を想像してそれにふれながら、あなたの考えを筋道《すじみち》立てて説明する。

〈きまり〉

○題名は書きません。

○最初の行から書き始めます。

○各段落《だんらく》の最初の字は一字下げて書きます。

○行をかえるのは、段落をかえるときだけとします。

○、や。や」などもそれぞれ字数に数えます。これらの記号が行の先頭に来るときには、前の行の最後の字と同じますめに書きます（ますめの下に書いてもかまいません）。

○。と」が続く場合には、同じますめに書いてもかまいません。この場合、。」で一字と数えます。

○段落をかえたときの残りのますめは、字数として数えます。

○最後の段落の残りのますめは、字数として数えません。

適性検査Ⅱ

注　　意

1　問題は**1**から**3**までで、１２ページにわたって印刷してあります。

2　検査時間は**４５分**で、終わりは**午前１１時１０分**です。

3　声を出して読んではいけません。

4　計算が必要なときは、この問題用紙の余白を利用しなさい。

5　答えは全て解答用紙に明確に記入し、**解答用紙だけを提出しなさい。**

6　答えを直すときは、きれいに消してから、新しい答えを書きなさい。

7　**受検番号**を解答用紙の決められたらんに記入しなさい。

東京都立両国高等学校附属中学校

問題は次のページからです。

問題を解くときに、問題用紙や解答用紙、ティッシュペーパーなどを実際に折ったり切ったりしてはいけません。

1　**花子**さん、**太郎《たろう》**さん、**先生**が、２年生のときに習った九九の表を見て話をしています。

花　子：２年生のときに、１の段《だん》から９の段までを何回もくり返して覚えたね。

太　郎：九九の表には、たくさんの数が書かれていて、規則がありそうですね。

先　生：どのような規則がありますか。

花　子：９の段に出てくる数は、一の位と十の位の数の和が必ず９になっています。

太　郎：そうだね。９も十の位の数を０だと考えれば、和が９になっているね。

先　生：ほかには何かありますか。

表１

	1	2	3	4	5	6	7	8	9
1	1	2	3	4	5	6	7	8	9
2	2	4	6	8	10	12	14	16	18
3	3	6	9	12	15	18	21	24	27
4	4	8	12	16	20	24	28	32	36
5	5	10	15	20	25	30	35	40	45
6	6	12	18	24	30	36	42	48	54
7	7	14	21	28	35	42	49	56	63
8	8	16	24	32	40	48	56	64	72
9	9	18	27	36	45	54	63	72	81

太　郎：**表１**のように４個の数を太わくで囲むと、左上の数と右下の数の積と、右上の数と左下の数の積が同じ数になります。

花　子：４×９＝３６、６×６＝３６で、確かに同じ数になっているね。

先　生：では、**表2**のように6個の数を太わくで囲むと、太わくの中の数の和はいくつになるか考えてみましょう。

表2

	1	2	3	4	5	6	7	8	9
1	1	2	3	4	5	6	7	8	9
2	2	4	6	8	10	12	14	16	18
3	3	6	9	12	15	18	21	24	27
4	4	8	12	16	20	24	28	32	36
5	5	10	15	20	25	30	35	40	45
6	6	12	18	24	30	36	42	48	54
7	7	14	21	28	35	42	49	56	63
8	8	16	24	32	40	48	56	64	72
9	9	18	27	36	45	54	63	72	81

花　子：6個の数を全て足したら、２７３になりました。

先　生：そのとおりです。では、同じように囲んだとき、6個の数の和が１３５になる場所を見つけることはできますか。

太　郎：6個の数を全て足せば見つかりますが、大変です。何か規則を用いて探《さが》すことはできないかな。

花　子：規則を考えたら、6個の数を全て足さなくても見つけることができました。

〔問題1〕　6個の数の和が１３５になる場所を一つ見つけ、解答らんの太わくの中にその6個の数を書きなさい。

　また、花子さんは「規則を考えたら、6個の数を全て足さなくても見つけることができました。」と言っています。6個の数の和が１３５になる場所をどのような規則を用いて見つけたか、**図1**の**A**から**F**までを全て用いて説明しなさい。

図1

A	B	C
D	E	F

先　生：九九の表（**表3**）は、１から９までの２個の数をかけ算した結果を表にしたものです。ここからは、１けたの数を４個かけて、九九の表にある全ての数を表すことを考えてみましょう。次の〔**ルール**〕にしたがって、考えていきます。

表3　九九の表

	1	2	3	4	5	6	7	8	9
1	1	2	3	4	5	6	7	8	9
2	2	4	6	8	10	12	14	16	18
3	3	6	9	12	15	18	21	24	27
4	4	8	12	16	20	24	28	32	36
5	5	10	15	20	25	30	35	40	45
6	6	12	18	24	30	36	42	48	54
7	7	14	21	28	35	42	49	56	63
8	8	16	24	32	40	48	56	64	72
9	9	18	27	36	45	54	63	72	81

〔**ルール**〕

(1)　立方体を４個用意する。

(2)　それぞれの立方体から一つの面を選び、「●」を書く。

(3)　**図2**のように全ての立方体を「●」の面を上にして置き、左から順に**ア**、**イ**、**ウ**、**エ**とする。

図2

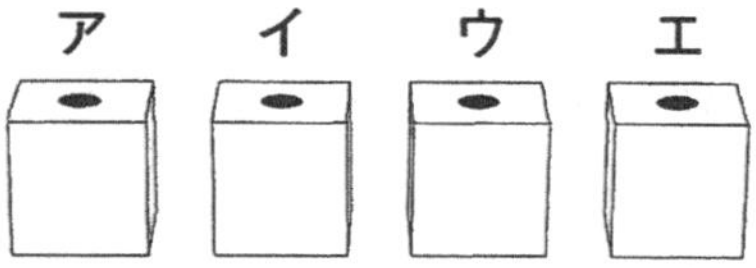

(4)　「●」の面と、「●」の面に平行な面を底面とし、そのほかの４面を側面とする。

(5)　「●」の面に平行な面には何も書かない。

(6)　それぞれの立方体の全ての側面に、１けたの数を１個ずつ書く。ただし、数を書くときは、**図3**のように数の上下の向きを正しく書く。

図3

(7)　**ア**から**エ**のそれぞれの立方体から側面を一つずつ選び、そこに書かれた４個の数を全てかけ算する。

先　生：例えば**図4**のように選んだ面に２、１、２、３と書かれている場合は、２×１×２×３＝１２を表すことができます。側面の選び方を変えればいろいろな数を表すことができます。４個の数のかけ算で九九の表にある数を全て表すには、どのように数を書けばよいですか。

図4

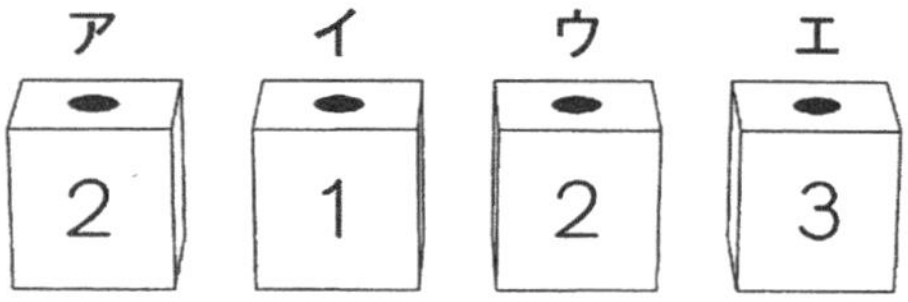

太　郎：４個の立方体の全ての側面に１個ずつ数を書くので、全部で１６個の数を書くことになりますね。

花　子：１けたの数を書くとき、同じ数を何回も書いてよいのですか。

先　生：はい、よいです。それでは、やってみましょう。

太郎さんと花子さんは、立方体に数を書いてかけ算をしてみました。

太　郎：先生、側面の選び方をいろいろ変えてかけ算をしてみたら、九九の表にない数も表せてしまいました。それでもよいですか。

先　生：九九の表にある数を全て表すことができていれば、それ以外の数が表せてもかまいません。

太　郎：それならば、できました。

花　子：私《わたし》もできました。私は、立方体の側面に１から７までの数だけを書きました。

〔問題２〕**〔ルール〕**にしたがって、**ア**から**エ**の立方体の側面に１から７までの数だけを書いて、九九の表にある全ての数を表すとき、側面に書く数の組み合わせを１組、解答らんに書きなさい。ただし、使わない数があってもよい。

　また、**ア**から**エ**の立方体を、**図５**の展開図《てんかいず》のように開いたとき、側面に書かれた４個の数はそれぞれどの位置にくるでしょうか。数の上下の向きも考え、解答らんの展開図に４個の数をそれぞれ書き入れなさい。

図５　展開図《てんかいず》

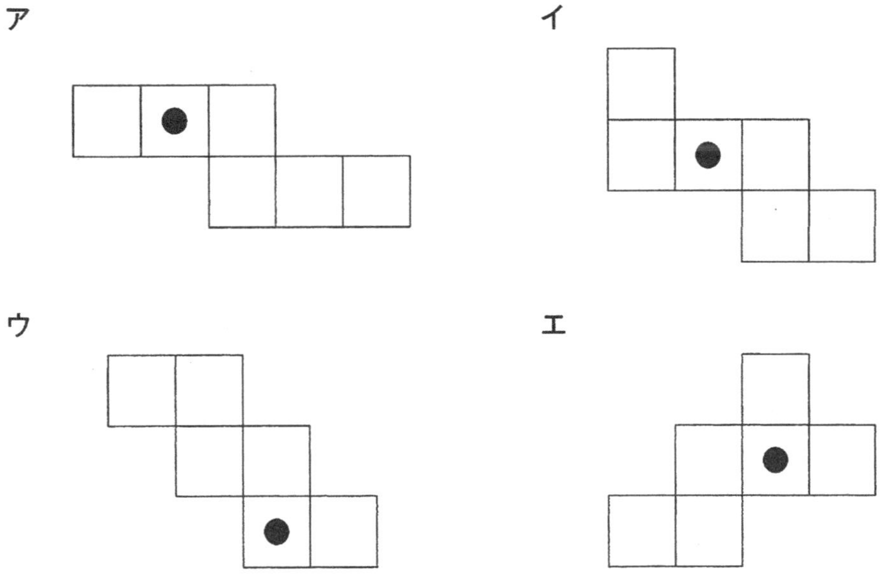

2　**太郎**《たろう》さんと**花子**さんは、木材をテーマにした調べ学習をする中で、**先生**と話をしています。

太　郎：社会科の授業で、森林は、主に天然林と人工林に分かれることを学んだね。

花　子：天然林は自然にできたもので、人工林は人が植林して育てたものだったね。

太　郎：調べてみると、日本の森林面積のうち、天然林が約５５％、人工林が約４０％で、残りは竹林などとなっていることが分かりました。

先　生：人工林が少ないと感じるかもしれませんが、世界の森林面積にしめる人工林の割合《わりあい》は１０％以下ですので、それと比べると、日本の人工林の割合は高いと言えます。

花　子：昔から日本では、生活の中で、木材をいろいろな使い道で利用してきたことと関係があるのですか。

先　生：そうですね。木材は、建築材料をはじめ、日用品や燃料など、重要な資源《しげん》として利用されてきました。日本では、天然林だけでは木材資源を持続的に得ることは難《むずか》しいので、人が森林を育てていくことが必要だったのです。

太　郎：それでは、人工林をどのように育ててきたのでしょうか。

先　生：**図１**は、人工林を育てる森林整備サイクルの例です。

図１　人工林を育てる森林整備サイクルの例

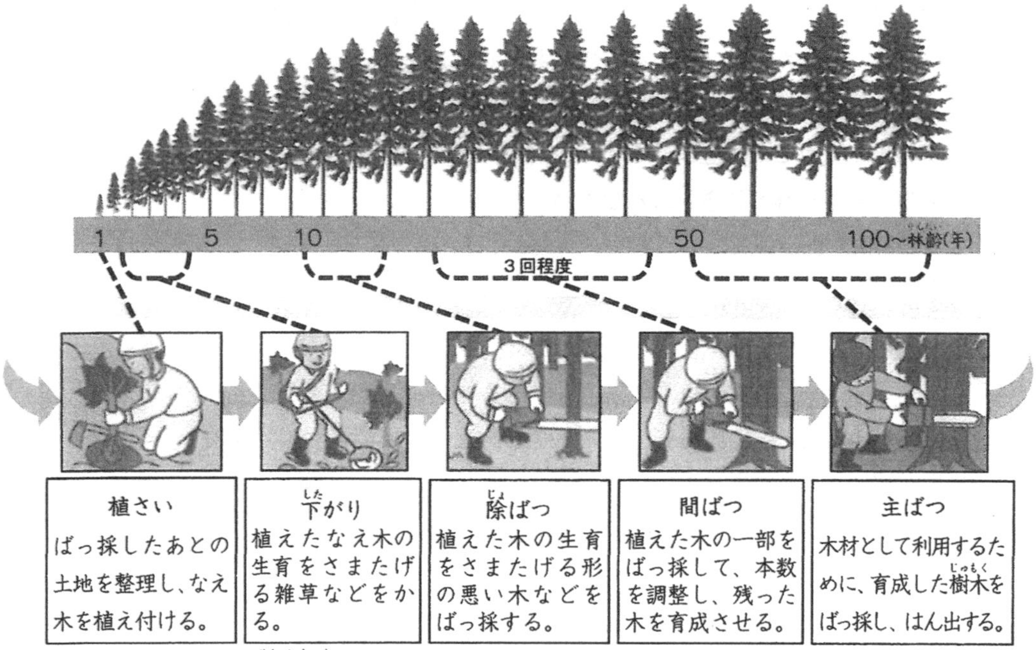

（林野庁《りんやちょう》「森林・林業・木材産業の現状と課題」 より作成）

先　生：これを見ると、なえ木の植え付けをしてから、木材として主ばつをするまでの木の成長過程と、植え付けてからの年数、それにともなう仕事の内容が分かりますね。一般的《いっぱんてき》に、森林の年齢《ねんれい》である林齢《りんれい》が、５０年を経過した人工林は、太さも高さも十分に育っているため、主ばつに適していると言われます。

花　子：今年植えたなえ木は、５０年後に使うことを考えて、植えられているのですね。

先　生：人工林を育てるには、長い期間がかかることが分かりましたね。次は、これを見てください。

図2　人工林の林齢《りんれい》別面積の構成

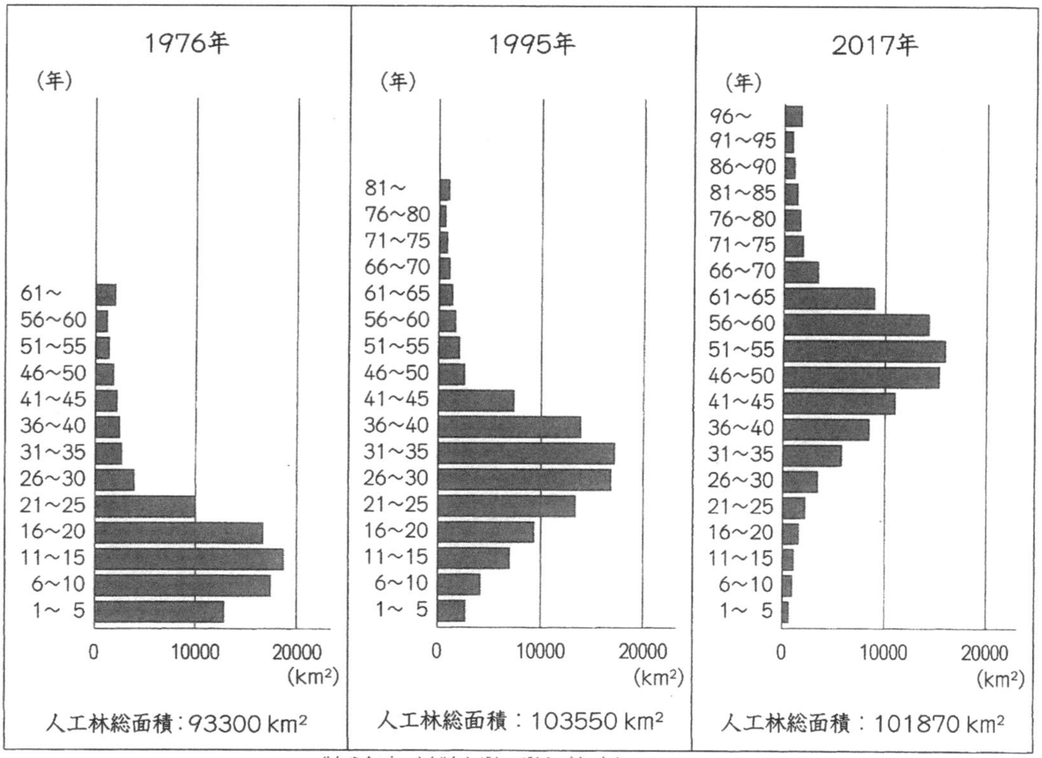

（林野庁《りんやちょう》「森林資源《しんりんしげん》の現況《げんきょう》調査《ちょうさ》」より作成）

先　生：**図2**は、人工林の林齢別面積の移り変わりを示しています。

太　郎：２０１７年では、林齢別に見ると、４６年から６０年の人工林の面積が大きいことが分かります。

花　子：人工林の総面積は、１９９５年から２０１７年にかけて少し減っていますね。

先　生：日本の国土の約3分の2が森林で、森林以外の土地も都市化が進んでいることなどから、これ以上、人工林の面積を増やすことは難しいのです。

太　郎：そうすると、人工林を維持《いじ》するためには、主ばつした後の土地に植林をする必要があるということですね。

先　生：そのとおりです。では、これらの資料から、20年後、40年後といった先を予想してみると、これからも安定して木材を使い続けていく上で、どのような課題があると思いますか。

〔問題1〕　先生は「20年後、40年後といった先を予想してみると、これからも安定して木材を使い続けていく上で、どのような課題があると思いますか。」と言っています。持続的に木材を利用する上での課題を、これまでの会話文や**図1**の人工林の林齢と成長に着目し、**図2**から予想される人工林の今後の変化にふれて書きなさい。

花　子：人工林の育成には、森林整備サイクルが欠かせないことが分かりました。**図1**を見ると、林齢が５０年以上の木々を切る主ばつと、それまでに３回程度行われる間ばつがあります。高さや太さが十分な主ばつされた木材と、成長途中《せいちょうとちゅう》で間ばつされた木材とでは、用途《ようと》にちがいはあるのですか。

先　生：主ばつされた木材は、大きな建築材として利用できるため、価格も高く売れます。間ばつされた木材である間ばつ材は、そのような利用は難しいですが、うすい板を重ねて作る合板や、紙を作るための原料、燃料などでの利用価値《りようかち》があります。

太　郎：間ばつ材は、多く利用されているのですか。

先　生：いいえ、そうともいえません。間ばつ材は、ばっ採作業や運ぱんに多くのお金がかかる割《わり》に、高く売れないことから、間ばつ材の利用はあまり進んでいないのが現状です。間ばつは、人工林を整備していく上で、必ず行わなければならないことです。間ばつ材と呼《よ》ばれてはいますが、木材であることに変わりはありません。

花　子：そうですね。間ばつ材も、重要な木材資源として活用することが、資源の限られた日本にとって大切なことだと思います。

先　生：**図3**は、間ばつ材を使った商品の例です。

図3　間ばつ材を使用した商品

かまぼこの板

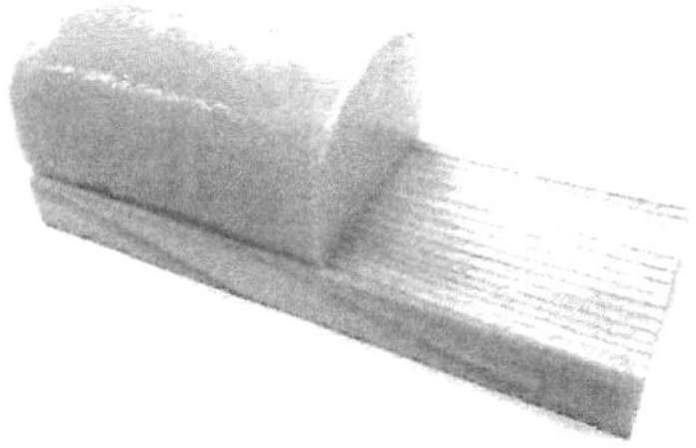

木製のおもちゃ

太　郎：小さい商品なら、間ばつ材が使えますね。おもちゃは、プラスチック製のものをよく見ますが、間ばつ材を使った木製のものもあるのですね。

花　子：**図3**で取り上げられたもの以外にも、間ばつ材の利用を進めることにつながるものはないか調べてみよう。

太　郎：私《わたし》も間ばつ材に関する資料を見つけました。

図4　間ばつ材に関する活動

紙コップに印刷された間ばつ材マーク

（全国森林組合連合会　間伐材《かんばつざい》マーク事務局《じむきょく》ホームページより）

小学生向け間ばつ体験

（和歌山県観光連盟《わかやまけんかんこうれんめい》ホームページより）

太　郎：**図4**の間ばつ材マークは、間ばつ材を利用していると認《みと》められた製品に表示されるマークです。間ばつや、間ばつ材利用の重要性などを広く知ってもらうためにも利用されるそうです。

花　子：**図4**の間ばつ体験をすることで、実際に林業にたずさわる人から、間ばつの作業や、間ばつ材について聞くこともできるね。私も間ばつ材の利用を進めることに関する資料を見つけました。

図5　林業に関する資料

高性能の林業機械を使った間ばつの様子

（中部森林管理局ホームページより）

間ばつ材の運ぱんの様子

（長野《ながの》森林組合《しんりんくみあい》ホームページより）

花　子：木材をばっ採し運び出す方法は、以前は、小型の機具を使っていましたが、**図5**のような大型で高性能の林業機械へと変わってきています。

先　生：間ばつ材の運ぱんの様子も、**図5**をみると、大型トラックが大量の木材を運んでいることが分かります。国としても、このような木材を運び出す道の整備を推進《すいしん》しているのですよ。

太　郎：機械化が進み、道が整備されることで、効率的な作業につながりますね。

先　生：これらの資料を見比べてみると、間ばつ材についての見方が広がり、それぞれ関連し合っていることが分かりますね。

花　子：間ばつ材の利用を進めるためには、さまざまな立場から取り組むことが大切だと思いました。

〔問題２〕　花子さんは、「間ばつ材の利用を進めるためには、さまざまな立場から取り組むことが大切だと思いました。」と言っています。「**図３**　間ばつ材を使用した商品」、「**図４**　間ばつ材に関する活動」、「**図５**　林業に関する資料」の三つから二つの図を選択《せんたく》した上で、選択した図がそれぞれどのような立場の取り組みで、その二つの取り組みがどのように関連して、間ばつ材利用の促進《そくしん》につながるのかを説明しなさい。

3 **花子**さん、**太郎《たろう》**さん、**先生**が磁石《じしゃく》について話をしています。

花　子：磁石の力でものを浮《う》かせる技術が考えられているようですね。
太　郎：磁石の力でものを浮かせるには、磁石をどのように使うとよいのですか。
先　生：**図１**のような円柱の形をした磁石を使って考えてみましょう。この磁石は、一方の底面が**N**極になっていて、もう一方の底面は**S**極になっています。この磁石をいくつか用いて、ものを浮かせる方法を調べることができます。

図１　円柱の形をした磁石《じしゃく》

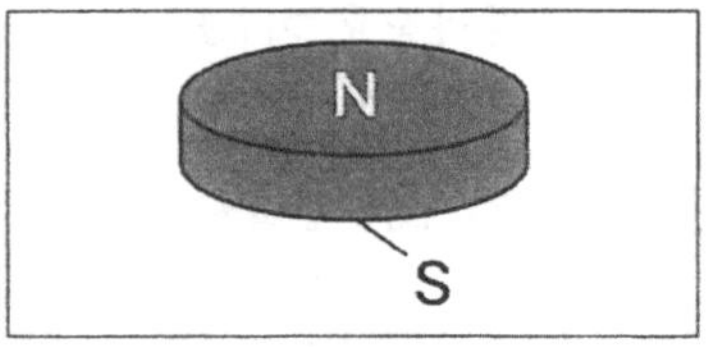

花　子：どのようにしたらものを浮かせることができるか実験してみましょう。

二人は先生のアドバイスを受けながら、次の手順で**実験１**をしました。

実験１

手順１　**図１**のような円柱の形をした同じ大きさと強さの磁石をたくさん用意する。そのうちの１個の磁石の底面に、**図２**のように底面に対して垂直《すいちょく》にえん筆を接着する。

手順２　**図３**のようなえん筆がついたつつを作るために、透明《とうめい》なつつを用意し、その一方の端《はし》に手順１でえん筆を接着した磁石を固定し、もう一方の端に別の磁石を固定する。

手順３　**図４**のように直角に曲げられた鉄板を用意し、一つの面を地面に平行になるように固定し、その鉄板の上に４個の磁石を置く。ただし、磁石の底面が鉄板につくようにする。

手順４　鉄板に置いた４個の磁石の上に、手順２で作ったつつを**図５**のように浮かせるために、えん筆の先を地面に垂直な鉄板の面に当てて、手をはなす。

手順５　鉄板に置いた４個の磁石の表裏《おもてうら》や位置を変えて、つつを浮かせる方法について調べる。ただし、上から見たとき、４個の磁石の中心を結ぶと長方形になるようにする。

図２　磁石とえん筆

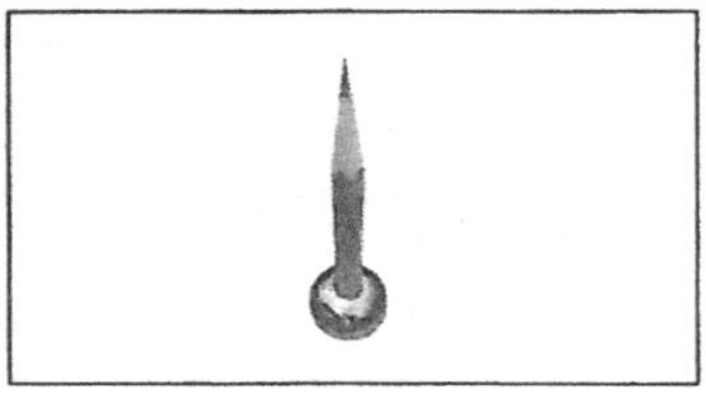

図３　えん筆がついたつつ

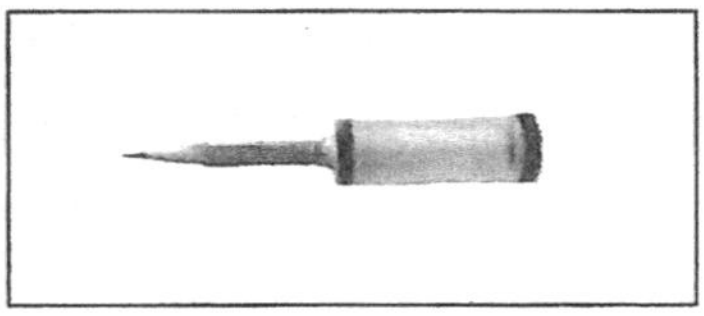

図４　鉄板と磁石４個

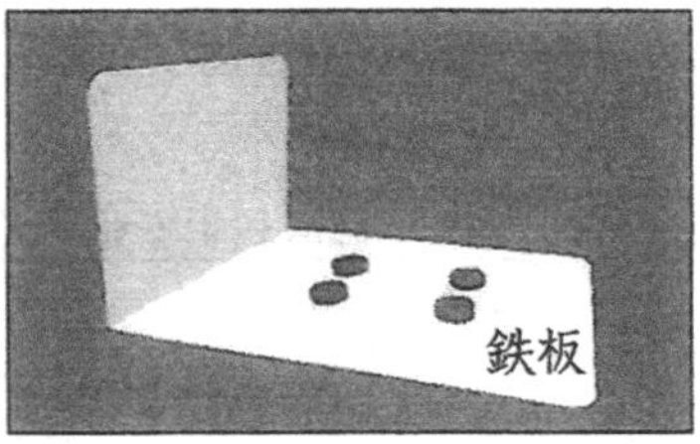

図５　磁石の力で浮《う》かせたつつ

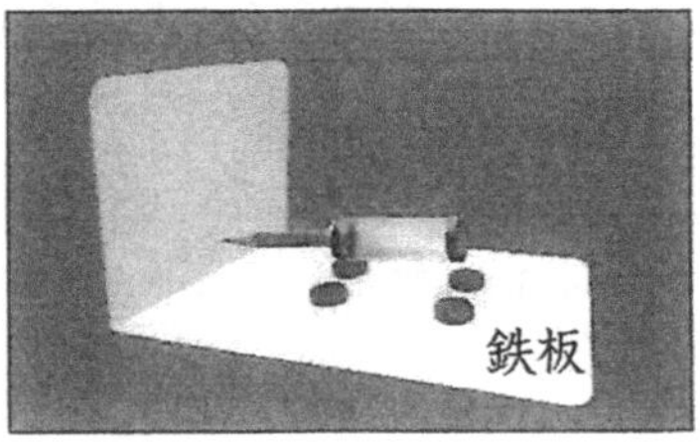

太　郎：つつに使う２個の磁石の**N**極と**S**極の向きを変えると、**図6**のように(あ)～(え)の４種類のえん筆がついたつつをつくることができるね。

図6　４種類のつつ

(あ)のつつ	(い)のつつ	(う)のつつ	(え)のつつ
 N S　N S	 S N　S N	 N S　S N	 S N　N S

花　子：(あ)のつつを浮かせてみましょう。

太　郎：鉄板を上から見たとき、**図7**の**ア**や**イ**のようにすると、**図5**のように(あ)のつつを浮かせることができたよ。

図7　上から見た(あ)のつつと、鉄板に置いた４個の磁石の位置と上側の極

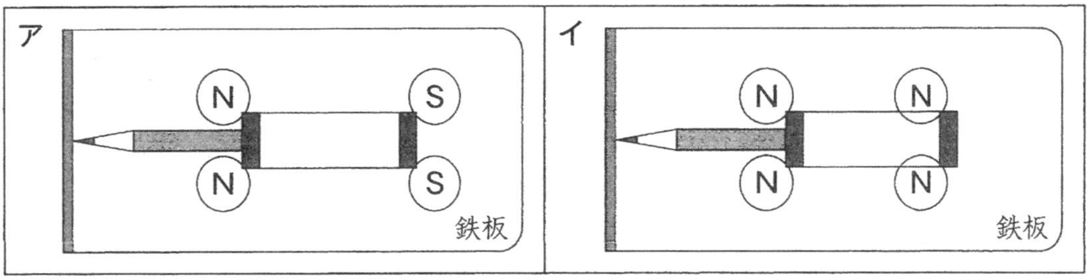

花　子：(あ)のつつを浮かせる方法として、**図7**の**ア**と**イ**の他にも組み合わせがいくつかありそうだね。

太　郎：そうだね。さらに、(い)や(う)、(え)のつつも浮かせてみたいな。

〔問題１〕（１）　**実験１**で**図7**の**ア**と**イ**の他に(あ)のつつを浮かせる組み合わせとして、４個の磁石をどの位置に置き、上側をどの極にするとよいですか。そのうちの一つの組み合わせについて、解答らんにかかれている８個の円から、磁石を置く位置の円を４個選び、選んだ円の中に磁石の上側が**N**極の場合は**N**、上側が**S**極の場合は**S**を書き入れなさい。

（２）　**実験１**で(え)のつつを浮かせる組み合わせとして、４個の磁石をどの位置に置き、上側をどの極にするとよいですか。そのうちの一つの組み合わせについて、（１）と同じように解答らんに書き入れなさい。また、書き入れた組み合わせによって(え)のつつを浮かせることができる理由を、(あ)のつつとのちがいにふれ、**図7**の**ア**か**イ**をふまえて文章で説明しなさい。

花　子：黒板に画用紙をつけるとき、**図8**のようなシートを使うことがあるね。

太　郎：そのシートの片面《かためん》は磁石になっていて、黒板につけることができるね。反対の面には接着剤《せっちゃくざい》がぬられていて、画用紙にそのシートを貼《は》ることができるよ。

花　子：磁石となっている面は、**N**極と**S**極のどちらなのですか。

先　生：磁石となっている面にまんべんなく鉄粉をふりかけていくと、鉄粉は**図9**のように平行なすじを作って並《なら》びます。これは、**図10**のように**N**極と**S**極が並んでいるためです。このすじと平行な方向を、**A**方向としましょう。

太　郎：接着剤がぬられている面にさまざまな重さのものを貼り、磁石となっている面を黒板につけておくためには、どれぐらいの大きさのシートが必要になるのかな。

花　子：シートの大きさを変えて、**実験2**をやってみましょう。

図8　シートと画用紙

図9　鉄粉の様子

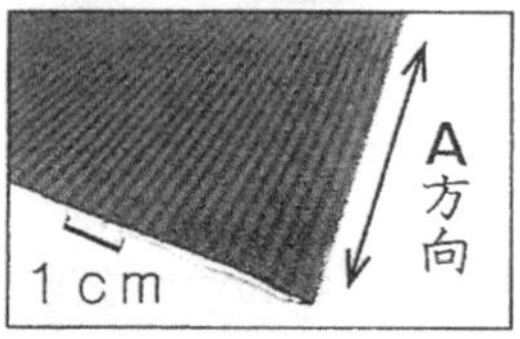

図10　**N**極と**S**極

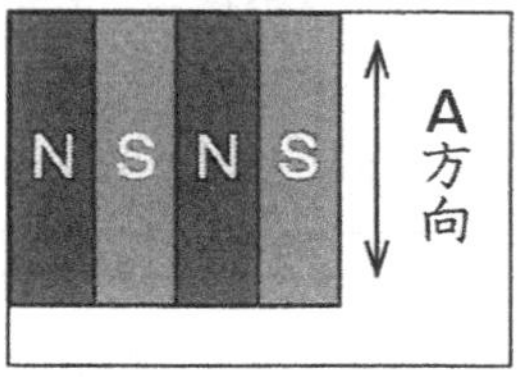

二人は次の手順で**実験2**を行い、その記録は**表1**のようになりました。

実験2

手順1　表面が平らな黒板を用意し、その黒板の面を地面に垂直に固定する。

手順2　シートの一つの辺が**A**方向と同じになるようにして、1辺が1cm、2cm、3cm、4cm、5cmである正方形に、シートをそれぞれ切り取る。そして、接着剤がぬられている面の中心に、それぞれ10cmの糸の端《はし》を取り付ける。

手順3　**図11**のように、1辺が1cmの正方形のシートを、**A**方向が地面に垂直になるように磁石の面を黒板につける。そして糸に10gのおもりを一つずつ増やしてつるしていく。おもりをつるしたシートが動いたら、その時のおもりの個数から一つ少ない個数を記録する。

手順4　シートを**A**方向が地面に平行になるように、磁石の面を黒板につけて、手順3と同じ方法で記録を取る。

手順5　1辺が2cm、3cm、4cm、5cmである正方形のシートについて、手順3と手順4を行う。

図11　**実験2**の様子

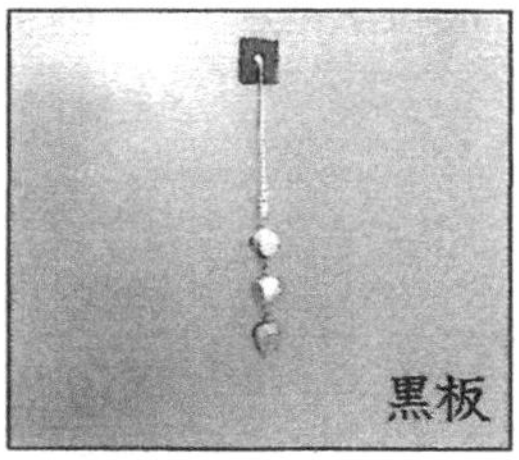

表1　**実験2**の記録

正方形のシートの1辺の長さ（cm）	1	2	3	4	5
A方向が地面に垂直《すいちょく》なときの記録（個）	0	2	5	16	23
A方向が地面に平行なときの記録（個）	0	2	5	17	26

太　郎：さらに多くのおもりをつるすためには、どうするとよいのかな。

花　子：おもりをつるすシートとは別に、シートをもう１枚《まい》用意し、磁石の面どうしをつけるとよいと思うよ。

先　生：それを確かめるために、**実験２**で用いたシートとは別に、一つの辺が**Ａ**方向と同じになるようにして、１辺が１ｃｍ、２ｃｍ、３ｃｍ、４ｃｍ、５ｃｍである正方形のシートを用意しましょう。次に、そのシートの接着剤がぬられている面を動かないように黒板に貼って、それに同じ大きさの**実験２**で用いたシートと磁石の面どうしをつけてみましょう。

太　郎：それぞれのシートについて、**Ａ**方向が地面に垂直であるときと、**Ａ**方向が地面に平行であるときを調べてみましょう。

二人は新しくシートを用意しました。そのシートの接着剤がぬられている面を動かないように黒板に貼りました。それに、同じ大きさの**実験２**で用いたシートと磁石の面どうしをつけて、**実験２**の手順３～５のように調べました。その記録は**表２**のようになりました。

表２　磁石の面どうしをつけて調べた記録

正方形のシートの１辺の長さ（ｃｍ）	１	２	３	４	５
Ａ方向が地面に垂直なシートに、 **Ａ**方向が地面に垂直なシートをつけたときの記録（個）	０	３	７	１６	２７
Ａ方向が地面に平行なシートに、 **Ａ**方向が地面に平行なシートをつけたときの記録（個）	１	８	１９	４３	５０
Ａ方向が地面に垂直なシートに、 **Ａ**方向が地面に平行なシートをつけたときの記録（個）	０	０	１	２	３

〔問題２〕（１）　１辺が１ｃｍの正方形のシートについて考えます。**Ａ**方向が地面に平行になるように磁石の面を黒板に直接つけて、**実験２**の手順３について２ｇのおもりを用いて調べるとしたら、記録は何個になると予想しますか。**表１**をもとに、考えられる記録を一つ答えなさい。ただし、糸とシートの重さは考えないこととし、つりさげることができる最大の重さは、１辺が３ｃｍ以下の正方形ではシートの面積に比例するものとします。

（２）　次の①と②の場合の記録について考えます。①と②を比べて、記録が大きいのはどちらであるか、解答らんに①か②のどちらかを書きなさい。また、①と②のそれぞれの場合について**Ａ**方向とシートの面の**Ｎ**極や**Ｓ**極にふれて、記録の大きさにちがいがでる理由を説明しなさい。

①　**Ａ**方向が地面に垂直なシートに、**Ａ**方向が地面に平行なシートをつける。

②　**Ａ**方向が地面に平行なシートに、**Ａ**方向が地面に平行なシートをつける。

適性検査Ⅲ

注　　意

1　問題は **1** から **2** までで、**6ページ**にわたって印刷してあります。

2　検査時間は**３０分**で、終わりは**午後０時２０分**です。

3　声を出して読んではいけません。

4　計算が必要なときは、この問題用紙の余白を利用しなさい。

5　答えは全て解答用紙に明確に記入し、**解答用紙だけを提出しなさい。**

6　答えを直すときは、きれいに消してから、新しい答えを書きなさい。

7　**受検番号**を解答用紙の決められたらんに記入しなさい。

東京都立両国高等学校附属中学校

1 **りょう**さんと**みさき**さんが、教室で図形についての話をしています。

りょう：（**図１**）は１目《め》盛《も》りが１ｃｍの方眼紙に、方眼紙の線に沿《そ》って鉛筆《えんぴつ》で１辺の長さが９ｃｍの正方形を書いたものなんだ。（**図１**）に方眼紙の線に沿って鉛筆で線を書き加えて、いくつかの正方形に分ける方法を考えているんだよ。

みさき：正方形以外の図形ができないように分ければいいのね。例えばどのような分け方があるの。

りょう：（**図２**）は（**図１**）を１辺の長さが６ｃｍの正方形１個、１辺の長さが３ｃｍの正方形４個、１辺の長さが２ｃｍの正方形１個、１辺の長さが１ｃｍの正方形５個の計１１個の正方形に分けた図だよ。

図１

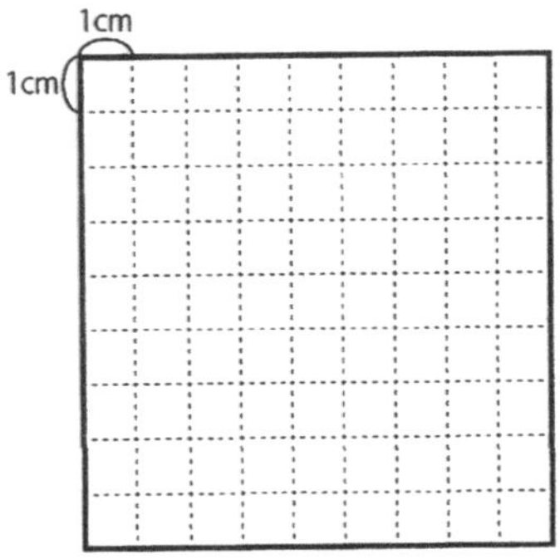

図２

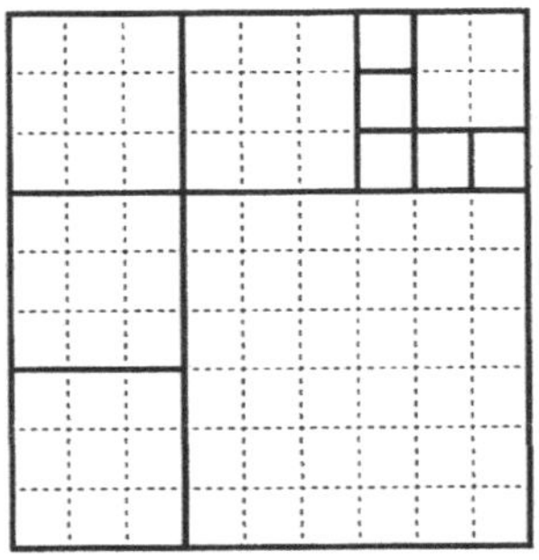

図３

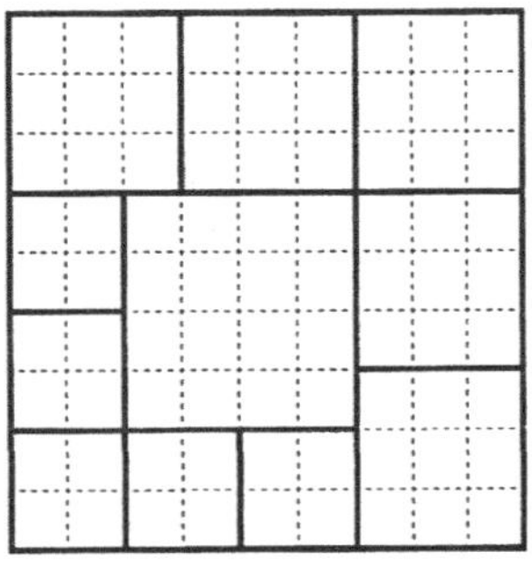

みさき：（**図３**）は（**図１**）を１辺の長さが４ｃｍの正方形１個、１辺の長さが３ｃｍの正方形５個、１辺の長さが２ｃｍの正方形５個の計１１個の正方形に分けた図だね。

りょう：（**図２**）と（**図３**）はどちらも１１個の正方形に分けられているけど、分けるときに書き加えた線の長さの合計には差がありそうだね。

みさき：どれだけ差があるのか調べてみようよ。

〔問題１〕 どれだけ差があるのか調べてみようよ。とありますが、（**図２**）と（**図３**）において、分けるときに書き加えた線の長さの合計が長い方を選んで ◯ で囲み、さらに何ｃｍだけ長いのか答えなさい。

りょう：（**図１**）をいくつかの正方形に分ける方法はいろいろあっておもしろいね。

みさき：もっといろいろな分け方を調べてみようよ。

〔問題２〕 もっといろいろな分け方を調べてみようよ。とありますが、（**図１**）に方眼紙の線に沿って鉛筆で線を書き加えていくつかの正方形に分けるとき、正方形の数の合計が１０個、１２個となるような分け方を、それぞれ一つずつ解答らんに合わせて答えなさい。ただし、正方形以外の図形ができないように分けることとします。また、定規を用いて（**図２**）や（**図３**）のようにはっきりとした線で書きなさい。

下書き用（ここは解答らんではありません。答えは解答用紙に記入しなさい。）

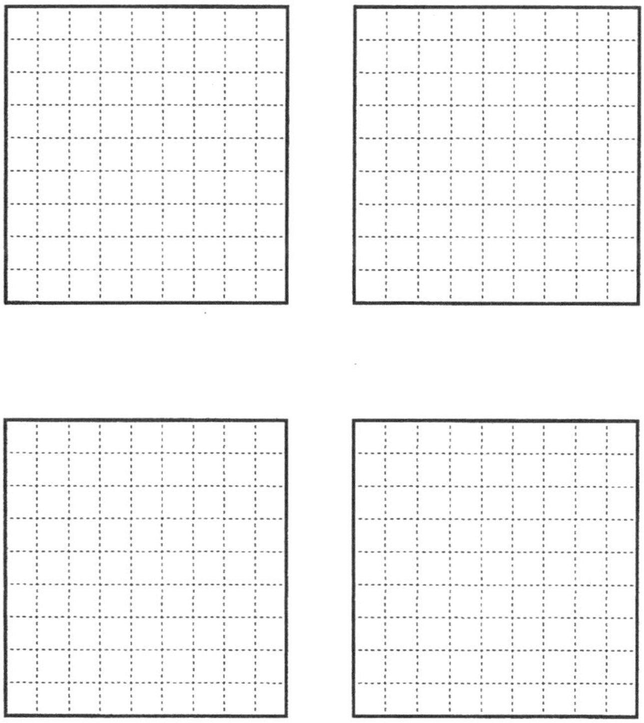

りょう：（**図４**）は１目盛りが１ｃｍの方眼紙に、方眼紙の線に沿って鉛筆で１辺の長さが６ｃｍの正方形を２個、１辺の長さが３ｃｍの正方形１個の計３個の正方形を書いたものだよ。この３個の正方形の面積の合計は８１ｃｍ^{2}で、（**図１**）の正方形の面積と同じだね。

図４

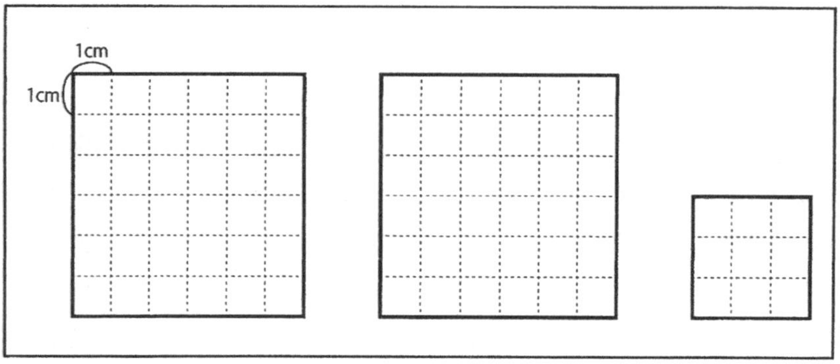

みさき：方眼紙の線に沿って３個の正方形を書いたとき、その３個の正方形の面積の合計が８１ｃｍ^{2}になるようなものが、（**図４**）の１辺の長さがそれぞれ６ｃｍ、６ｃｍ、３ｃｍの組み合わせ以外にもあるのかな。

りょう：いっしょに探《さが》してみようよ。

〔問題３〕 いっしょに探《さが》してみようよ。とありますが、１目盛りが１ｃｍの方眼紙に、方眼紙の線に沿って鉛筆で３個の正方形を書いたとき、その３個の正方形の面積の合計が８１ｃｍ^{2}になるような組み合わせを、（**図４**）の６ｃｍ、６ｃｍ、３ｃｍ以外で１組見つけて、その３個の正方形の１辺の長さをそれぞれ答えなさい。

解答用紙　適性検査Ⅰ

1

〔問題1〕

5

10

10点

※

〔問題2〕

15

20

20点

※

〔問題3〕

20

100

70点

※

※

※

※100点満点

受検番号

得点
※

※のらんには、記入しないこと。

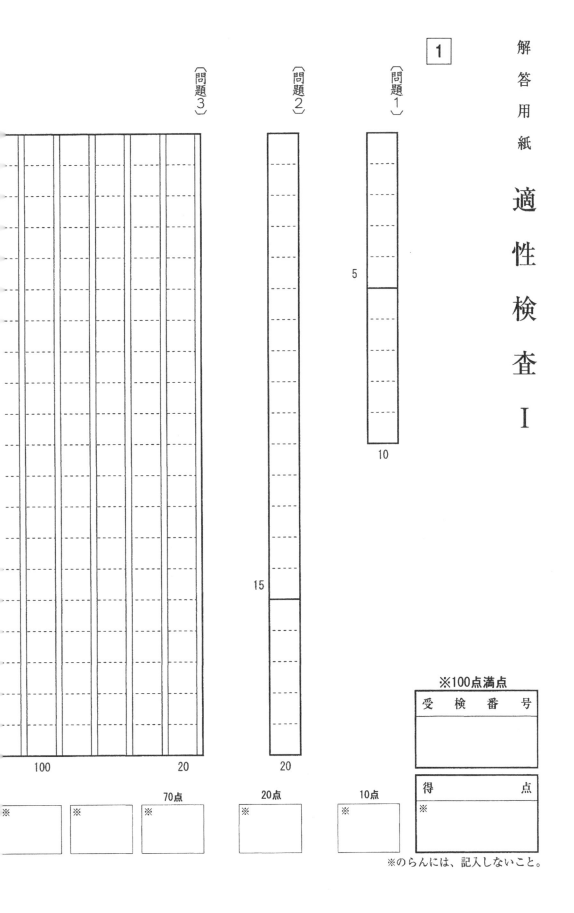

解答用紙　適性検査Ⅱ

※100点満点

受検番号	得点
	※

※のらんには何も書かないこと

1

〔問題１〕 12点

〔説明〕

※

〔問題２〕 18点

〔アの側面に書く４個の数〕

〔イの側面に書く４個の数〕

〔ウの側面に書く４個の数〕

〔エの側面に書く４個の数〕

〔アの展開図《てんかいず》〕

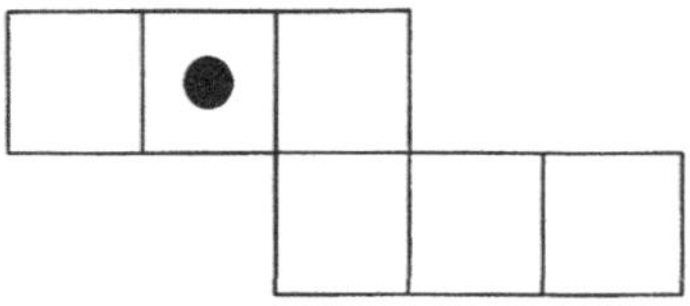

〔イの展開図〕

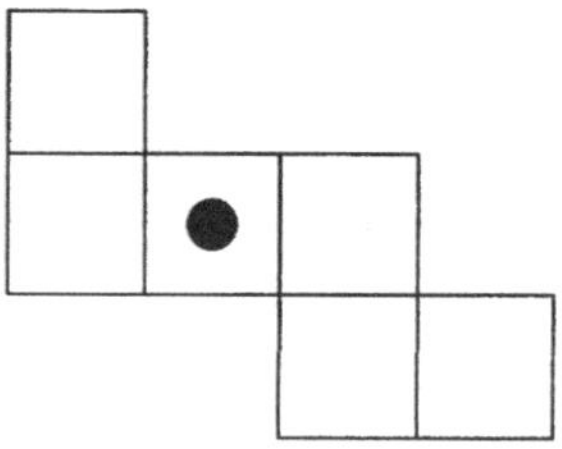

〔ウの展開図〕

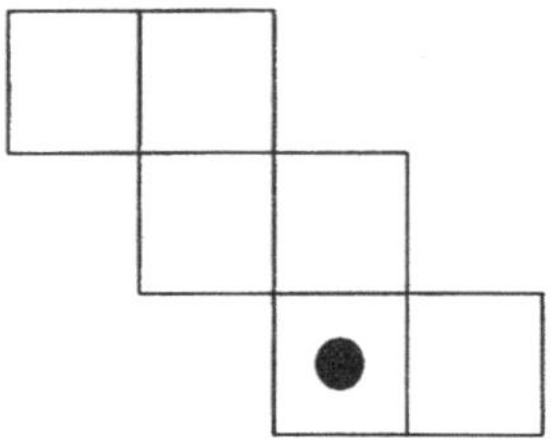

〔エの展開図〕

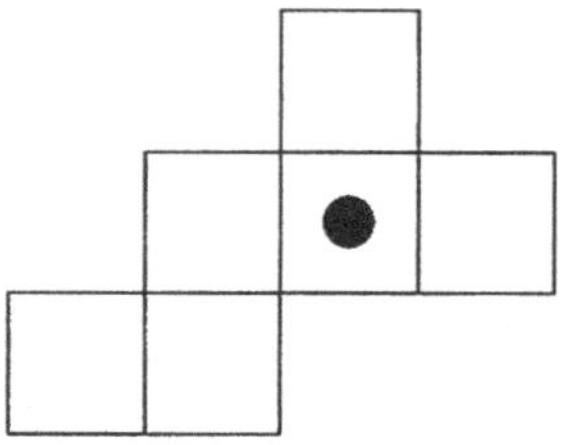

※

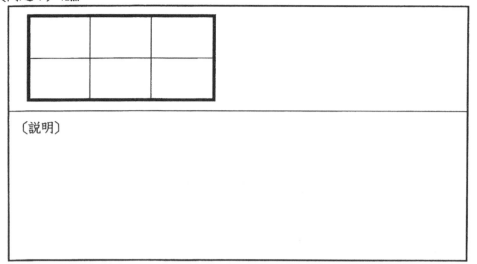

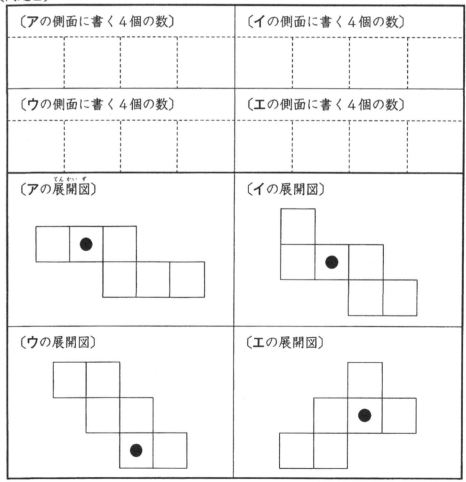

問題１）　20点

式	
答	mm^3

※

問題２）　20点

※

※100点満点

受　検　番　号

得　点
※

※のらんには、記入しないこと

解　答　用　紙　　適　性　検　査　Ⅲ

1

〔問題１〕　15点

どちらかを◯で囲む　　　　数字を記入

| 図２　・　図３ | の方が | | ｃｍだけ長い。 |

※

〔問題２〕　30点

１０個　　　　　１２個

※

〔問題３〕　15点

|　　| ｃｍ、 |　　| ｃｍ、 |　　| ｃｍ

※

2

〔問題１〕20点

※

〔問題２〕20点

（選んだ二つを○で囲みなさい。）

図3	図4	図5

※

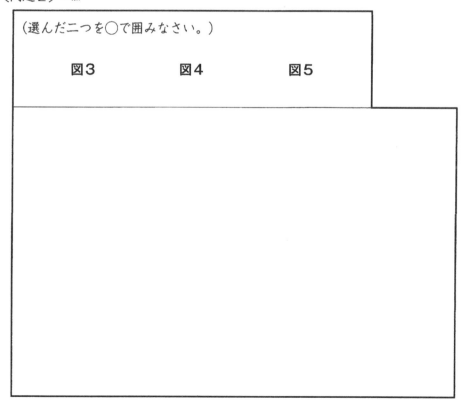

3

〔問題１〕　14点

（１）

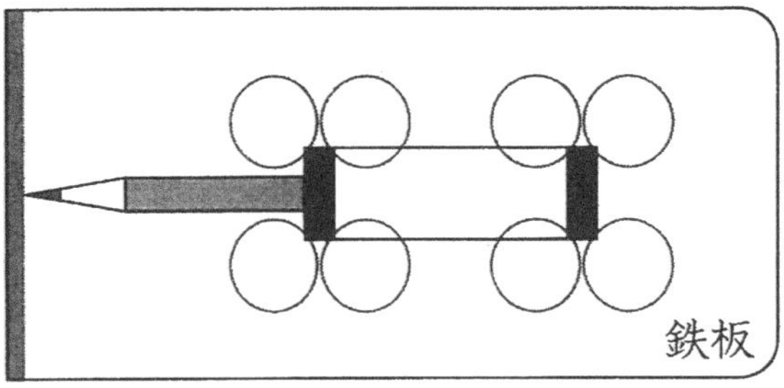

（２）

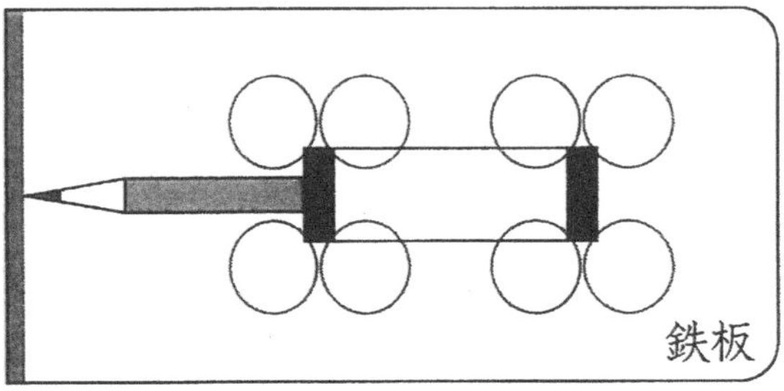

〔理由〕

※

〔問題２〕　16点

（１）　　　　　　　　　　　　個

（２）〔大きい場合〕

〔理由〕

※

（３　両国）

440　400　300　200

※

【解答用

2 **りょう**さんと**みさき**さんが、理科室で**先生**と話をしています。

りょう：理科室にはいろいろな温度計があるね。

みさき：先生、このガラスでできた棒状《ぼうじょう》の温度計の仕組みを教えてください。

先　生：その温度計で温度を測定することができるのは、ガラス管の中に入っている赤く着色された灯油の体積が、周囲の温度によって変化するからです。

りょう：この赤い液体は水ではないのですね。水が用いられていない理由があるのですか。

みさき：水は0℃で凍《こお》ってしまい、0℃以下を測定できないからですね。

先　生：よく気が付きましたね。でも理由はそれだけではないのです。2人で実験をして、水の温度と体積の関係を調べてみると分かりますよ。

【実験】

①（**図1**）のように、4℃の水を容器に満たし、これに細いガラス管とデジタル温度計を通したせんをはめる。このとき、容器の中に空気が入らないように注意する。

②ガラス管には1mmごとに目《め》盛《も》りが刻《きざ》まれており、4℃のときの水面の高さに目盛りの0がくるようにする。

③容器を温め、中の水の温度が上がるにつれて、ガラス管の中の水面の高さがどのように変化するのかを調べる。

④水の温度を4℃にもどした後、容器を冷やし、中の水の温度が下がるにつれて、ガラス管の中の水面の高さがどのように変化するのかを調べる。

図1

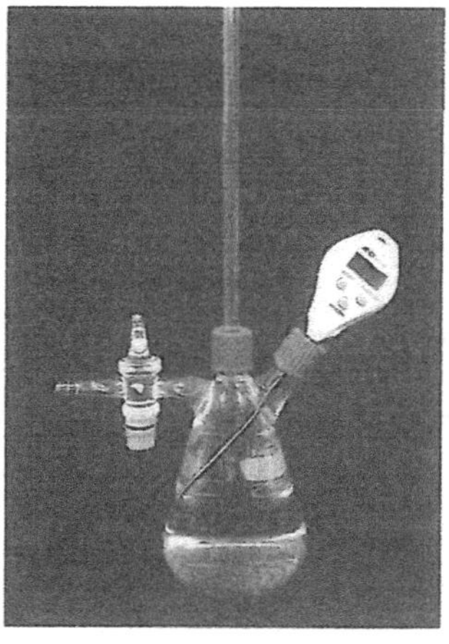

２人は実験を行いました。(**表１**) は実験の③と④の結果をまとめたものです。

表１　水の温度と水面の高さの関係

③の結果

水の温度〔℃〕	４	５	６	７	８	９	１０
水面の高さ〔mm〕	０	０．５	３．０	５．５	９．５	１６．０	２４．０

水の温度〔℃〕	１１	１２	１３	１４	１５	１６	１７
水面の高さ〔mm〕	３４．５	４７．０	６０．５	７５．０	９５．０	１１７．５	１５５．０

④の結果

水の温度〔℃〕	４	３	２	１
水面の高さ〔mm〕	０	３．０	１０．０	２４．０

※容器やガラス管そのものの体積の変化は考えないものとします。

先　生：ガラス管の内部の水は円柱の形をしていて、円柱の底面の円の直径は１．５mmです。

りょう：例えば水の温度が４℃から９℃に上がったとき、(**図２**) の色のついた円柱の体積を計算すれば、水の体積がどれだけ増えたか分かりますね。

図２

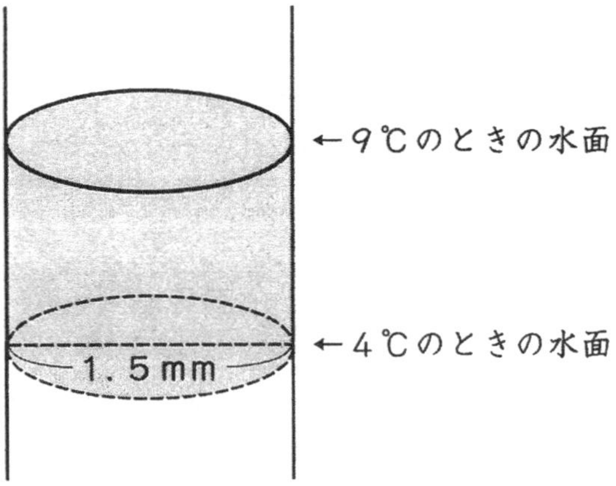

〔問題１〕 水の温度が４℃から９℃に上がったとき、(**図２**) の色のついた円柱の体積を計算すれば、水の体積がどれだけ増えたか分かりますね。とありますが、水の温度が４℃から９℃に上がったとき、水の体積がどれだけ増えたか式を書いて求めなさい。ただし、円柱の底面の円の直径は１．５mm、円周率は３．１４とし、単位はmm^3で答えることとします。

先　生：水の温度と増えた体積の関係を調べるために、縦軸《たてじく》に増えた体積、横軸に温度を表し、そこに点をかいて表してみましょう。

みさき：（**表1**）をもとに、さっきと同様の計算を繰《く》り返《かえ》して、点をかいていけばよいのですね。

りょう：点をかいていくと（**図3**）のようになりました。

先　生：灯油でも同様に温度と増えた体積の関係を調べたものが（**図4**）です。

図3

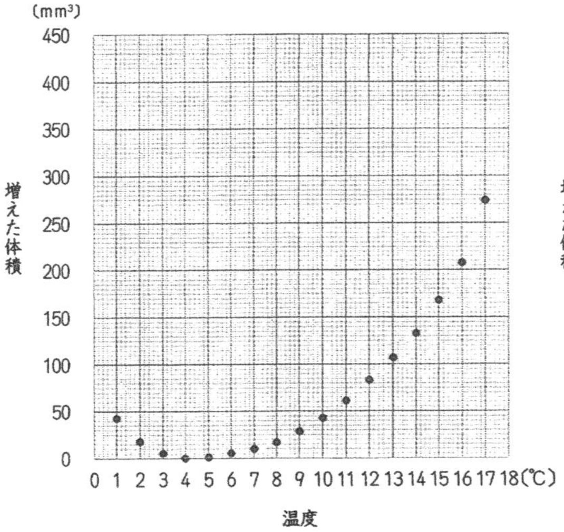

図4

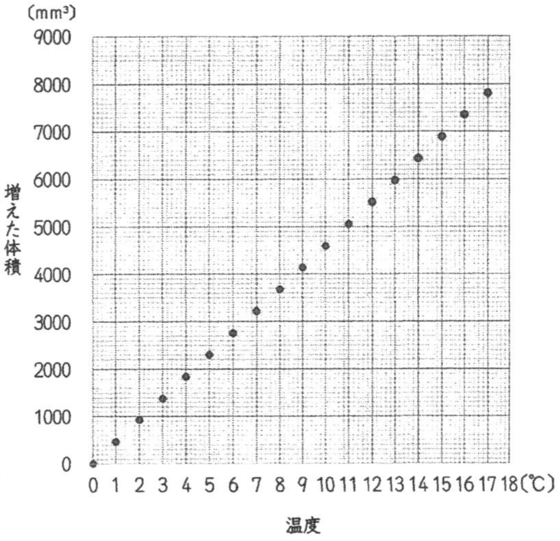

※水では4℃のときの水面の高さに目盛りの0がくるようにしましたが、灯油では0℃のときの液面の高さに目盛りの0がくるようにしました。

みさき：0℃で凍ってしまい、0℃以下を測定できないということ以外にも、水が温度計に用いられる液体としてふさわしくない理由があることが分かったわ。

〔問題２〕0℃で凍ってしまい、0℃以下を測定できないということ以外にも、水が温度計に用いられる液体としてふさわしくない理由があることが分かったわ。とありますが、灯油と比べて、水が温度計に用いられる液体としてふさわしくない理由を一つ答えなさい。

適性検査Ⅰ

注意

1 問題は［1］のみで、**5ページ**にわたって印刷してあります。

2 検査時間は**四十五分**で、終わりは**午前九時四十五分**です。

3 声を出して読んではいけません。

4 答えは全て解答用紙に明確に記入し、**解答用紙だけを提出しなさい。**

5 答えを直すときは、きれいに消してから、新しい答えを書きなさい。

6 **受検番号**を解答用紙の決められたらんに記入しなさい。

②

東京都立両国高等学校附属中学校

1　次の 文章1 と 文章2 とを読み、あとの問題に答えなさい。
（*印の付いている言葉には、本文のあとに〔注〕があります。）

文章1

T大学で植物学の研究をしている本村紗英《もとむらさえ》は、研究室の仲間や出入りの洋食店店員である藤丸陽太《ふじまるようた》とともに、構内の植え込《うこ》みの一角に植えられているサツマイモの収穫《しゅうかく》を手伝うことになった。自分もこれまで何度となく目にしていた植え込みにサツマイモが植えられているとは思いもしなかったことに気づき、本村はもっと植物というものに敏感《びんかん》にならなければ、と考える。

反省した本村《もとむら》は、しゃがみこんで植え込《うこ》みのサツマイモの葉を眺《なが》めた。地表に近い場所で、大小の葉が一生懸命《いっしょうけんめい》に太陽へ顔を向けている。ひしめきあいながらも、互《たが》いの邪魔《じゃま》にならぬようにということなのか、*葉柄《ようへい》の長さはさまざまだ。長い葉柄を持ち、周囲の葉から飛びだしたもの。葉柄は短いけれど、ほかの葉のあいだからうまく顔を覗《のぞ》かせているもの。

けなげだ、とつい*擬人化《ぎじんか》して感情移入してしまう。頭がいいなあ、と感心もする。植物に脳《のう》はないから、頭もお尻《しり》もないわけだが、それでもうまく調和して、生存《せいぞん》のための工夫《くふう》をこらす。人間よりもよっぽど頭がいいなと思うことしきりだ。

だが、植物と人間のあいだの断絶も感じる。本村は人間だから、なんとなく人間の理屈《りくつ》や感情に引きつけて、植物を解釈《かいしゃく》しようとする癖《くせ》が抜《ぬ》けない。けれど、脳も感情もない植物は、本村のそんな思惑《おもわく》とはまったく*隔絶《かくぜつ》したところで、ただ淡々《たんたん》と葉を繁《しげ》らせ、葉柄の長さを互いに調節し、地中深くへと根をのばす。より多く光と水と養分を取りこみ、次代に命をつなぐために。言葉も表情も身振《みぶ》りも使わずに、人間には推《お》し量《はか》りきれない複雑な機構を稼働《かどう》させて。

そう考えると、どれだけ望んでも本村には永遠に理解できない、気味悪く得体《えたい》の知れぬ生き物のように、植物が思われてくるのだった。サツマイモの葉っぱのほうは、本村が「ちょっとこわいな」と思っていることなど、もちろんまるで感知していないだろう。これからイモを掘《ほ》られるとは*微塵《みじん》も予想せず、この瞬間《しゅんかん》も元気に光合成を行っている様子だ。

本村とは少し距離《きょり》を置き、㋐藤丸《ふじまる》もしゃがんでサツマイモの葉を眺めていた。「うお」と藤丸が小さく声を上げたので、本村は顔をそちらに向けた。

「葉っぱの筋《すじ》がサツマイモの皮の色してる。すげえ」

藤丸は独り言のようにつぶやき、よりいっそう葉に顔を近づけて、何枚《なんまい》かを熱心に見比べている。

本村は手もとの葉を改めて眺めた。言われてみれば、たしかに。ハート型の葉に張りめぐらされた*葉脈は、ほのかな臙脂色《えんじいろ》だった。「こういう色のイモが、土のなかで育ってますよ」と予告するみたいに。

血管のような葉脈を見ていたら、*最前感じた気味の悪さは薄《うす》らいだ。たしかに植物は、ひととはまったくちがう仕組みを持っている。人間の

「常識」が通じない世界を生きている。けれど、同じ地球上で進化してきた生き物だから、当然ながら共通する点も多々《たた》あるのだ。

　自分の理解が及《およ》ばないもの、自分とは異《こと》なる部分があるものを、すぐに「気味が悪い」「なんだかこわい」と締《し》めだし遠ざけようとしてしまうのは、私《わたし》の悪いところだ。ううん、人類全般《ぜんぱん》に通じる、悪いところかもしれない。本村はまたも反省した。人間に感情と思考があるからこそ生じる悪癖《あくへき》だと言えるが、「気味が悪い」「なんだかこわい」という気持ちを乗《の》り越《こ》えて、相手を真に理解するために必要なのもまた、感情と思考だろう。どうして「私」と「あなた」はちがうのか、分析《ぶんせき》し受け入れるためには理性と知性が要求される。ちがいを認《みと》めあうためには、相手を思いやる感情が不可欠だ。

　植物みたいに、脳も愛もない生き物になれれば、一番面倒《めんどう》がなくて気楽なんだけど。本村はため息をつく。思考も感情もないはずの植物が、人間よりも他者を受容し、*飄々《ひょうひょう》と生きているように見えるのはなんとも皮肉だ。

　それにしても、藤丸さんはすごい。と本村は思った。私がうだうだ考えているそばで、藤丸さんはサツマイモの葉っぱをあるがまま受け止め、イモの皮の色がそこに映《うつ》しだされていることを発見した。なんてのびやかで、でも鋭《するど》い観察眼なんだろう。きっと(イ)藤丸さんは、だれかを、なにかを、「気味悪い」なんて思わないはずだ。一瞬《いっしゅん》そう感じることがあったとしても、「いやいや、待てよ」と熱心に観察し、いろいろ考えて、最終的には相手をそのまま受け止めるのだろう。おおらかで優《やさ》しいひとだから。

　*感嘆《かんたん》をこめて藤丸を見ていると、視線《しせん》に気づいた藤丸が顔を上げ、照れたように笑った。

（三浦《みうら》しをん「愛なき世界」による）

〔注〕

葉柄《ようへい》――葉の一部。柄《え》のように細くなったところ。（図1）

擬人化《ぎじんか》して――人間以外のものを人間と同じに見立てて。

隔絶《かくぜつ》した――かけはなれた。

微塵《みじん》も――すこしも。

葉脈――葉の根もとからこまかく分かれ出て、水分や養分の通路となっている筋《すじ》。（図2）

最前――さきほど。さっき。

飄々《ひょうひょう》と――こだわりをもたず、自分のペースで。

感嘆《かんたん》をこめて――感心し、ほめたたえたいような気持ちになって。

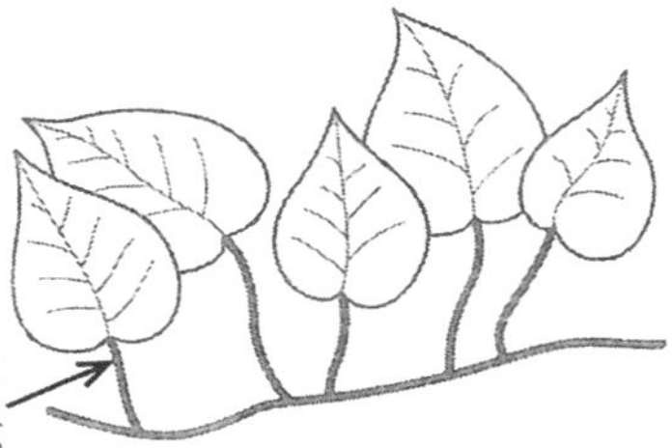

図1

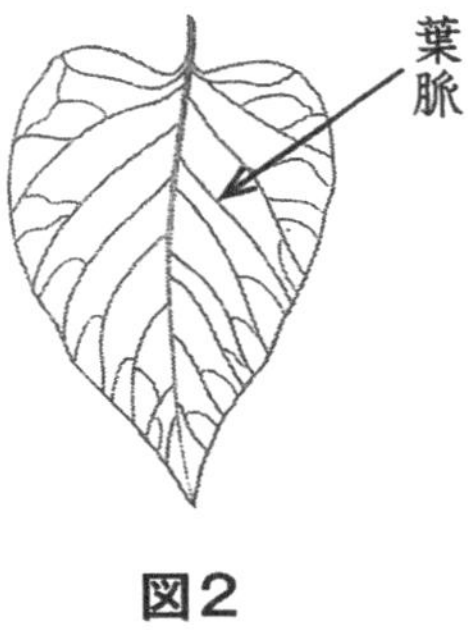

図2

文章2

　ぼくは昔からガという虫が好きだ。そもそも、なぜ昼間飛ばないで夜飛ぶのだろうというところに興味がある。

　昼間飛んだらいいじゃないか。暗いと敵がいなくて安全だというが、夜に出てきてエサを探《さが》す敵もいる。暗ければ安全とは決していえないだろう。

　実際に、昼間飛ぶガもいる。それは夜飛ぶガの苦労はしていないはずだ。それでも夜飛ぶなら、昼間飛ぶよりどこがいいのだろう、などと考えているとますますなぜ夜飛ぶのか、わからなくなってくる。

　それぞれに、それぞれの生き方があるのだ、というといいかげんな答えしか残らない。

　それなりに苦労しているんだ、としかいいようがない。

　しかし、それなりに、どういう苦労をしているのだろうということを、いろいろ考えてみるのがおもしろい。それは哲学的《てつがくてき》な*思考実験に似ている。

　*エポフィルスにせよ、ガにせよ、苦労するには苦労するだけの原因があり、仕組みがある。それは何かということを探《さぐ》るのだ。

　たとえば*節足動物は、なぜ節足動物になってしまったか、ということから考える。たまたま祖先がそうだったから、彼《かれ》らは*体節を連ねる外骨格《がいこっかく》の動物になっていった。

　すると体の構造上、頭の中を食道が通《とお》り抜《ぬ》けることになり、脳《のう》を発達させると食道にしわ寄せがいくようになった。ではどうしたらいいか。

　樹液《じゅえき》や体液、血液といった液状のエサを採ることにした。それが、その形で何とか生《い》き延《の》びる方法だった。節足動物というりきものは、そういう苦労をしている。

　動物学では、現在の動物の形が必ずしも最善《さいぜん》とは考えない。

　そうならざるをえない原因があり、その形で何とか生きているのだと考える。

　なぜそういう格好をして生きているのか、その結果、どういう生き方をしているのか。そういった根本の問題を追究するのが動物学という学問なのだと思う。

　いろいろないきものを見ていくと、こんな生き方もできるんだなあ、そのためにはこういう仕組みがあって、こういう苦労があるのか、なるほど、それでやっと生きていられるのか、ということが、それぞれにわかる。

　わかってみると感激《かんげき》する。その形でしか生きていけない理由を、たくさん知れば知るほど感心する。

　その感激は、原始的といわれるクラゲのような*腔腸動物《こうちょうどうぶつ》でも、高等といわれるほ乳類《にゅうるい》でもまったく同じだ。

　このごろ、よく、*生物多様性はなぜ大事なのですかと聞かれる。ぼくは、簡単《かんたん》に説明するときはこんなふうにいう。

　*生態系《せいたいけい》の豊かさが失われると人間の食べものもなくなります。食べものも、もとは全部いきもので、人間がそれを一から作れるわけではないのですから、いろんなものがいなければいけないのです、と。

ただそれは少し説明を省略したいい方で、ほんとうは、あらゆるいきものにはそれぞれに生きる理由があるからだと思っている。

理由がわかって何の役に立つ、といわれれば、別に何の役にも立ちませんよ、というほかない。しかし役に立てるためだったら、こんな格好をしていないほうがいいというものがたくさんある。

人間も、今こういう格好をしているが、それが優《すぐ》れた形かどうかはわからない。これでも生きていけるという説明はつくけれども。

だからこそ動物学では、海の底のいきものも人間も、どちらが進化していてどちらが上、という発想をしない。

㋒いろんないきものの生き方をたくさん勉強するといいと思う。ぼくはそれでとてもおもしろかったし、そうすることで、不思議に広く深く、静かなものの見方ができるようになるだろう。

いきものは全部、いろいろあるんだな、あっていいんだな、ということになる。つまりそれが、生物多様性ということなのだと思う。

(日高敏隆《ひだかとしたか》「世界を、こんなふうに見てごらん」による)

〈注〉

思考実験――(起こりにくいことが)もし実際に起こったらどうなるか、考えてみること。

エポフィルス――カメムシの仲間。水中に住みながら空気呼吸《こきゅう》をする。

節足動物――ガやクモなど、足にたくさんの節をもつ動物。

体節を連ねる外骨格《がいこっかく》の動物――体のじくに沿《そ》って連なった、からやこうでおおわれている動物。

腔腸動物《こうちょうどうぶつ》――クラゲやサンゴなど、口から体内までの空所をもつ、かさやつつのような形をした水中の動物。

生物多様性――いろいろなちがった種類の生物が存在《そんざい》すること。

生態系《せいたいけい》――生物とまわりの環境《かんきょう》とから成り立つ、たがいにつながりのある全体。

〈問題1〉　㋐藤丸《ふじまる》、㋑藤丸さん　というように、同一の人物について、書き分けがされていますが、その理由について、四十五字程度で分かりやすくまとめなさい。

〈問題2〉　㋒いろんないきものの生き方をたくさん勉強するといいと思う。とありますが、筆者がそう思うのは、どのようなものの見方ができるようになるからでしょうか。**文章1** の表現を用いて、解答らんに合うよう四十字程度で答えなさい。

〈問題3〉　次に示すのは、**文章1** と **文章2** についての、**ひかる**さんと**かおる**さんのやりとりです。このやりとりを読んだ上で、あなたの考えを四百字以上四百四十字以内で書きなさい。ただし、下の条件と〈**きまり**〉にしたがうこと。

ひかる――**文章1** を読んで、「ちがい」ということについて、いろいろと考えさせられました。

かおる――「ちがい」という言葉が直接使われてはいませんが、**文章2** にもそういったことが書いてあると思います。

ひかる――わたしも、みんなはそれぞれちがっていると感じるときがあります。

かおる――学校生活のなかでも、「ちがい」を生かしていった方がよい場面がありそうですね。

条件　次の三段落《さんだんらく》構成《こうせい》にまとめて書くこと

① 第一段落では、**文章1**、**文章2** それぞれの、「ちがい」に対する向き合い方について、まとめる。

② 第二段落では、「ちがい」がなく、みなが全く同じになってしまった場合、どのような問題が起こると思うか、考えを書く。

③ 第三段落では、①と②の内容に関連づけて、これからの学校生活のなかで「ちがい」を生かして活動していくとしたら、あなたはどのような場面で、どのような言動をとるか、考えを書く。

〈**きまり**〉

○題名は書きません。

○最初の行から書き始めます。

○各段落《だんらく》の最初の字は一字下げて書きます。

○行をかえるのは、段落をかえるときだけとします。

○、や。や」などもそれぞれ字数に数えます。これらの記号が行の先頭に来るときには、前の行の最後の字と同じますめに書きます。（ますめの下に書いてもかまいません。）

○。と」が続く場合には、同じますめに書いてもかまいません。この場合、。」で一字と数えます。

○段落をかえたときの残りのますめは、字数として数えます。

○最後の段落の残りのますめは、字数として数えません。

適性検査Ⅱ

注　意

1　問題は **1** から **3** までで、１７ページにわたって印刷してあります。

2　検査時間は４５分で、終わりは**午前１１時００分**です。

3　声を出して読んではいけません。

4　計算が必要なときは、この問題用紙の余白を利用しなさい。

5　答えは全て解答用紙に明確に記入し、**解答用紙だけを提出しなさい。**

6　答えを直すときは、きれいに消してから、新しい答えを書きなさい。

7　**受検番号**を解答用紙の決められたらんに記入しなさい。

東京都立両国高等学校附属中学校

1　**先生**、**花子**さん、**太郎**《たろう》さんが、校内の６年生と４年生との交流会に向けて話をしています。

先　生：今度、学校で４年生との交流会が開かれます。６年生５９人は、制作した作品を展示《てんじ》して見てもらいます。また、４年生といっしょにゲームをします。

花　子：楽しそうですね。私《わたし》たち６年生は、この交流会に向けて一人１枚《まい》画用紙に動物の絵をかいたので、それを見てもらうのですね。絵を展示する計画を立てましょう。

先　生：みんなが絵をかいたときに使った画用紙の辺の長さは、短い方が４０ｃｍ、長い方が５０ｃｍです。画用紙を横向きに使って絵をかいたものを横向きの画用紙、画用紙を縦《たて》向《む》きに使って絵をかいたものを縦向きの画用紙とよぶことにします。

太　郎：**図１**の横向きの画用紙と、**図２**の縦向きの画用紙は、それぞれ何枚《なんまい》ずつあるか数えてみよう。

花　子：横向きの画用紙は３８枚あります。縦向きの画用紙は２１枚です。全部で５９枚ですね。

太　郎：先生、画用紙はどこにはればよいですか。

先　生：学校に、**図３**のような縦《たて》２ｍ、横１．４ｍのパネルがあるので、そこにはります。
絵はパネルの両面にはることができます。

花　子：分かりました。ところで、画用紙をはるときの約束はどうしますか。

先　生：作品が見やすいように、画用紙をはることができるとよいですね。昨年は、次の〔**約束**〕にしたがってはりました。

図１　横向きの画用紙

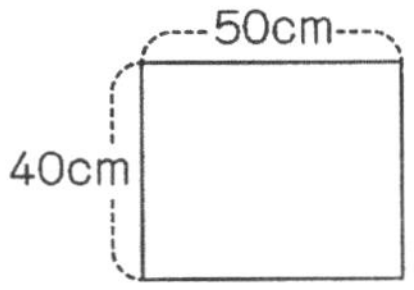

図２　縦《たて》向《む》きの画用紙

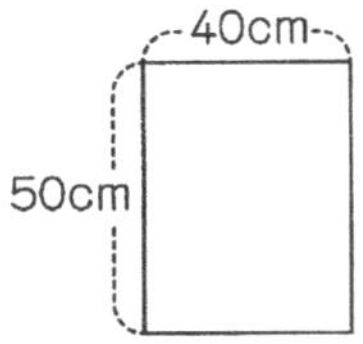

図３　パネル

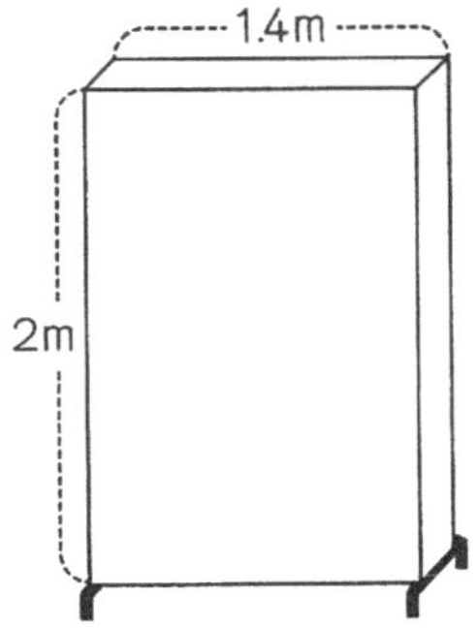

〔約束〕

(1)　**図4**のように、画用紙はパネルの外にはみ出さないように、まっすぐにはる。

(2)　パネルの一つの面について、どの行（横のならび）にも同じ枚数《まいすう》の画用紙をはる。また、どの列（縦《たて》のならび）にも同じ枚数の画用紙をはる。

(3)　１台のパネルに、はる面は２面ある。一つの面には、横向きの画用紙と縦向きの画用紙を混ぜてはらないようにする。

(4)　パネルの左右のはしと画用紙の間の長さを①、左の画用紙と右の画用紙の間の長さを②、パネルの上下のはしと画用紙の間の長さを③、上の画用紙と下の画用紙の間の長さを④とする。

図4　画用紙のはり方

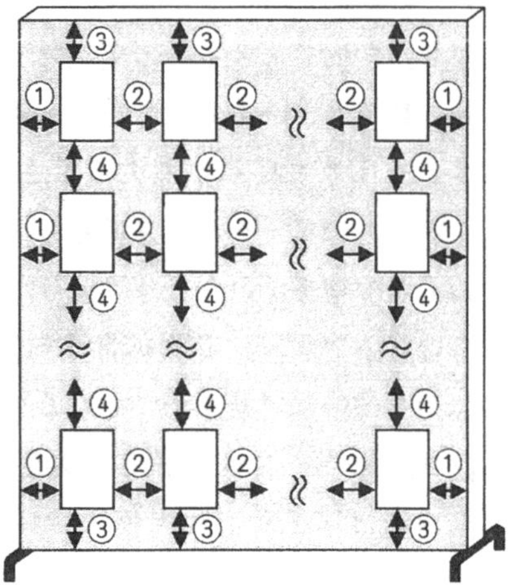

(5)　長さ①どうし、長さ②どうし、長さ③どうし、長さ④どうしはそれぞれ同じ長さとする。

(6)　長さ①～④はどれも５ｃｍ以上で、５の倍数の長さ（ｃｍ）とする。

(7)　長さ①～④は、面によって変えてもよい。

(8)　一つの面にはる画用紙の枚数は、面によって変えてもよい。

花　子：今年も、昨年の**〔約束〕**と同じように、パネルにはることにしましょう。

太　郎：そうだね。例えば、**図2**の縦向きの画用紙６枚を、パネルの一つの面にはってみよう。いろいろなはり方がありそうですね。

〔問題１〕**〔約束〕**にしたがって、**図3**のパネルの一つの面に、**図2**で示した縦《たて》向《む》きの画用紙６枚《まい》をはるとき、あなたなら、はるときの長さ①～④をそれぞれ何ｃｍにしますか。

花　子：次に、６年生の作品の、横向きの画用紙３８枚と、縦向きの画用紙２１枚のはり方を考えていきましょう。

太　郎：横向きの画用紙をパネルにはるときも、**〔約束〕**にしたがってはればよいですね。

花　子：先生、パネルは何台ありますか。

先　生：全部で８台あります。しかし、交流会のときと同じ時期に、５年生もパネルを使うので、交流会で使うパネルの台数はなるべく少ないほうがよいですね。

太　郎：パネルの台数を最も少なくするために、パネルの面にどのように画用紙をはればよいか考えましょう。

〔問題２〕**〔約束〕**にしたがって、６年生の作品５９枚をはるとき、パネルの台数が最も少なくなるときのはり方について考えます。そのときのパネルの台数を答えなさい。

　また、その理由を、それぞれのパネルの面に、どの向きの画用紙を何枚ずつはるか具体的に示し、文章で説明しなさい。なお、長さ①～④については説明しなくてよい。

先　生：次は４年生といっしょに取り組むゲームを考えていきましょう。何かアイデアはありますか。

花　子：はい。図画工作の授業で、**図５**のような玉に竹ひごをさした立体を作りました。

この立体を使って、何かゲームができるとよいですね。

太　郎：授業のあと、この立体を使ったゲームを考えていたのですが、しょうかいしてもいいですか。

図５　玉に竹ひごをさした立体

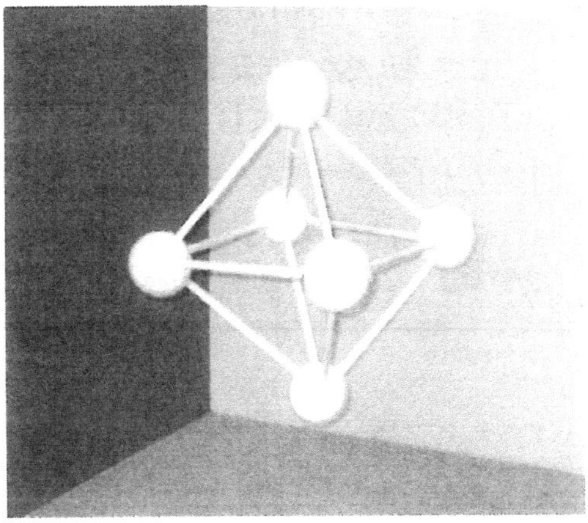

花　子：太郎さんは、どんなゲームを考えたのですか。

太　郎：**図6**のように、６個の玉に、**あ**から**か**まで一つずつ記号を書きます。また、１２本の竹ひごに、０、１、２、３の数を書きます。**あ**からスタートして、サイコロをふって出た目の数によって進んでいくゲームです。

花　子：サイコロには**1**、**2**、**3**、**4**、**5**、**6** の目がありますが、竹ひごに書いた数は０、１、２、３です。どのように進むのですか。

太　郎：それでは、ゲームの〔**ルール**〕を説明します。

図6　記号と数を書いた立体

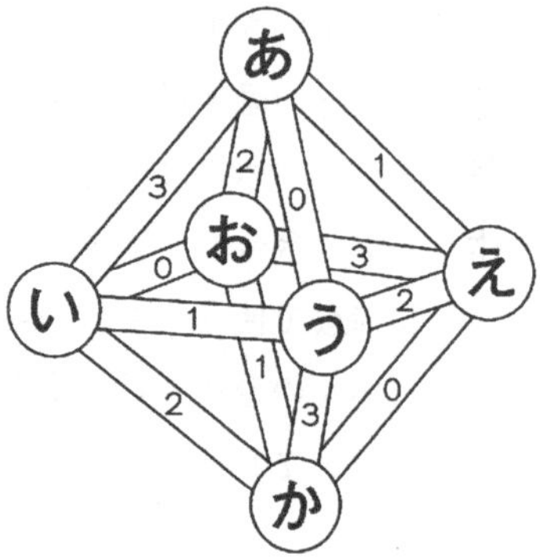

〔**ルール**〕

(1)　**あ**をスタート地点とする。

(2)　六つある面に、**1**～**6**の目があるサイコロを１回ふる。

(3)　(2)で出た目の数に２０を足し、その数を４で割《わ》ったときの余りの数を求める。

(4)　(3)で求めた余りの数が書かれている竹ひごを通り、次の玉へ進む。また、竹ひごに書かれた数を記録する。

(5)　(2)～(4)をくり返し、**か**に着いたらゲームは終わる。
ただし、一度通った玉にもどるような目が出たときには、先に進まずに、その時点でゲームは終わる。

(6)　ゲームが終わるまでに記録した数の合計が得点となる。

太　郎：例えば、サイコロをふって出た目が**1**、**3** の順のとき、**あ→え→お**と進みます。その次に出た目が**5**のときは、**か**に進み、ゲームは終わります。そのときの得点は5点となります。

花　子：**5**ではなく、**6**の目が出たときはどうなるのですか。

太　郎：そのときは、**あ**にもどることになるので、先に進まずに、**お**でゲームは終わります。得点は4点となります。それでは、3人でやってみましょう。
まず私がやってみます。サイコロをふって出た目は、**1**、**3**、**4**、**5**、**3** の順だったので、サイコロを5回ふって、ゲームは終わりました。得点は8点でした。

先　生：私がサイコロをふって出た目は、**1**、**2**、**5**、**1** の順だったので、サイコロを4回ふって、ゲームは終わりました。得点は　ア　点でした。

花　子：最後に私がやってみます。
サイコロをふって出た目は、　イ、ウ、エ、オ　の順だったので、サイコロを4回ふって、ゲームは終わりました。得点は7点でした。3人のうちでは、太郎さんの得点が一番高くなりますね。

先　生：では、これを交流会のゲームにしましょうか。

花　子：はい。太郎さんがしょうかいしたゲームがよいと思います。

太　郎：ありがとうございます。交流会では、4年生と6年生で協力してできるとよいですね。4年生が楽しめるように、準備していきましょう。

〔問題3〕**〔ルール〕**と会話から考えられる　ア　に入る数を答えなさい。また、
　イ、ウ、エ、オ　にあてはまるものとして考えられるサイコロの目の数を答えなさい。

2　**花子**さんと**太郎《たろう》**さんは、図書室でバスについて**先生**と話をしています。

花　子： 昨日、バスに乗ってとなりの駅に行ったとき、たくさんのバスが行き来していましたよ。

太　郎： たくさんのバスがあるということは、行き先がちがっていたり、バスの種類もいろいろあったりするのでしょうか。バスの種類や台数はどれぐらいあるのでしょう。

花　子： バスのことについて、調べてみましょう。

花子さんと太郎さんは、次の資料（**図1**、**図2**、**表1**）を見つけました。

図1　日本国内の乗合《のりあい》バスの合計台数の移り変わり

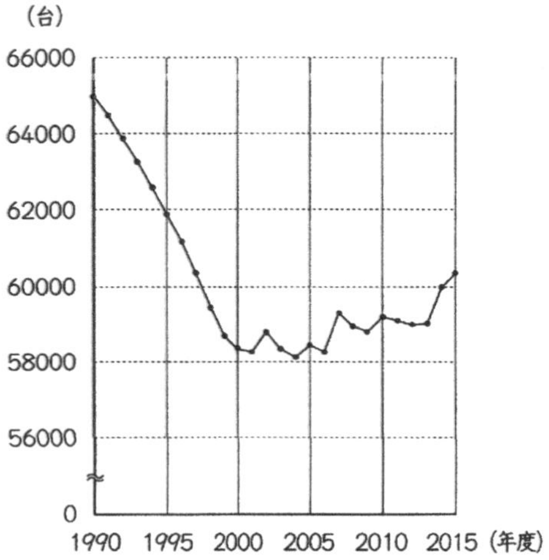

図2　日本国内の乗合バスが１年間に実際に走行したきょりの移り変わり

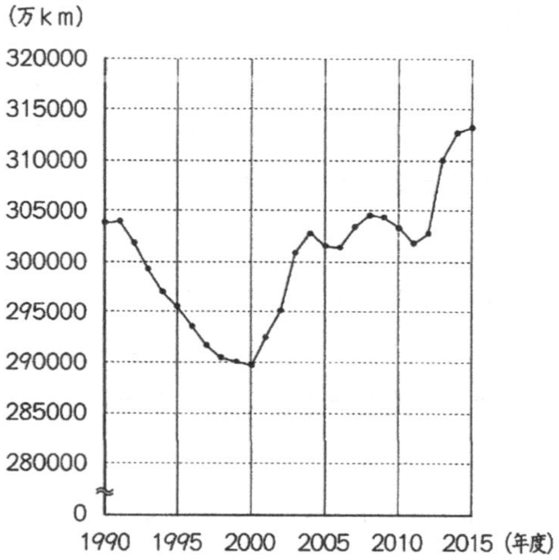

（公益社団法人日本バス協会「２０１８年度版（平成３０年度）日本のバス事業」より作成）

太　郎： 資料に書いてある乗合《のりあい》バスとは、どんなバスのことですか。

先　生： バスの種類は大きく分けて、乗合バスと、貸切《かしきり》バスがあります。決められた経路を時刻表《じこくひょう》に従《したが》って走るバスは、乗客の一人一人が料金をはらいます。このようなバスを乗合バスといいます。６年生の校外学習などでは、学校でいらいをしたバスで見学コースをまわってもらいましたね。このようなバスを貸切バスといいます。

表1　乗合《のりあい》バスに関する主な出来事

	主な出来事
１９９５ （平成７）年度	●　東京都武蔵野市《むさしのし》で、地域《ちいき》の人たちの多様な願いにこまやかに応えるため、新しいバスサービス「コミュニティバス」の運行を開始した。
１９９６ （平成８）年度	●　都営バスなどがノンステップバスの導入を開始した。
１９９７ （平成９）年度	●　国がオムニバスタウン事業を開始した。（オムニバスタウン事業とは、全国から１４都市を指定し、バス交通を活用して、安全で豊かな暮《く》らしやすいまちづくりを国が支えんする制度のこと。）
２００１ （平成１３）年度	●　バスの営業を新たに開始したり、新たな路線を開設したりしやすくするなど、国の制度が改められた。また、利用そく進等のため、割引運賃《わりびきうんちん》の導入などのサービス改善《かいぜん》がはかられた。
２００６ （平成１８）年度	●　貸切《かしきり》バスで運行していた市町村のバスのサービスを、乗合《のりあい》バスでの運行と認《みと》めることや、コミュニティバスでは地域の意見を取り入れて運賃の設定ができるようにすることなど、国の制度が改められた。
２０１２ （平成２４）年度	●　都営バスの全車両がノンステップバスとなった。

（「国土交通白書」や「都営バスホームページ」などより作成）

花　子：コミュニティバスは小型のバスで、私《わたし》たちの地域《ちいき》でも走っていますね。

先　生：１９９５（平成７）年度以降《いこう》、コミュニティバスを導入する地域が増えて、２０１６（平成２８）年度には、全国の約８０％の市町村で、コミュニティバスが運行されているという報告もあります。小型のコミュニティバスは、せまい道路を走ることができるという長所があります。

太　郎：ノンステップバスとは、出入口に段差《だんさ》がないバスのことですね。

先　生：**図１**や**図２**の資料からどんなことが分かりますか。

花　子：１９９０年度から２０００年度までは、どちらの資料も減少を示していますね。

太　郎：２００１年度以降の変化も考えてみましょう。

〔問題１〕　１９９０年度から２０００年度までにかけて減少していた乗合バスの合計台数や１年間に実際に走行したきょりと比べて、２００１年度から２０１５年度にかけてどのような移り変わりの様子がみられるか、**図１**と**図２**のどちらかを選び、その図から分かる移り変わりの様子について、**表１**と関連付けて、あなたの考えを書きなさい。

太　郎：先日、祖父が最近のバスは乗りやすくなったと言っていたのだけれども、最近のバスは何か変化があるのでしょうか。

先　生：２０１２（平成２４）年度に都営バスの全車両がノンステップバスになったように、日本全国でもノンステップバスの車両が増えてきています。

花　子：私が昨日乗ったのもノンステップバスでした。

太　郎：**図3**の資料を見ると、車内に手すりがたくさんあるようですね。

先　生：ノンステップバスが増えてきた理由について、**表2**の資料をもとに考えてみましょう。

図3　乗合バスの様子

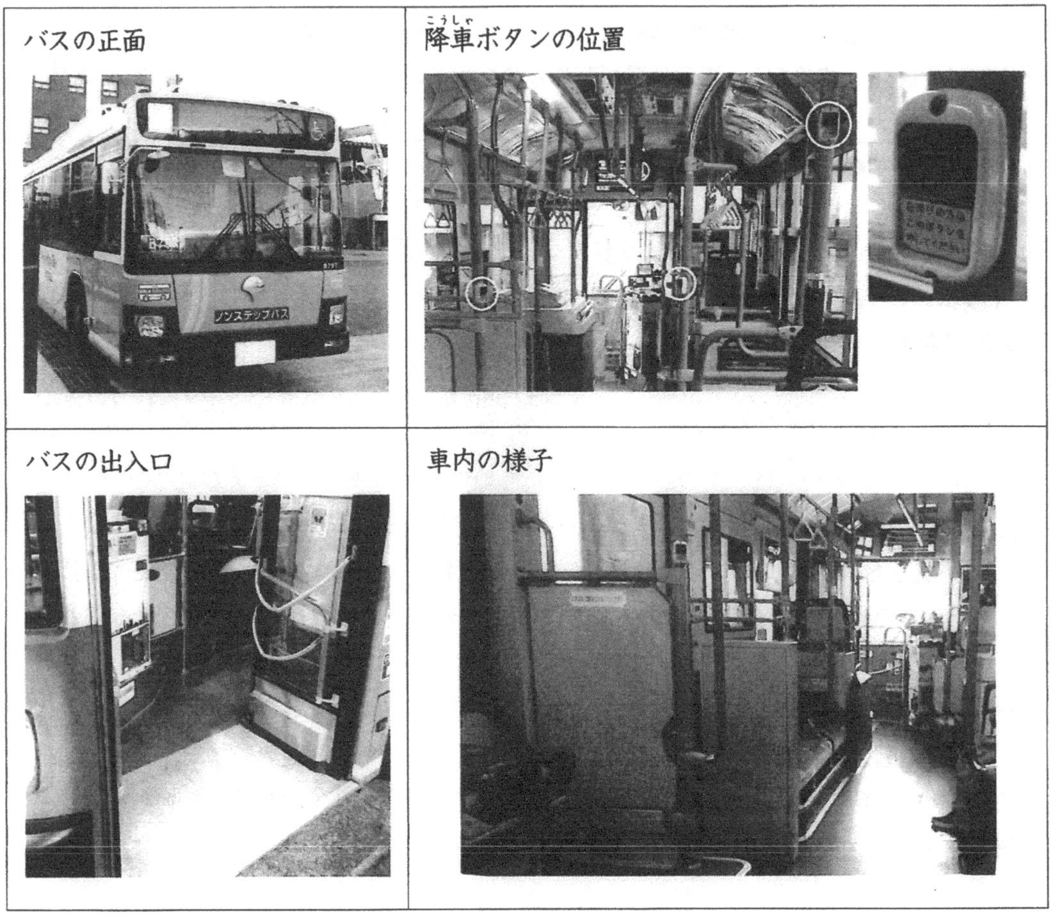

適性検査Ⅲ

注　意

1　問題は 1 から 2 までで、**6ページ**にわたって印刷してあります。

2　検査時間は**３０分**で、終わりは**正午**です。

3　声を出して読んではいけません。

4　計算が必要なときは、この問題用紙の余白を利用しなさい。

5　答えは全て解答用紙に明確に記入し、**解答用紙だけを提出しなさい。**

6　答えを直すときは、きれいに消してから、新しい答えを書きなさい。

7　**受検番号**を解答用紙の決められたらんに記入しなさい。

東京都立両国高等学校附属中学校

1 **りょう**さんは商店街の本屋で、宇宙《うちゅう》について特集した雑誌《ざっし》を買いました。その雑誌を**みさき**さんといっしょに読んでいます。

りょう：いつの日か、火星などに宇宙旅行ができる日が来るかもしれないね。

みさき：地球も火星も太陽の周りを回っていると書かれているね。

りょう：地球と火星とでは、太陽からのきょりや太陽の周りを１周するのにかかる時間がそれぞれ異《こと》なるから、地球と火星のきょりは時間とともに変化して、長くなったり短くなったりするそうだよ。

みさき：地球と火星のきょりは約３億９０００万ｋｍのときもあれば、約５７００万ｋｍのときもあると書かれているね。

りょう：となりのページには、光にも速さがあることが書いてあるよ。光はとても速くて、５７００万ｋｍ進むのにかかる時間が１９０秒だそうだよ。

みさき：地球と火星のきょりが3億９０００万ｋｍのときと、５７００万ｋｍのときでは、地球を出た光が火星に届《とど》くまでの時間にはどれだけの差があるのかな。

りょう：計算してみようよ。

〔問題1〕 計算してみようよ。とありますが、地球と火星のきょりが3億９０００万ｋｍのときと、５７００万ｋｍのときでは、地球を出た光が火星に届《とど》くまでの時間には何秒の差があるのか式を書いて求めなさい。ただし、光の速さは、５７００万ｋｍ進むのに１９０秒かかる速さであるとします。

りょうさんと**みさき**さんが話しているところに、**はるお**さんと**なつこ**さんがやってきました。

はるお： この前、家族で商店街に買い物に行き、電気屋で４５型のテレビを買ったんだ。

りょう： ４５型のテレビってどれくらいの大きさなのかな。

はるお： テレビの画面が（**図１**）のような長方形だとして、その対角線の長さが４５インチということだよ。

図１　テレビの画面

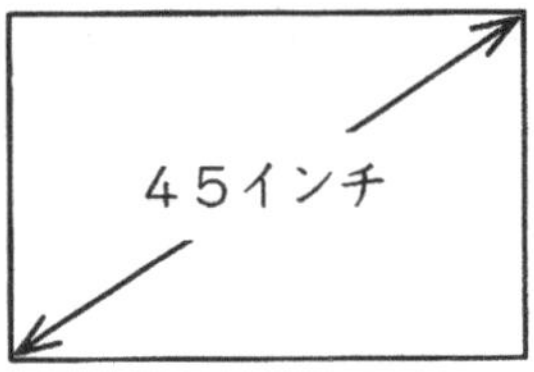

なつこ： アメリカ合衆国《がっしゅうこく》などでは「ヤード」「フィート」「インチ」といった長さを表す単位が使われていて、１ヤード＝９１．４４ｃｍ、１フィート＝３０．４８ｃｍ、１インチ＝２．５４ｃｍなんだよ。

りょう： すると、４５型のテレビの対角線の長さは２．５４×４５＝１１４．３ｃｍだね。

はるお： そう言えば、テレビで放送されるアメリカンフットボールやゴルフの試合では、「ヤード」や「フィート」という単位がよく使われているよ。

みさき： なつこさんの話から、1ヤード＝３６インチで、1フィート＝12インチだと分かるね。

りょう： では、体育の授業でのソフトボール投げの記録（**表１**）を、「ヤード」「フィート」「インチ」という単位を使って表してみようよ。

表１　ソフトボール投げの記録

男子の平均	２６．２８９ｍ
女子の平均	１７．２７２ｍ

〔問題２〕「ヤード」「フィート」「インチ」という単位を使って表してみようよ。とありますが、男子の平均または女子の平均のどちらかを選んで ◯ で囲み、その長さを◎ヤード△フィート◇インチのように表しなさい。ただし、◎、△、◇にそれぞれ整数を入れ、△フィートは1ヤードに満たないように、◇インチは1フィートに満たないようにして答えることとします。

解答用紙　適性検査Ⅰ

1

〔問題1〕

45

50

40　20

10点

※

〔問題2〕

45

ものの見方。

40　20

20点

※

〔問題3〕

00　20

70点

※

※

※100点満点

受　検　番　号

得　　　点
※

※のらんには何も記入しないこと。

解答用紙　適性検査Ⅱ

受検番号

得点
※ ※100点満点

※のらんには、記入しないこと

1

〔問題1〕 8点

①	②	③	④
cm	cm	cm	cm

※

〔問題2〕 10点

〔必要なパネルの台数〕

台

〔説明〕

※

〔問題3〕 12点

〔ア に入る数〕

点

〔イ に入る数〕	〔ウ に入る数〕	〔エ に入る数〕	〔オ に入る数〕

※

問題１）　20点

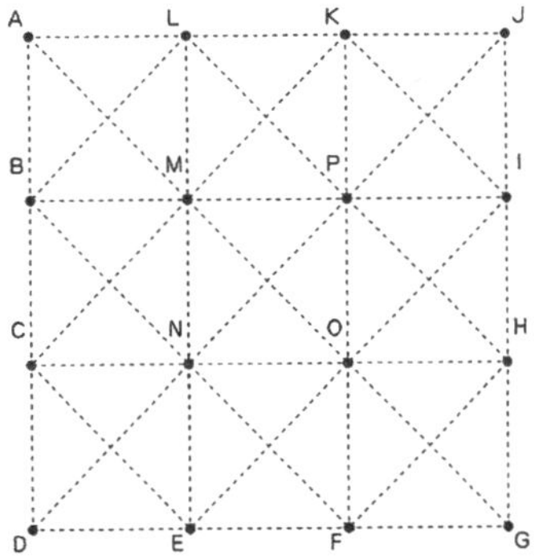

※

問題２）　30点

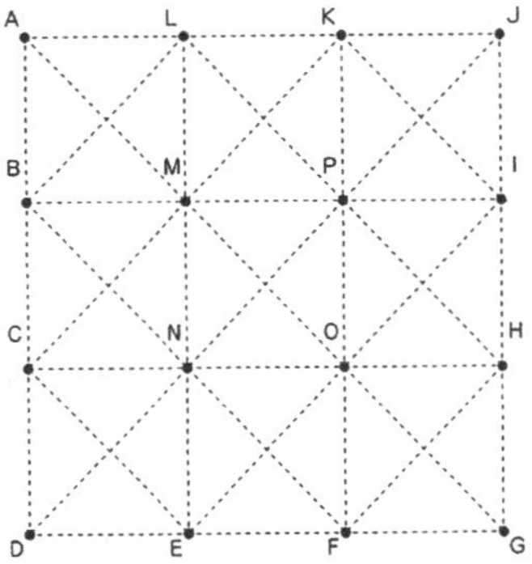

８点となる移動の仕方

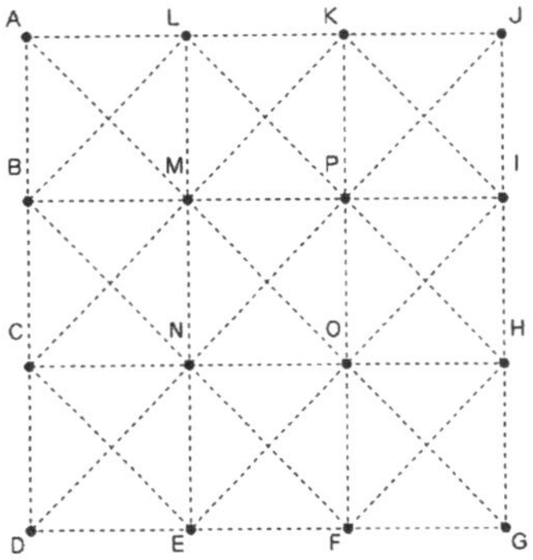

１０点となる移動の仕方

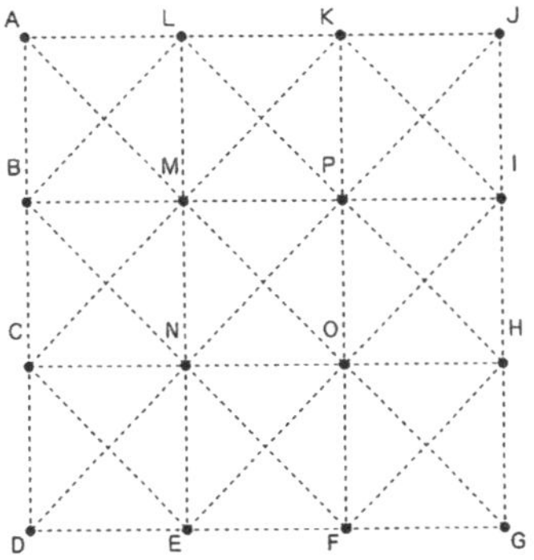

１２点となる移動の仕方

※

※100点満点

受　検　番　号	得　　点
	※

※のらんには、記入しないこと

解答用紙　適性検査Ⅲ

1

〔問題１〕　15点

式	
光が届《とど》くまでの時間の差	秒

※

〔問題２〕　10点

選んだ方を〇で囲む	男子の平均　・　女子の平均
ヤード　フィート　インチ	

※

〔問題３〕　25点

という情報が不足している。

※

2

〔問題１〕14点

〔選んだ図〕

〔あなたの考え〕

※

〔問題２〕10点

〔設計の工夫《くふう》〕（選んだ二つをそれぞれ ◯ で囲みなさい。）

出入口の高さ　　手すりの素材　　ゆかの素材　　降車《こうしゃ》ボタンの位置

車いすスペースの設置　　フリースペースの設置　　固定ベルトの設置

優先席《ゆうせんせき》の配置

〔期待されている役割《やくわり》〕

※

〔問題３〕16点

〔課題〕

〔あなたの考え〕

※

3

〔問題１〕 6点

〔選んだプロペラ〕
〔示す値《あたい》のちがい〕 g

※

〔問題２〕 14点

（１）〔モーター〕 〔プロペラ〕
（２）〔選んだ予想〕 の予想
〔予想が正しくなる場合〕 あります ・ ありません
〔理由〕

※

〔問題３〕 10点

（１）
（２）

※

（２　両国）

440　400　300　200

※

はるお：商店街には電気屋と本屋、それからパン屋、薬局、たい焼き屋、花屋、あとは何屋さんがあったかなあ。

なつこ：美容院、クリーニング屋、コンビニエンスストア、洋服屋、ケーキ屋、それと魚屋だね。

りょう：商店街には二人が言った１２のお店があるね。

みさき：商店街を（**図２**）のように表して、１２のお店がある位置に①から⑫の番号を付けると、②の位置にはコンビニエンスストアがあるよ。

図２

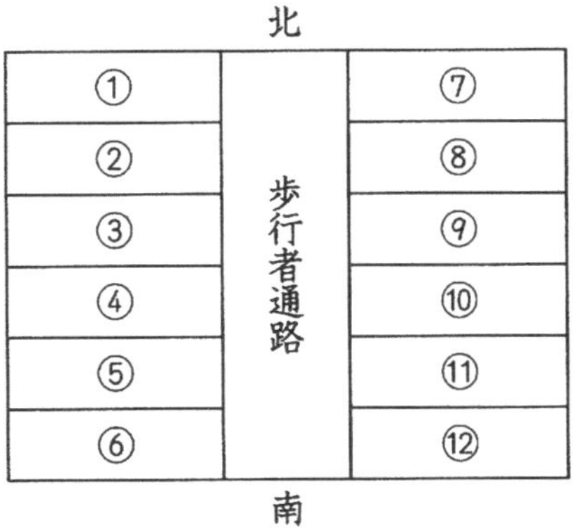

りょう：商店街を北から南に向かって歩くと、美容院の次が電気屋、本屋の次が洋服屋、魚屋の次がケーキ屋というふうに、これらはそれぞれとなりどうしにあるよ。

はるお：電気屋と本屋、パン屋と薬局、たい焼き屋と花屋は、それぞれ歩行者通路をはさんでたがいに向かい側にあるよ。

なつこ：商店街を南から北に向かって歩くと、右側に魚屋があり、さらに北に向かって歩くと、同じ側にパン屋もあるよ。魚屋とパン屋の間には二つのお店があるよ。

りょう：みんなの話をまとめると、この商店街にある１２のお店がどの位置にあるのか、かなり分かってきたね。

みさき：でも、みんなの話だけでは、まだ位置がつかめていないお店もあるよ。

〔問題３〕　まだ位置がつかめていないお店もあるよ。とありますが、この商店街にある１２のお店の位置をすべてつかむためには、どのような情報が不足していると考えられますか。解答らんに合うように答えなさい。ただし、お店の名前とお店の位置の番号を必ず用いることとします。

2 **りょう**さんと**みさき**さんが放課後に教室で話をしています。

りょう： パズルの本を読んでいたら、おもしろそうな問題を見つけたよ。

みさき： どんな問題なの。

りょう：（**図１**）のように、A《エー》、B《ビー》、C《シー》、D《ディー》、E《イー》、F《エフ》、G《ジー》、H《エイチ》、I《アイ》、J《ジェイ》、K《ケー》、L《エル》、M《エム》、N《エヌ》、O《オー》、P《ピー》の１６個の点があるんだ。点Ａを出発点として、ルールに従《したが》って移動していく問題で、ここに移動のルールが書かれているよ。

図１

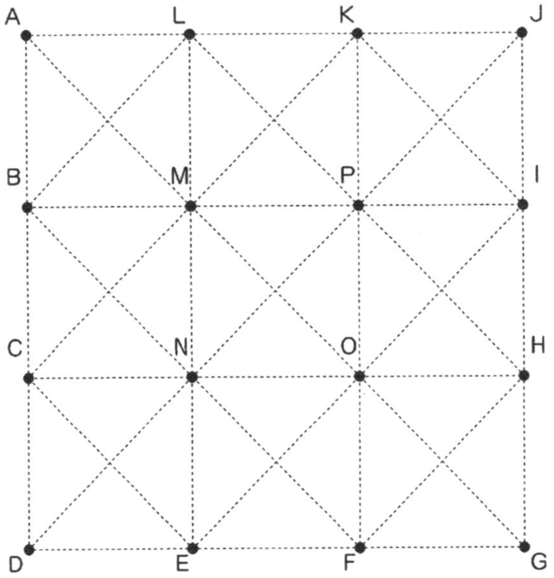

【移動のルール】

ルール１	１回の移動は（**図２**）の①から⑥までの６通りのいずれかとし、移動する前の点と移動した後の点を線で結んでいきます。
ルール２	移動は全部で１６回行うものとし、（**図１**）の点Ａを出発点として、残りの１５個の点をすべて１度ずつ通って、最後は点Ａにもどってくるものとします。
ルール３	１６回の移動のなかで、（**図２**）の⑤と⑥のように、ななめに移動した回数を得点とします。

図２

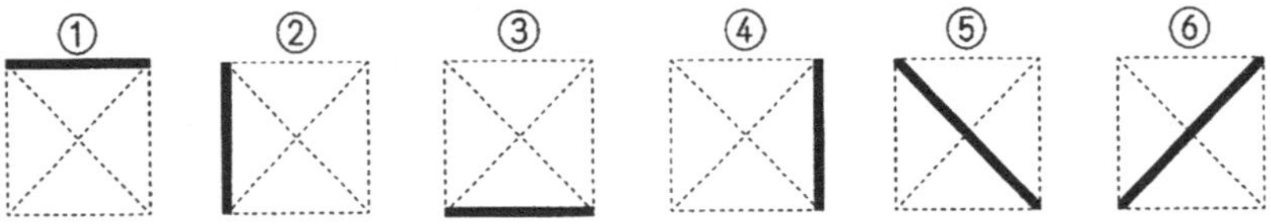

りょう：さっそく（**図3**）のような移動の仕方を見つけたよ。これは、
A→B→C→D→N→M→O→E→F→G→H→P→J→I→K→L→A
と移動したのだけれど、ななめの移動がD→N、M→O、O→E、H→P、P→J、I→Kの計6回あるから得点は6点だね。

みさき：私《わたし》も得点が6点になる（**図4**）のような移動の仕方を見つけたよ。これは、
A→B→C→D→E→O→M→K→J→I→H→G→F→N→P→L→A
と移動したのだけれど、移動した点と点を線で結んでできる形が、線対称《せんたいしょう》な形であり、点対称《てんたいしょう》な形でもあるよ。

図3

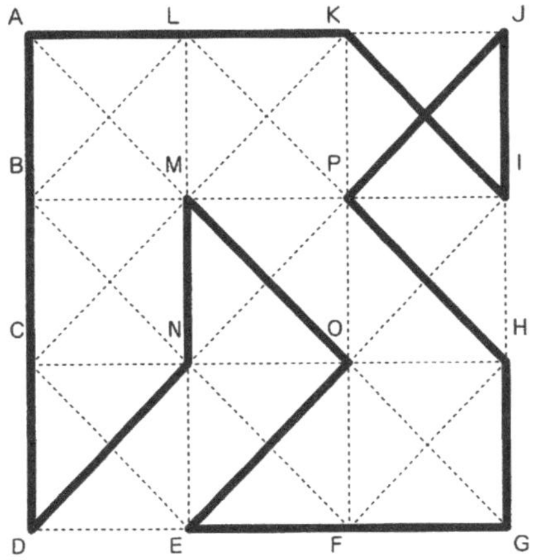

図4

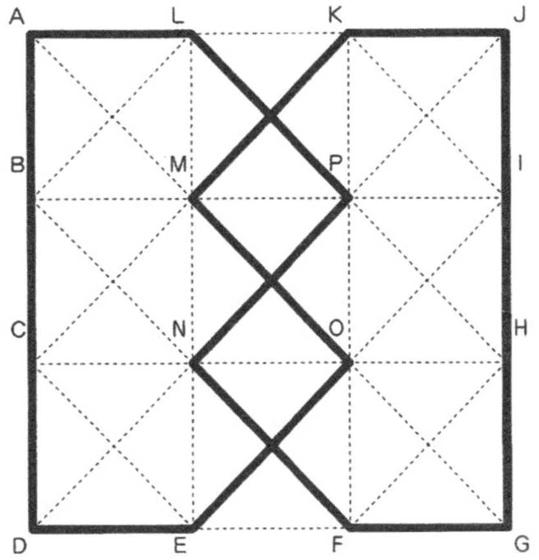

りょう：得点が6点となる移動の仕方のなかで、移動した点と点を線で結んでできる形が、線対称であるが点対称でない形になるものや、点対称であるが線対称でない形になるものもありそうだね。

みさき：いっしょに考えて見つけようよ。

〔問題1〕 いっしょに考えて見つけようよ。とありますが、得点が6点となる移動の仕方のなかで、移動した点と点を線で結んでできる形が、線対称《せんたいしょう》であるが点対称《てんたいしょう》でない形になるものか、点対称であるが線対称でない形になるもののどちらかを解答らんに一つ答えなさい。ただし、定規《じょうぎ》を用いて（**図3**）や（**図4**）のようにはっきりとした線で書きなさい。

みさき： このパズルの最高得点は何点なのかなあ。

りょう： もっといろいろな移動の仕方を調べてみようよ。

しばらくの間、二人はいろいろな移動の仕方と、そのときの得点を調べました。

みさき： 得点が０点のものから１２点のものまで、いろいろな移動の仕方を見つけたけれど、得点はすべて偶数《ぐうすう》になりそうね。

〔問題２〕 得点が０点のものから１２点のものまで、いろいろな移動の仕方を見つけたけれど、得点はすべて偶数《ぐうすう》になりそうね。とありますが、得点が８点、１０点、１２点となる移動の仕方をそれぞれ一つずつ解答らんに合わせて答えなさい。ただし、定規《じょうぎ》を用いて（**図３**）や（**図４**）のようにはっきりとした線で書きなさい。

下書き用（ここは解答らんではありません。答えは解答用紙に記入しなさい。）

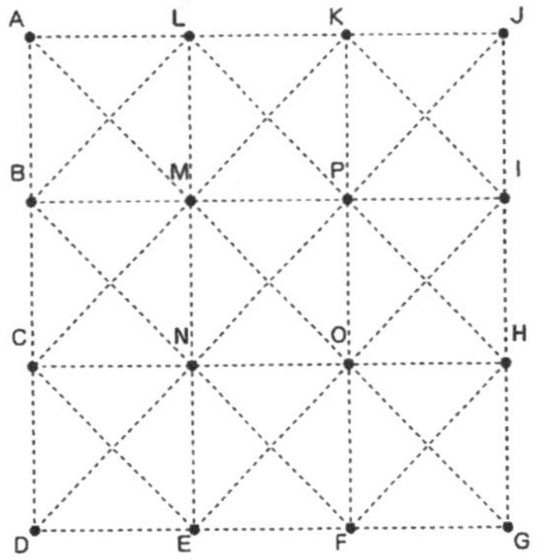

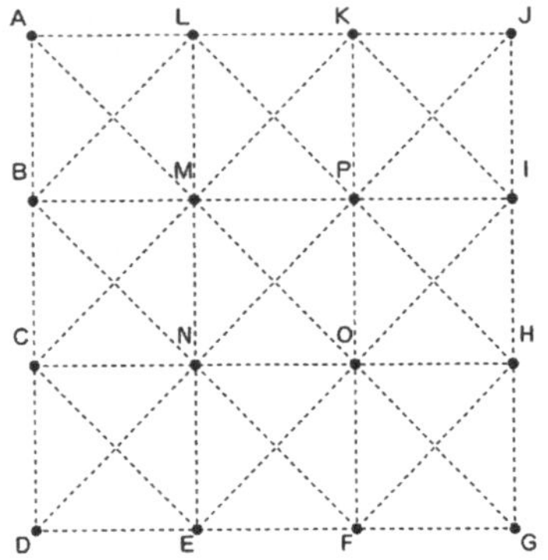

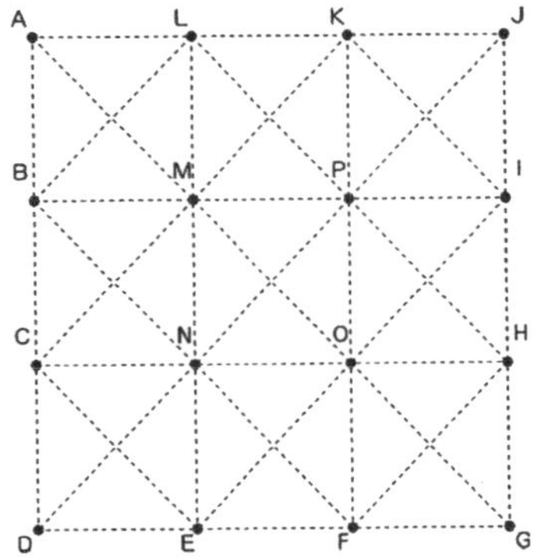

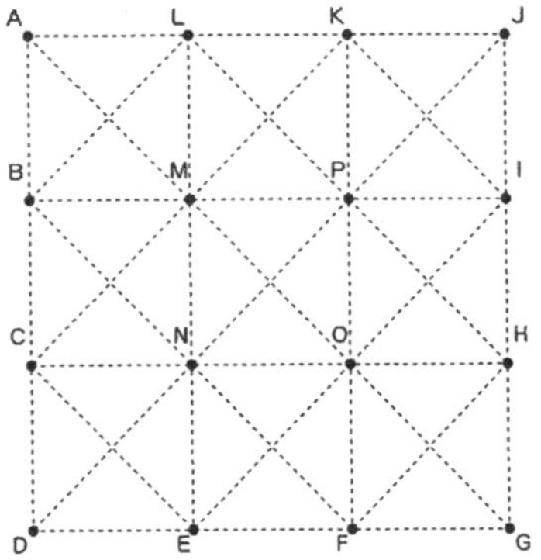

表2　２０１５（平成２７）年度以降《いこう》のノンステップバスの標準的な設計の工夫《くふう》の一部

・出入口の高さ	・車いすスペースの設置
・手すりの素材	・フリースペースの設置
・ゆかの素材	・固定ベルトの設置
・降車《こうしゃ》ボタンの位置	・優先席《ゆうせんせき》の配置

（公益社団法人日本バス協会「２０１８年度版（平成３０年度）日本のバス事業」より作成）

花　子：ノンステップバスは、いろいろな人が利用しやすいように、設計が工夫《くふう》されているようですね。

太　郎：このような工夫にはどのような役割《やくわり》が期待されているのでしょうか。

〔問題２〕　太郎さんが「このような工夫にはどのような役割《やくわり》が期待されているのでしょうか。」と言っています。**表2**から設計の工夫を二つ選び、その二つの工夫に共通する役割として、どのようなことが期待されているか、あなたの考えを書きなさい。

太　郎：バスの車両は、いろいろな人が利用しやすいように、工夫したつくりになっていることが分かりました。バスの車両以外にも、何か工夫があるのでしょうか。

花　子：私は、路面に「バス優先《ゆうせん》」と書かれた道路を見たことがあります。２車線の道路のうち、一方の道路には「バス優先」と書かれていました。

先　生：一般《いっぱん》の自動車も通行できますが、乗合バスが接近してきたときには、「バス優先」と書かれた車線から出て、道をゆずらなければいけないというきまりがあります。バス以外の一般の自動車の運転手の協力が必要ですね。

太　郎：**図４**のような資料がありました。この資料の説明には、「このシステムがある場所では、乗合バスからの信号を受信する通信機が設置されています。この通信機が乗合バスからの信号を感知すると、乗合バスの通過する時刻《じこく》を予測して、バスの進行方向の青信号が点灯している時間を長くしたり、赤信号の点灯している時間を短くしたりするなど、乗合バスが通過しやすくしています。」と書いてあります。この仕組みのことを「公共車両優先システム」というそうです。

図４　公共車両優先《ゆうせん》システム

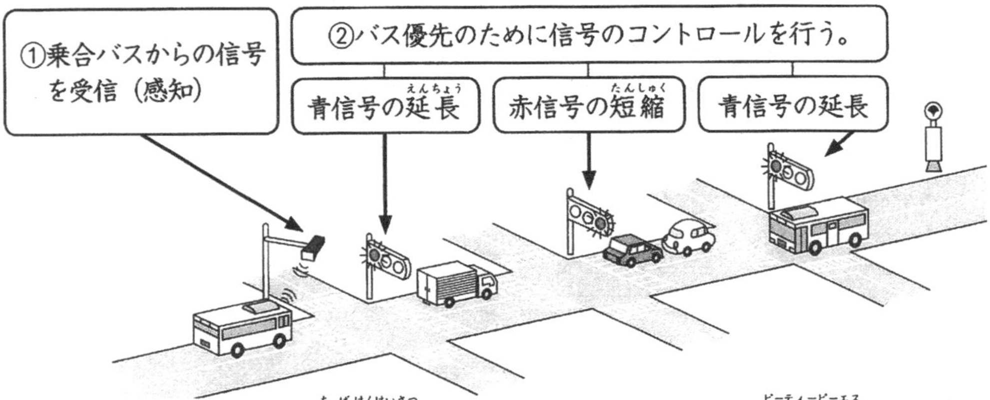

（千葉県警察《ちばけんけいさつ》ホームページ「新交通管理システム・ＰＴＰＳ《ピーティーピーエス》調査報告」より作成）

先　生：「公共車両優先システム」は、乗合バスを常に青信号で通過させるための仕組みではありませんが、バスの信号待ちの時間を短くする効果があります。また、花子さんが見た「バス優先」の車線とあわせて利用されている場所もあるようです。

花　子：この仕組みがある場所では、バスが通過するときと、通過しないときとでは、青信号や赤信号の点灯時間が変わるというのはおもしろいですね。この仕組みがある場所では、実際にどのような変化がみられたのでしょうか。

先　生：ここに、**図５**、**図６**、**図７**の三つの資料があります。

図５　公共車両優先システムが導入された区間

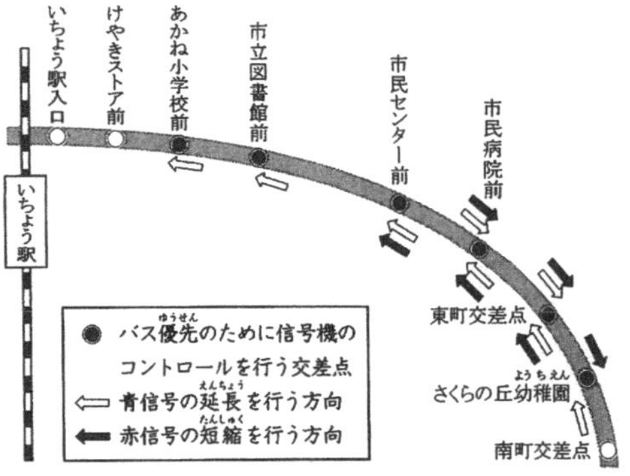

（千葉県警察ホームページ「新交通管理システム・ＰＴＰＳ調査報告」より作成）

図6　調査した区間のバスの平均運行時間

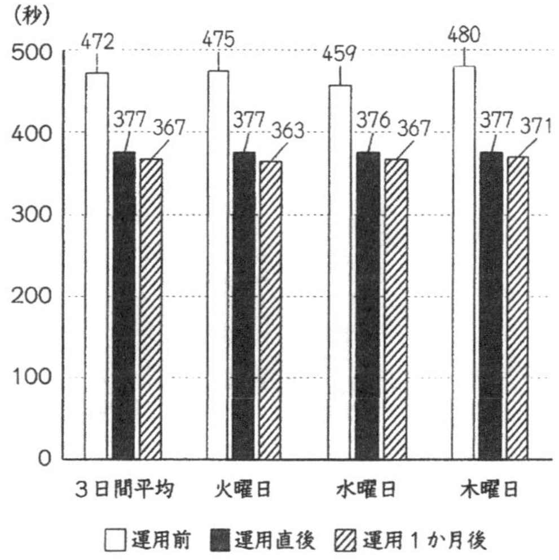

図7　時刻表《じこくひょう》に対するバスの運行状きょう
（７分間の所要時間の経路を８分以内で運行した割合《わりあい》）

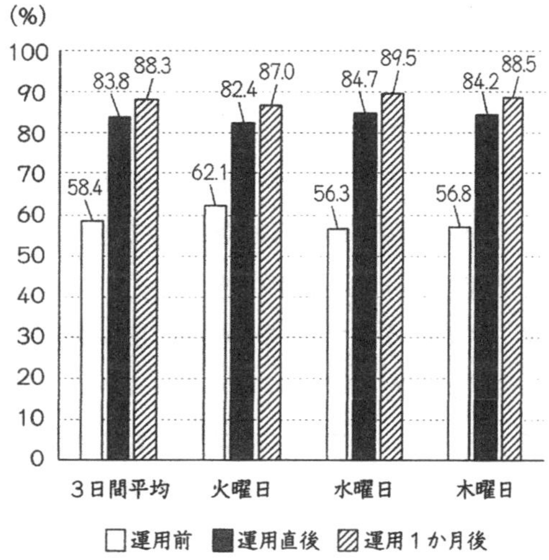

（千葉県警察ホームページ「新交通管理システム・ＰＴＰＳ調査報告」より作成）

太　郎：**図6**で、「公共車両優先システム」の運用前と運用後を比べると、調査した区間をバスで移動するときに、かかる時間が短縮《たんしゅく》されたようですね。

花　子：バスの時刻表に対しても、ほぼ時間どおりに運行しているようです。

太　郎：時間どおりにバスが運行してくれると便利だから、この仕組みをまだ導入していない地域があったら、導入していけばよいですね。

花　子：先生の話や、**図4**～**図7**の資料からは、「バス優先」の車線や「公共車両優先システム」がこのままでよいとはいえないと思います。

〔問題３〕　花子さんは、「先生の話や、**図4**～**図7**の資料からは、「バス優先」の車線や「公共車両優先システム」がこのままでよいとはいえないと思います。」と言っています。あなたは、「バス優先」の車線や「公共車両優先システム」にどのような課題があると考えますか。また、その課題をどのように解決すればよいか、あなたの考えを書きなさい。

3　**花子**さん、**太郎《たろう》**さん、**先生**が車の模型《もけい》について話をしています。

花　子：モーターで走る車の模型を作りたいな。

太　郎：プロペラを使って車の模型を作ることができますか。

先　生：プロペラとモーターとかん電池を組み合わせて、**図1**のように風を起こして走る車の模型を作ることができます。

花　子：どのようなプロペラがよく風を起こしているのかな。

太　郎：それについて調べる実験はありますか。

先　生：電子てんびんを使って、**実験1**で調べることができます。

花　子：**実験1**は、どのようなものですか。

先　生：まず、**図2**のように台に固定したモーターを用意します。それを電子てんびんではかります。

太　郎：はかったら、５４．１gになりました。

先　生：次に、**図3**のようにスイッチがついたかん電池ボックスにかん電池を入れます。それを電子てんびんではかります。

花　子：これは、４８．６gでした。

先　生：さらに、プロペラを**図2**の台に固定したモーターにつけ、そのモーターに**図3**のボックスに入ったかん電池をつなげます。それらを電子てんびんではかります。その後、電子てんびんにのせたままの状態でスイッチを入れると、プロペラが回り、電子てんびんの示す値《あたい》が変わります。ちがいが大きいほど、風を多く起こしているといえます。

太　郎：**表1**の**A**～**D**の４種類のプロペラを使って、**実験1**をやってみましょう。

図1　風を起こして走る車の模型《もけい》

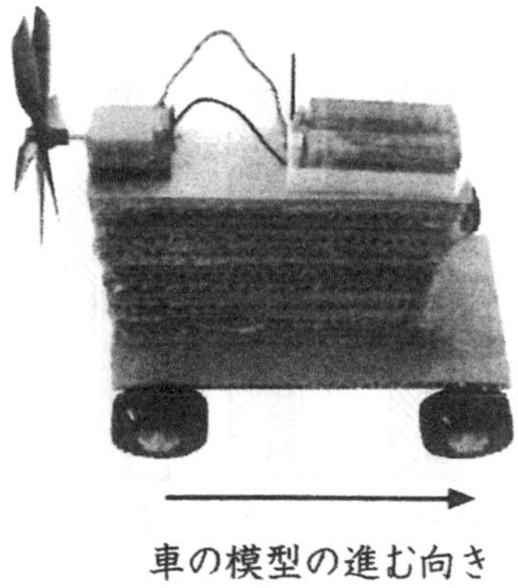

図2　台に固定したモーター

図3　ボックスに入ったかん電池

表1　４種類のプロペラ

	A	B	C	D
プロペラ				
中心から羽根のはしまでの長さ（ｃｍ）	５．４	４．９	４．２	２．９
重さ（ｇ）	７．５	２．７	３．３	４．２

スイッチを入れてプロペラが回っていたときの電子てんびんの示す値は、**表２**のようになりました。

表２　プロペラが回っていたときの電子てんびんの示す値《あたい》

プロペラ	A	B	C	D
電子てんびんの示す値《あたい》（ｇ）	１２３．５	１２３．２	１２０．９	１１１．８

〔問題１〕　**表１**の**A**～**D**のプロペラのうちから一つ選び、そのプロペラが止まっていたときに比べて、回っていたときの電子てんびんの示す値《あたい》は何ｇちがうか求めなさい。

花　子：**図1**の車の模型から、モーターの種類やプロペラの種類の組み合わせをかえて、**図4**のような車の模型を作ると、速さはどうなるのかな。

太　郎：どのようなプロペラを使っても、①モーターが軽くなればなるほど、速く走ると思うよ。

花　子：どのようなモーターを使っても、②プロペラの中心から羽根のはしまでの長さが長くなればなるほど、速く走ると思うよ。

図4　車の模型

太　郎：どのように調べたらよいですか。

先　生：**表3**の**ア**～**エ**の４種類のモーターと、**表4**の**E**～**H**の４種類のプロペラを用意して、次のような**実験2**を行います。まず、モーターとプロペラを一つずつ選び、**図4**のような車の模型を作ります。そして、それを体育館で走らせ、走り始めてから、５m地点と１０m地点の間を走りぬけるのにかかる時間をストップウォッチではかります。

表3　４種類のモーター

	ア	イ	ウ	エ
モーター				
重さ（g）	１８	２１	３０	４４

表4　４種類のプロペラ

	E	F	G	H
プロペラ				
中心から羽根のはしまでの長さ（cm）	４.０	５.３	５.８	９.０

花　子：モーターとプロペラの組み合わせをいろいろかえて、**実験２**をやってみましょう。

実験２で走りぬけるのにかかった時間は、**表５**のようになりました。

表５　５ｍ地点から１０ｍ地点まで走りぬけるのにかかった時間（秒）

		モーター			
		ア	**イ**	**ウ**	**エ**
プロペラ	**E**	3.8	3.1	3.6	7.5
	F	3.3	2.9	3.2	5.2
	G	3.8	3.1	3.1	3.9
	H	4.8	4.0	2.8	4.8

〔問題２〕（１）**表５**において、車の模型が最も速かったときのモーターとプロペラの組み合わせを書きなさい。

（２）**表５**から、①の予想か②の予想が正しくなる場合があるかどうかを考えます。

太郎さんは、「①モーターが軽くなればなるほど、速く走ると思うよ。」と予想しました。①の予想が正しくなるプロペラは**E～H**の中にありますか。

花子さんは、「②プロペラの中心から羽根のはしまでの長さが長くなればなるほど、速く走ると思うよ。」と予想しました。②の予想が正しくなるモーターは**ア～エ**の中にありますか。

①の予想と②の予想のどちらかを選んで解答らんに書き、その予想が正しくなる場合があるかどうか、解答らんの「あります」か「ありません」のどちらかを丸で囲みなさい。また、そのように判断した理由を説明しなさい。

太　郎：モーターとプロペラを使わずに、ほを立てた車に風を当てると、動くよね。

花　子：風を車のななめ前から当てたときでも、車が前に動くことはないのかな。調べる方法は何かありますか。

先　生：**図5**のようにレールと車輪を使い、長方形の車の土台を動きやすくします。そして、**図6**のように、ほとして使う三角柱を用意します。次に、車の土台の上に**図6**の三角柱を立てて、**図7**のようにドライヤーの冷風を当てると、車の動きを調べることができます。

太　郎：車の動きを調べてみましょう。

二人は先生のアドバイスを受けながら、次のような1～4の手順で**実験3**をしました。

1　工作用紙で**図6**の三角柱を作る。その三角柱の側面が車の土台と垂直《すいちょく》になるように底面を固定し、車を作る。そして、車をレールにのせる。

2　**図8**のように、三角柱の底面の最も長い辺のある方を車の後ろとする。また、真上から見て、車の土台の長い辺に対してドライヤーの風を当てる角度を㋐とする。さらに、車の土台の短い辺と、三角柱の底面の最も長い辺との間の角度を㋑とする。

3　㋐が２０°になるようにドライヤーを固定し、㋑を１０°から７０°まで１０°ずつ変え、三角柱に風を当てたときの車の動きを調べる。

4　㋐を３０°から８０°まで１０°ごとに固定し、㋑を手順3のように変えて車の動きを調べる。

実験3の結果を、車が前に動いたときには○、後ろに動いたときには×、３秒間風を当てても動かなかったときには△という記号を用いてまとめると、**表6**のようになりました。

図5　レールと車輪と車の土台

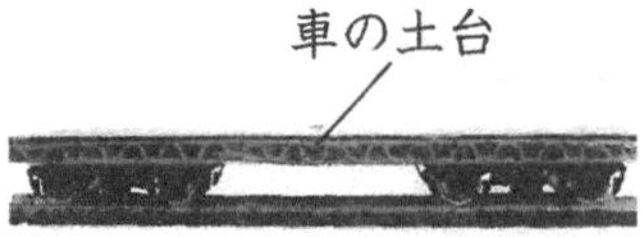

図6　ほとして使う三角柱

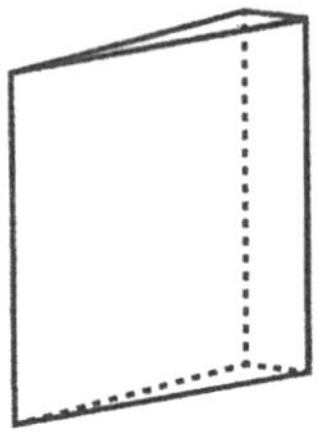

図7　車とドライヤー

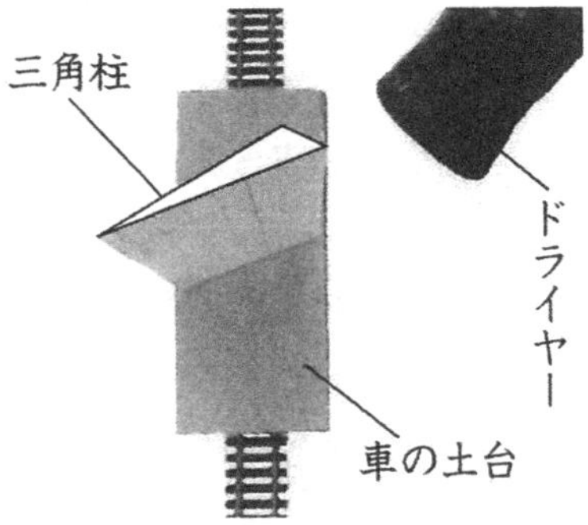

図8　**実験3**を真上から表した図

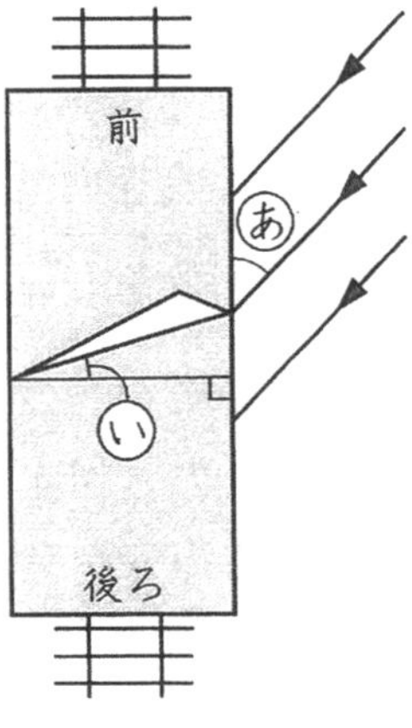

表6　実験3の結果

		(い)						
		10°	20°	30°	40°	50°	60°	70°
(あ)	20°	×	×	×	×	×	×	×
	30°	×	×	×	×	×	×	×
	40°	×	×	×	×	△	△	△
	50°	×	×	×	△	○	○	○
	60°	×	×	△	○	○	○	○
	70°	×	△	○	○	○	○	○
	80°	△	○	○	○	○	○	○

花　子：風をななめ前から当てたときでも、車が前に動く場合があったね。

太　郎：車が前に動く条件は、どのようなことに注目したら分かりますか。

先　生：(あ)と(い)の和に注目するとよいです。

花　子：**表7**の空らんに、○か×か△のいずれかの記号を入れてまとめてみよう。

表7　車の動き

		(あ)と(い)の和					
		60°	70°	80°	90°	100°	110°
(あ)	20°						
	30°						
	40°						
	50°						
	60°		★				
	70°						
	80°						

〔問題3〕（1）　**表7**の★に当てはまる記号を○か×か△の中から一つ選び、書きなさい。

（2）　**実験3**の結果から、風をななめ前から当てたときに車が前に動く条件を、あなたが作成した**表7**をふまえて説明しなさい。

適性検査Ⅰ

注意

1 問題は **1** のみで、**8ページ**にわたって印刷してあります。

2 検査時間は**四十五分**で、終わりは**午前九時四十五分**です。

3 声を出して読んではいけません。

4 答えは全て解答用紙に明確に記入し、**解答用紙だけを提出しなさい。**

5 答えを直すときは、きれいに消してから、新しい答えを書きなさい。

6 **受検番号**を解答用紙の決められたらんに記入しなさい。

☆

東京都立両国高等学校附属中学校

㉛

問題は次のページからです。

1 次の **文章1** は、絵本作家のかこさとしさんと、聞き手である林《はやし》 公代《きみよ》さんとの対話です。(――は林さんの発言を表します。)これと、あとに続く **文章2** を読んで、あとの問題に答えなさい。(*印の付いている言葉には、本文のあとに〔注〕があります。)

文章1

お詫び

著作権上の都合により、文章は掲載しておりません。
ご不便をおかけし、誠に申し訳ございません。

お詫び

著作権上の都合により、文章は掲載しておりません。
ご不便をおかけし、誠に申し訳ございません。

お詫び

著作権上の都合により、文章は掲載しておりません。
ご不便をおかけし、誠に申し訳ございません。

お詫び

著作権上の都合により、文章は掲載しておりません。
ご不便をおかけし、誠に申し訳ございません。

（かこさとし［談］・林公代［聞き手］「科学の本の作り方」による）

〈注〉

拝読《はいどく》した――読ませていただいた。

動的に――変化するものとして。

論文《ろんぶん》――意見や研究の結果を、筋道《すじみち》を立ててのべた文章。

プレートテクトニクス論《ろん》――地球のつくりに関する理論《りろん》。

妥当《だとう》――実情によく当てはまっていること。

学会――学問研究のための学者の団体やその会合。

仰《おお》せつかって――命じられて。

ことに――中でも。特に。

技術のことをかじった端《はし》くれ――技術のことを少しでも学んだ者。

原理原則――基本的な決まり。

匹敵《ひってき》する――同じ程度の。

羅列《られつ》したり――ならべたり。

真っ当な――まともな。

喚起《かんき》すれば――よび起こせば。

ちゃちな――いいかげんで内容がない。

エンジン――原動力。

琴線《きんせん》に触《ふ》れる――心の奥底《おくそこ》を刺激《しげき》し感動させる。

文章2

　とかく科学の本というと、肩《かた》がこる、知識が覚えられる、学校の成績に少しでも役立つ——というような意識が先にたちがちですが、私《わたくし》の場合、(1)おもしろくて、(2)総合的で、(3)発展的《はってんてき》な内容を、これからの科学の本の軸《じく》にしたいと心がけています。

　おもしろいというのは、一冊《さつ》の本をよみ通し、よく理解してゆく原動力になるだけでなく、もっとよく調べたり、もっと違《ちが》うものをよんだりするというように、積極的な行動にかりたてるもっとも大事なエネルギーとなるものです。よい本だけれど一頁《ページ》よんだらねむくなったとかいうのでは*残念なきわみなので、私は内容がよければよいほど、おもしろさというものが必要だと考えています。しかし、おもしろさと一口にいっても、子どもだからとて、いや子どもだからこそ、いつも下品でゲラゲラ*くすぐりだけをよろこぶわけではありません。必ずしだいに内容の深い次元の高いものに興味を発展《はってん》させ*昇華《しょうか》してゆくものと、私は考えています。

　二番目の総合性に関連していえば、個々の分野ではすばらしく深い*精緻《せいち》な本が多いのですが、それらは分化し細分化されたまま、その本質や全体像が明示されていない*うらみがありました。日本の科学技術の*泣き所の一つに、やはり総合力のなさや*学界の*断層《だんそう》の問題が多くの方から指摘《してき》されています。したがって、こまかな個々の分野は他の方におまかせして、私はあまり他の方がおやりにならない総合性をめざしてみたいと考えているものです。

　第三の発展性《はってんせい》については、今日の科学技術の*様相を、ただ現状だけとか、いまいえる限りといったように*静的に提示するだけでは十分でありません。なぜそのようになってきたかという姿勢《しせい》の延長《えんちょう》としての未来、どう臨《のぞ》むのが好ましいのかという態度、そうした科学観や社会への視点《してん》、未来への*洞察《どうさつ》といった点が、これからの科学の本、しかも、㋑これからの将来《しょうらい》に生きる子どもたちのための本としては不可欠であると私は考えています。そのことは、好むと好まざるとにかかわらず、作者に態度を明確にすることを迫《せま》るでしょう。

（かこさとし『地球』解説　福音館書店　による）

〔注〕
残念なきわみ——非常に残念。
くすぐり——笑わせようとすること。
昇華《しょうか》してゆく——高めてゆく。
精緻《せいち》な——くわしくて細かい。
うらみ——残念な点。
泣き所——弱点。
学界——学問の世界。
断層《だんそう》——意見などの食いちがい。
様相——ありさま。
静的に——変化のない、あるいは少ないものとして。
洞察《どうさつ》——見通し。

このページには問題は印刷されていません。

〈問題1〉 ㋐*真っ当な面白《おもしろ》さにぶつかる とありますが、「真っ当な面白さにぶつかる」と、子どもはどうなるとかこさんは考えているでしょうか。**文章2** の中から探《さが》し、解答らんに合うように二十四字以上三十五字以内で答えなさい。（、や。も字数に数えます。）

〈問題2〉 ㋑これからの将来《しょうらい》に生きる子どもたちのための本 とありますが、そのためにかこさんはどのような態度で本を書いているのでしょうか。**文章1** のかこさんの発言の中から探《さが》し、解答らんに合うように二十四字以上三十五字以内で答えなさい。（、や。も字数に数えます。）

〈問題3〉 下に示すのは、**文章1** と **文章2** を読んだ後の、**ひかる**さんとある**友だち**とのやりとりです。このやりとりのあと、**ひかる**さんが示したと思われる考えを、四百字以上四百四十字以内で書きなさい。ただし、下の条件と次ページの〈**きまり**〉にしたがうこと。

ひかる——**文章1** と **文章2** を読んで、科学の本を読んでみたくなりました。

友だち——たしかに、かこさんが、むずかしそうな専門《せんもん》知識《ちしき》まで調べた上で本を作っていることはよくわかりました。でも、それだと、私《わたし》たち子ども向けの本としてはつまらない本になってしまうと思います。

ひかる——それは誤解《ごかい》のような気がします。それに、私はかこさんの考えを知って、本を読むときに心がけたいこともできました。

友だち——そうですか。**ひかる**さんの考えをくわしく教えてください。

条件　次の三段落構成《さんだんらくこうせい》にまとめて書くこと

① 第一段落では、**友だち**の発言の中で誤解《ごかい》をしていると思う点を指摘《してき》する。

② 第二段落では、①で示した点について、**文章1** と **文章2** にもとづいて説明する。

③ 第三段落には、①と②とをふまえ、**ひかる**さんがこれから本を読むときに心がけようと思っている点を書く。

〈きまり〉

○題名は書きません。

○最初の行から書き始めます。

○各段落《だんらく》の最初の字は一字下げて書きます。

○行をかえるのは、段落《だんらく》をかえるときだけとします。

○、や。や」などもそれぞれ字数に数えます。これらの記号が行の先頭に来るときには、前の行の最後の字と同じますめに書きます。（ますめの下に書いてもかまいません。）

○。と」が続く場合には、同じますめに書いてもかまいません。
この場合、。」で一字と数えます。

○段落をかえたときの残りのますめは、字数として数えます。

○最後の段落の残りのますめは、字数として数えません。

適性検査Ⅱ

注　　意

1　問題は**1**から**3**までで、１８ページにわたって印刷してあります。

2　検査時間は**４５分**で、終わりは**午前１１時００分**です。

3　声を出して読んではいけません。

4　計算が必要なときは、この問題用紙の余白を利用しなさい。

5　答えは全て解答用紙に明確に記入し、**解答用紙だけを提出しなさい。**

6　答えを直すときは、きれいに消してから、新しい答えを書きなさい。

7　**受検番号**を解答用紙の決められたらんに記入しなさい。

東京都立両国高等学校附属中学校

問題を解くときに、問題用紙や解答用紙、ティッシュペーパーなどを実際に折ったり切ったりしてはいけません。

1　**先生**、**太郎《たろう》**さん、**花子**さんが、学校生活最後のお楽しみ会の準備をしています。

先　生：お楽しみ会では、クラスのみなさんでできる遊びを行いましょう。遊び方をしおりにまとめて、クラスのみなさんに配ろうと思います。１枚《まい》の紙の片面《かためん》から左とじのしおり（**図１**）を作りましょう。

太　郎：１枚の紙の片面からしおりを作ることができるのですか。

花　子：しおりの作り方（**図２**）によると、１枚の紙を ----- で折り、▬▬▬ を切って、折りたたむと、しおりを作ることができるみたいよ。

図１　左とじのしおり

図２　しおりの作り方

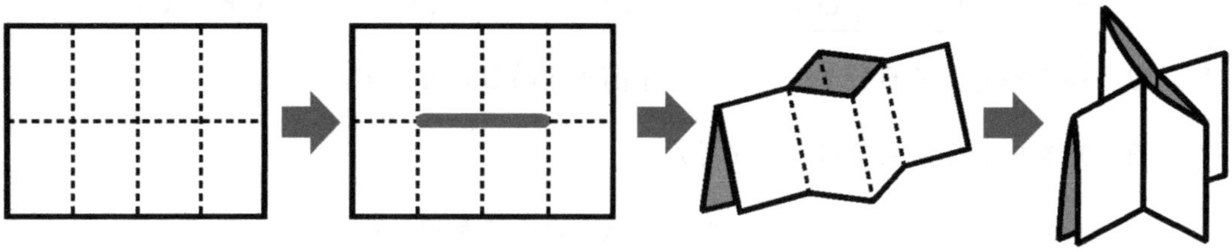

先　生：お楽しみ会では二つの遊びを行います。しおりができたら、表紙を１ページとして、最初の遊びの説明を２ページから４ページに、次の遊びの説明を５ページから７ページにのせましょう。８ページは裏表紙《うらびょうし》になります。

太　郎：折りたたみ方によって、しおりの表紙がくる位置や５ページがくる位置が変わってくるね。

花　子：それに、文字の上下の向きも変わってくるね。しおりにしたときにすべてのページの文字の向きがそろうように書かないといけないね。

先　生：そうですね。では、１枚の紙を折りたたみ、しおりにする前の状態（**図３**）で、しおりの表紙や５ページがどの位置にくるのか、またそれぞれ上下どの向きで文字を書けばよいのかを下書き用の用紙に書いて確かめておきましょう。

〔問題1〕　1枚の紙を折りたたみ、左とじのしおり（**図1**）を作るとき、しおりの表紙と5ページは、しおりにする前の状態（**図3**）ではどの位置にくるのでしょうか。また、それぞれ上下どちらの向きで文字を書けばよいですか。

解答用紙の図の中に、表紙の位置には「表」という文字を、5ページの位置には「五」という文字を**図4**のように文字の上下の向きも考え、書き入れなさい。

図3　しおりにする前の状態

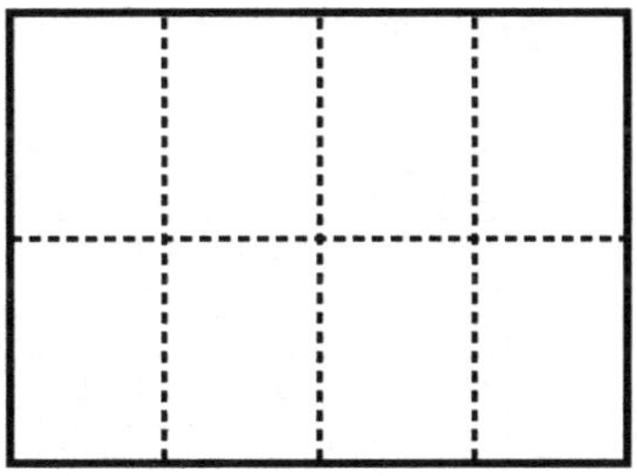

図4　文字の書き方

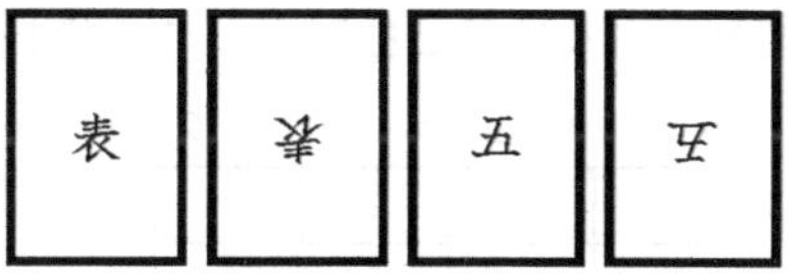

先　生：しおりの２ページから４ページには、「白と黒の２色でぬられた模様《もよう》を漢字や数字で相手に伝える遊び方」の説明をのせます。

花　子：どのような遊びですか。

先　生：例えば、伝える人は模様（**図５**）を漢字で表現（**図６**）します。答える人は、伝えられた表現から模様を当てるという遊びです。横の並《なら》びを「行」といい、縦《たて》の並びを「列」といいます。

図５　白と黒の２色でぬられた模様《もよう》

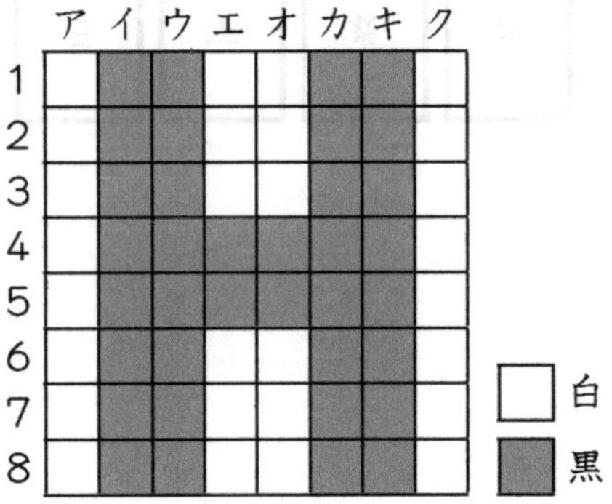

図６　漢字で表現した模様

	ア	イ	ウ	エ	オ	カ	キ	ク
1	白	黒	黒	白	白	黒	黒	白
2	白	黒	黒	白	白	黒	黒	白
3	白	黒	黒	白	白	黒	黒	白
4	白	黒	黒	黒	黒	黒	黒	白
5	白	黒	黒	黒	黒	黒	黒	白
6	白	黒	黒	白	白	黒	黒	白
7	白	黒	黒	白	白	黒	黒	白
8	白	黒	黒	白	白	黒	黒	白

太　郎：全部で６４個の漢字を使って模様を表現していますね。６４個も答える人に伝えるのは大変ではないでしょうか。

先　生：そうですね。ではここで、数字も取り入れて、１行ずつ考えていくと（約束１）、より少ない漢字と数字の個数で模様を表現することができますよ。

約束１

①上から１行ごとに、左から順にますの漢字を見る。

②漢字が白から始まるときは「白」、黒から始まるときは「黒」と最初だけ漢字を書く。

③白または黒の漢字が続く個数を数字で書く。

花　子：**図６**の模様については、１行めは白から始まるから、最初の漢字は「白」になりますね。左から白が１個、黒が２個、白が２個、黒が２個、白が１個だから、

白１２２２１

という表現になります。漢字と数字を合わせて６個の文字で表現できますね。２行めと３行めも１行めと同じ表現になりますね。

先　生：そうですね。４行めと５行めは、白から始まり、白が１個、黒が６個、白が１個ですから、

白１６１

という表現になります。

太　郎：６行めから８行めも１行めと同じ表現になりますね。そうすると、漢字と数字を合わせて４４個の文字で**図６**の模様を表現できました（**図７**）。約束１ を使うと**図６**よりも２０個も文字を少なくできましたね。漢字と数字の合計の個数をもっと少なくすることはできないのかな。

先　生：別の約束を使うこともできますよ。今度は、１列ずつ考えていきます（約束２）。

図７　約束１ を使った表現

白１２２２１
白１２２２１
白１２２２１
白１６１
白１６１
白１２２２１
白１２２２１
白１２２２１

約束２

①ア列から１列ごとに、上から順にますの漢字を見る。

②文字が白から始まるときは「白」、黒から始まるときは「黒」と最初だけ漢字を書く。

③白または黒の漢字が続く個数を数字で書く。

花　子：**図６**の模様については、**図８**のように表現できるから、漢字と数字を合わせて２０個の文字で模様を表現できました。約束１ に比べて 約束２ を使ったほうが、２４個も文字を少なくできましたね。

伝える人は、約束２ を使って答える人に模様を伝えるのがよいと思います。

先　生：どのような模様であっても 約束２ で表現するのがよいのでしょうか。別の模様でも考えてみましょう。

図８　約束２ を使った表現

白	黒	黒	白	白	黒	黒	白
８	８	８	３	３	８	８	８
			２	２			
			３	３			

〔問題２〕　**図９**はある模様を 約束１ で表現したものです。この模様を 約束２ で表現したとき、漢字と数字の合計の個数がいくつになるのかを答えなさい。

また、約束１ と 約束２ のどちらを使ったほうが表現する漢字と数字の合計の個数が少なくできるのか答えなさい。さらに、少なくできる理由を説明しなさい。考えるときに**図１０**を使ってもよい。

図９　約束１ を使った表現

白８
黒７１
黒１７
白１１６
白２１５
白１１６
黒１７
黒８

図１０

	ア	イ	ウ	エ	オ	カ	キ	ク
１								
２								
３								
４								
５								
６								
７								
８								

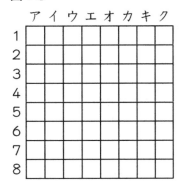

先　生：しおりの５ページから７ページには、**図１１**のような「磁石《じしゃく》がついているおもちゃ（てんとう虫型）を鉄製の箱の表面で動かす遊び方」の説明をのせます。
図１２のように鉄製の箱の表面にはますがかかれていて、使う面は前面と上面と右面だけです。

図１１

図１２

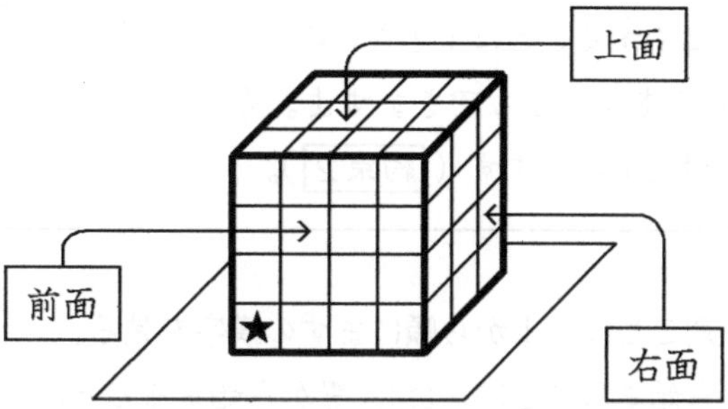

太　郎：どのような遊びですか。

先　生：**表１**にあるカードを使って、「★」の位置から目的の位置まで、指定されたカードの枚数でちょうど着くようにおもちゃを動かす遊びです。最初に、おもちゃを置く向きを決めます。次に、おもちゃを動かすカードの並べ方を考えます。同じカードを何枚使ってもかまいませんし、使わないカードがあってもかまいません。では、まずはカードの枚数を気にしないでやってみましょう。例えば、目的の位置を「う」の位置とします（**図１３**）。**表１**をよく読んで、おもちゃの動かし方を考えてみてください。

表１

カード番号	カード	おもちゃの動かし方
①		同じ面で１ます前に動かす
②		同じ面で２ます前に動かす
③		そのままで右に９０度回転させる
④		そのままで左に９０度回転させる
⑤		面を変えながら１ます前に動かす

図１３

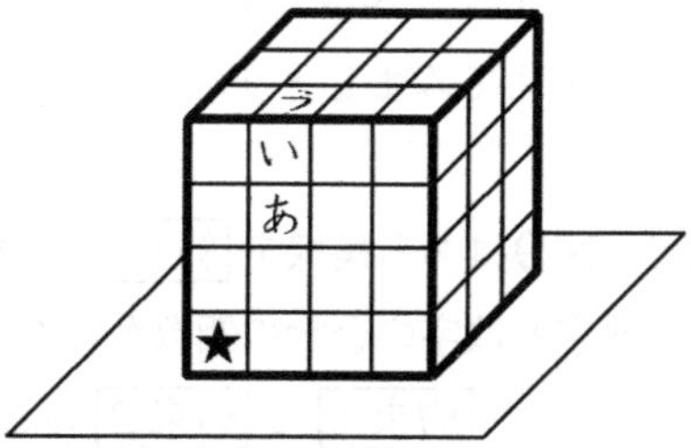

太　郎：私《わたし》は、最初におもちゃを**図１４**のように置いて、このように考えました。

図１４

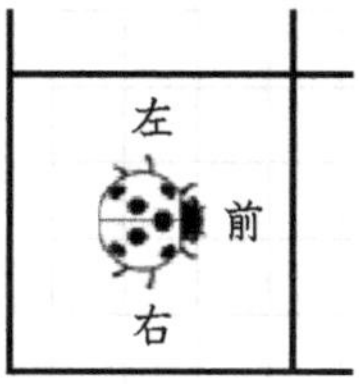

（カード番号　①　④　②　①　⑤　）

先　生：そうですね。「あ」の位置でまず  のカードを使って「い」の位置に動かし、それから  のカードを使って面を変えながら１ます前に動かすことで「う」の位置にたどりつきます。

花　子：私は、最初におもちゃを**図１５**のように置いて、このように考えました。

図１５

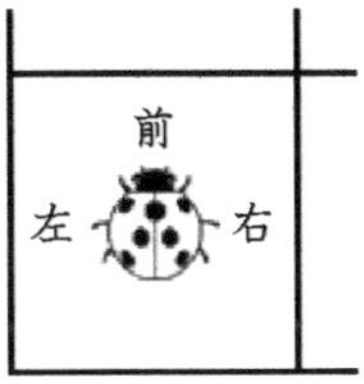

（カード番号　②　①　③　①　④　⑤　）

先　生：そうですね。花子さんの並べ方では、「い」の位置でまず  のカードを使っておもちゃの向きを変え、それから  のカードを使って面を変えながら１ます前に動かすことで「う」の位置にたどりつきます。

花　子：お楽しみ会ではカードの枚数を指定して遊びましょう。

太　郎：お楽しみ会の日が待ち遠しいですね。

〔問題３〕　**図１６**のように「★」の位置から「え」の位置を必ず通るようにして、「お」の位置までおもちゃを動かします。**表１**のカードを１０枚使って、おもちゃを動かすとき、使うカードの種類とカードの並《なら》べ方を考えなさい。

　最初に、「★」の位置に置くおもちゃの向きを**図１７**から選び、解答用紙の（　）内に○をつけなさい。

　次に、おもちゃを動かすカードの並べ方を、**表１**にある①から⑤のカード番号を使って左から順に書きなさい。

図１６

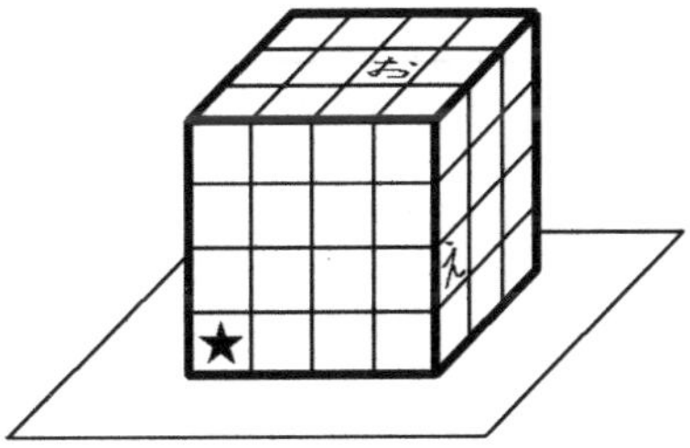

図１７

（　　）

（　　）

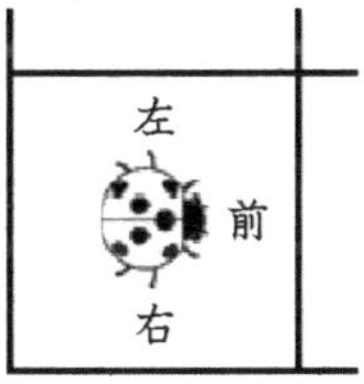

2　校外学習で昼食時におとずれた都立公園で**花子**さんと**太郎**《たろう》さんが、外国人旅行者について話をしています。

花　子：都立公園には外国人が大勢見学におとずれているね。
太　郎：先生も、最近は日本をおとずれる外国人の数が増えていると言っていたよ。
花　子：日本をおとずれる外国人の数はいつごろから多くなってきたのかな。
太　郎：私《わたし》たちが生まれたころと比べて、どのくらい増えているのだろうか。
花　子：日本をおとずれる外国人の数の変化を調べてみようよ。
太　郎：国外に行く日本人もたくさんいるだろうから、日本をおとずれる外国人の数と比べてみるのもおもしろそうだよ。校外学習から帰ったら、調べてみよう。

花子さんと太郎さんは、校外学習の後、図書館に行き、次の資料（**図1**）を見つけました。

図1　日本人の出国者数と、日本への外国人の入国者数の移り変わり

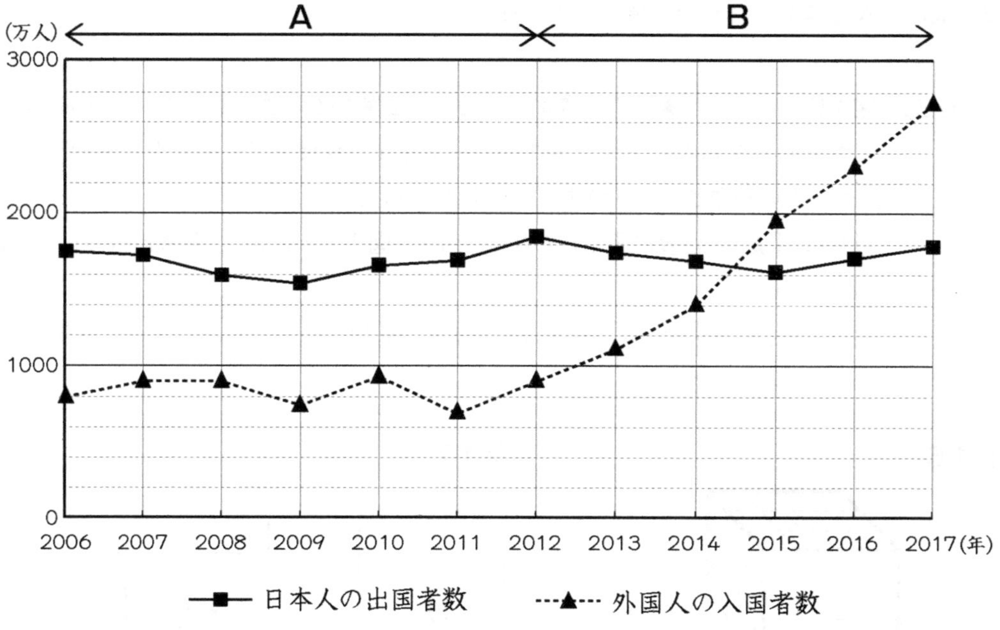

（法務省の資料より作成）

花　子：2006（平成18）年から2012（平成24）年までの間（**図1**の**A**の期間）では、［（あ）］。2012（平成24）年は日本人の出国者数は、外国人の入国者数の約［（い）］倍であることが分かるね。
太　郎：2012（平成24）年から2017（平成29）年までの間（**図1**の**B**の期間）では、［（う）］。外国人の入国者数は、2017（平成29）年には2012（平成24）年と比べて約［（え）］倍になっていることが分かるね。

〔問題1〕 花子さんと太郎さんは、**図1**をもとに日本人の出国者数と、日本への外国人の入国者数を比べて、それぞれの変化のようすについて話し合っています。二人の会話中の［（あ）］から［（え）］の空らんのうち［（あ）］と［（う）］には当てはまる文を、［（い）］と［（え）］には当てはまる整数を答えなさい。

花　子：観光を目的として日本をおとずれる外国人旅行者について、調べてみようよ。

太　郎：日本をおとずれる外国人旅行者について、こんな資料（**図2**）があったよ。この資料の「延《の》べ宿はく者数」は、例えば一人が2はくした場合を2として数えているよ。

図2　外国人旅行者の延《の》べ宿はく者数の移り変わり

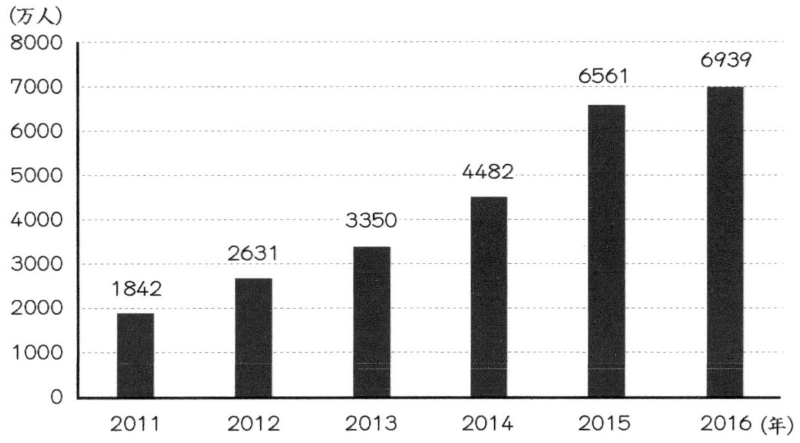

（観光庁《かんこうちょう》「宿泊《しゅくはく》旅行統計調査」より作成）

太　郎：外国人旅行者の延べ宿はく者数が2011（平成23）年には約1842万人だったのに対し、2016（平成28）年には約6939万人になっていて、約4倍に増えていることが分かるね。

花　子：日本のどのような地域《ちいき》で外国人旅行者の延べ宿はく者数が増えているのかな。

太　郎：こんな資料（**図3**）があったよ。これは、長野県松本市《ながのけんまつもとし》、岐阜県高山市《ぎふけんたかやまし》、和歌山県《わかやまけん》西牟婁郡白浜町《にしむろぐんしらはまちょう》という三つの地域における外国人旅行者の延べ宿はく者数の移り変わりを示しているよ。

図3　三つの地域《ちいき》の外国人旅行者の延べ宿はく者数の移り変わり

長野《ながの》県《けん》松本《まつもと》市《し》

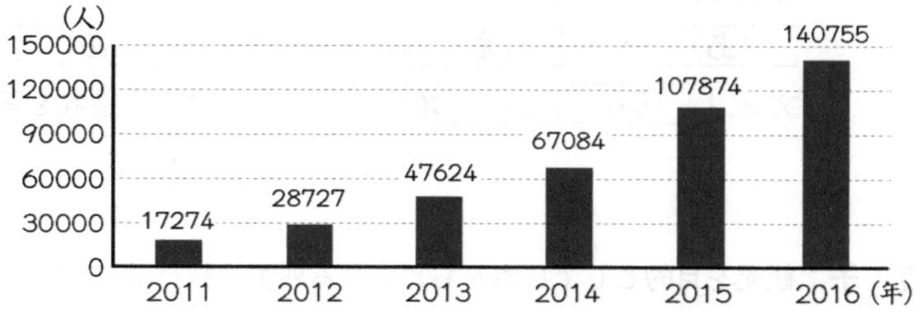

(長野県「長野県外国人延《のべ》宿《しゅく》泊《はく》者《しゃ》数《すう》調査結果」より作成)

岐阜《ぎふ》県《けん》高山《たかやま》市《し》

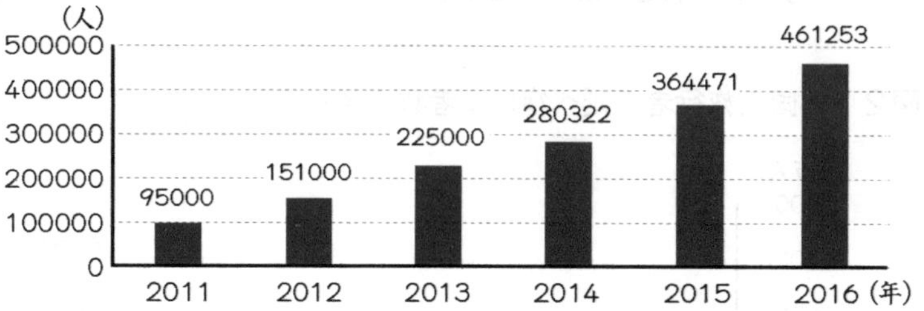

(高山市「高山市外国人観光客宿泊統計」より作成)

和歌山《わかやま》県《けん》西牟婁《にしむろ》郡《ぐん》白浜《しらはま》町《ちょう》

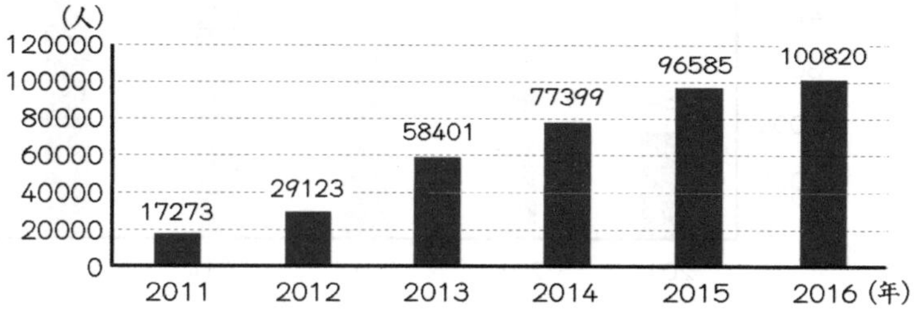

(一般《いっぱん》社団法人南紀白浜《なんきしらはま》観光局「平成３０年度事業計画」より作成)

花　子：この三つの地域は、外国人旅行者の延べ宿はく者数がここ数年で大はばに増えた地域だね。地図上の位置や、どのような地域かなどをもう少し調べてみようよ。(**図4**、**表1**、**表2**)

図4

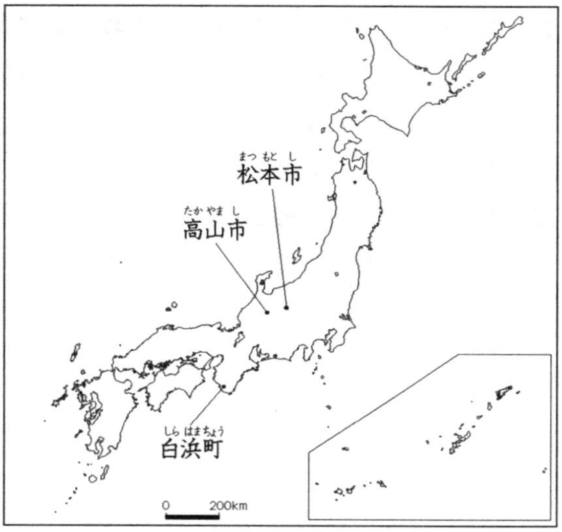

適性検査Ⅲ

注　　意

1　問題は **1** から **2** までで、**6ページ**にわたって印刷してあります。

2　検査時間は**30分**で、終わりは**正午**です。

3　声を出して読んではいけません。

4　計算が必要なときは、この問題用紙の余白を利用しなさい。

5　答えは全て解答用紙に明確に記入し、**解答用紙だけを提出しなさい。**

6　答えを直すときは、きれいに消してから、新しい答えを書きなさい。

7　**受検番号**を解答用紙の決められたらんに記入しなさい。

東京都立両国高等学校附属中学校

1 **みさき**さんと**りょう**さんが、保護者といっしょに両国高校《りょうごくこうこう》附属《ふぞく》中学校《ちゅうがっこう》の文化祭をおとずれました。

みさき：両国高校附属中学校の文化祭は劇《げき》や展示《てんじ》が盛《も》りだくさんだね。

りょう：すぐそこで料理クラブのみなさんが、手作りクッキーのはん売をしているよ。

みさき：ぜひ買って食べましょうよ。３枚《まい》入りのものと４枚入りのものが売られているね。

りょう：なぜ３枚入りと４枚入りの２種類を売っているのかな。

みさき：例えば３枚入りだけだと３枚、６枚、９枚というように３の倍数の枚数しか買うことができないけれど、３枚入りと４枚入りを組み合わせれば、ほしい枚数がほぼ買えるからだと思うよ。

りょう：なるほど、例えば１３枚ほしいのなら、３枚入りを３個と４枚入りを１個買えばよいのだね。

みさき：３枚入りと４枚入りの２種類の組み合わせで買うことができない枚数は１枚、２枚、５枚だけで、６枚以上はすべて買えると思うよ。

りょう：これがもし５枚入りと７枚入りの２種類で売られていたとしたら、どうなるのかな。

〔問題１〕 ５枚入りと７枚入りの２種類で売られていたとしたら、どうなるのかな。とありますが、５枚入りと７枚入りの２種類の組み合わせで買うことができない枚数をすべて答えなさい。ただし、クッキーが売り切れることはないものとします。また、単位の「枚」はつけずに「○○、△△、・・・」のように、数字と数字の間に点「、」をつけて答えることとします。

みさき：理科クラブは生き物についての展示をしているね。見に行きましょう。

二人は生き物の在来種と外来種についての展示に興味をもちました。

りょう：この水そうにはメダカがいるよ。

みさき：水そうの中に見える水草はオオカナダモだね。

りょう：メダカはもともと日本に生息している生き物、つまり在来種だけど、オオカナダモはもともと日本には生息していなかった生き物、つまり外来種なんだね。

みさき：外来種には、アライグマのようにペットやかん賞の目的で持ちこまれた生き物や、ウシガエルのようにもともとは食用として持ちこまれた生き物がいるんだね。

りょう：ニンジン、ナス、ジャガイモなど、野菜の多くも外来種なんだね。他にもクローバーとよばれているシロツメクサのように、外国からの荷物にまぎれこんで日本に入ってきた植物もあるそうだよ。

みさき：外来種が日本に入ってきた理由はいろいろあるけれど、共通して言えることがあるね。

〔問題２〕 共通して言えることがあるね。とありますが、外来種が日本に入ってきた理由として、共通して言える点は何が考えられますか。解答らんに合うように答えなさい。

りょう：この教室には美術クラブの作品がとてもきれいに展示してあるね。

みさき：教室にある作品の周りには、立ち入り禁止の目印となるラインがゆかに引いてあるよ。

りょう：係の中学生にたずねてみたら、この教室はたて９m、横１４mである長方形の形をしているそうだよ。また、作品はすべて（**図１**）のように、一辺の長さが１mである正方形の形をした台１１個の上に展示してあり、人が手をのばしても作品にふれないように、台から１mはなれた位置に立ち入り禁止のラインが引かれているみたいだよ。

図１

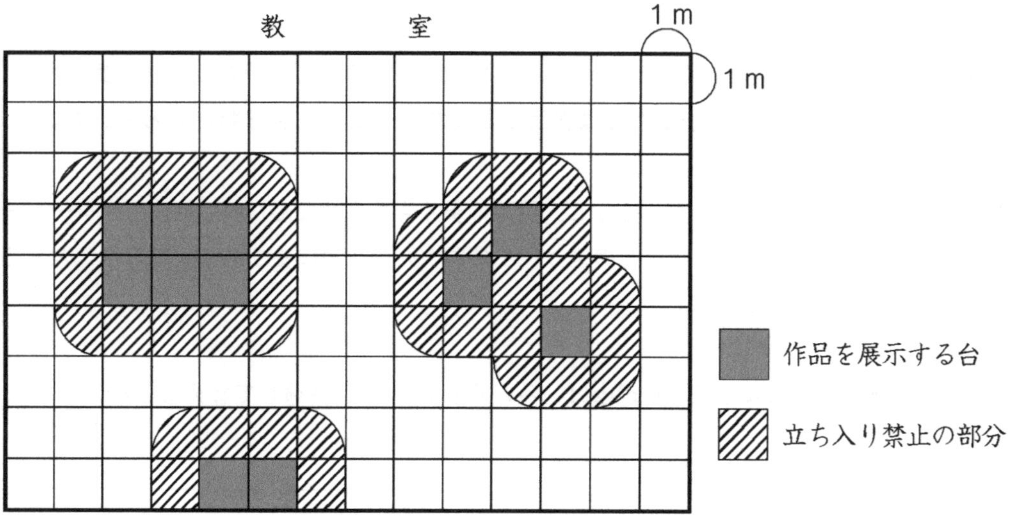

みさき：（**図１**）では、１ますの小さな正方形の一辺の長さが１mと分かっているので、立ち入り禁止の部分の面積を求めることができるね。

りょう：おもしろい問題を考えたよ。

りょうさんの考えた問題

> （**図１**）の教室と同じ形をした教室に、（**図２**）のように、作品を展示する台４個が置かれています。この教室にさらに作品を展示する台を２個追加して置いたところ、立ち入り禁止の部分の面積の合計が、２２．２８m^2になりました。いったいどの位置に台を置いたのでしょうか。ただし、作品を展示する台の部分の面積は立ち入り禁止の部分の面積にはふくまれないものとし、円周率は３．１４とします。

みさき：考えてみるね。

解答用紙　適性検査Ⅰ

1

〈問題1〉

24

35

ようになる。

20

※

〈問題2〉

24

35

という態度。

20

※

〈問題3〉

20

100

※

※

受検番号

得点
※ **※100点満点** **(配点非公表)**

※のらんには何も記入しないこと。

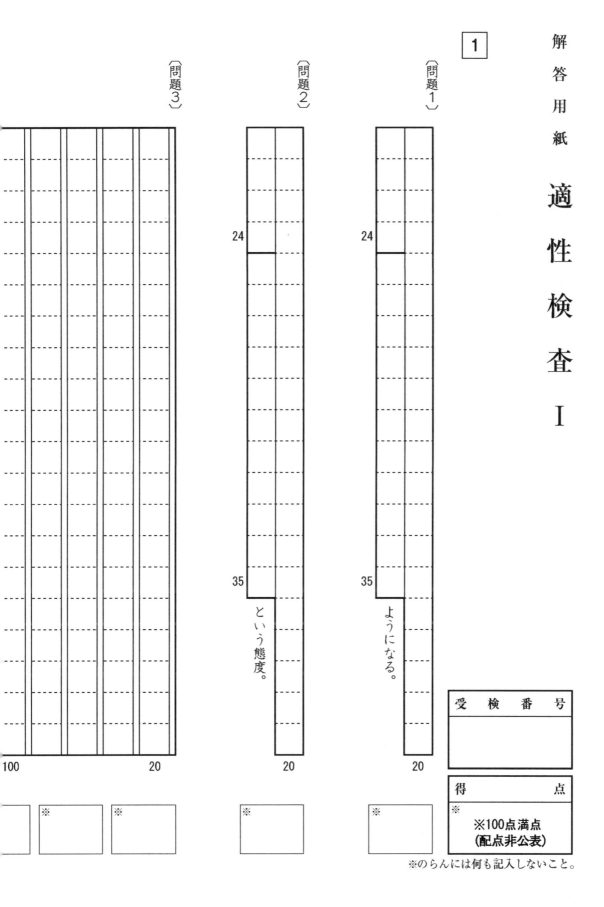

（31　両国）

解答用紙　適性検査Ⅱ

受検番号	得点
	※ ※100点満点 （配点非公表）

※のらんには、記入しないこと

1

〔問題1〕

〔しおりにする前の状態〕

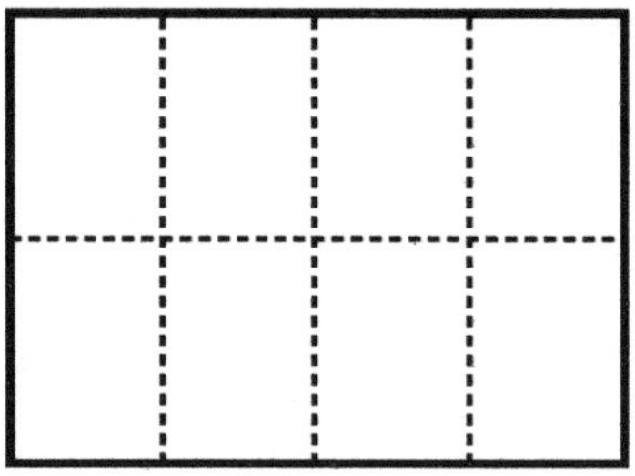

※

〔問題2〕

約束2 で表現したときの漢字と数字の合計の個数	〔答え〕 個
漢字と数字の合計の個数が少ない約束	〔答え〕 約束

〔理由〕

※

〔問題3〕

〔「★」の位置に置くおもちゃの向き〕

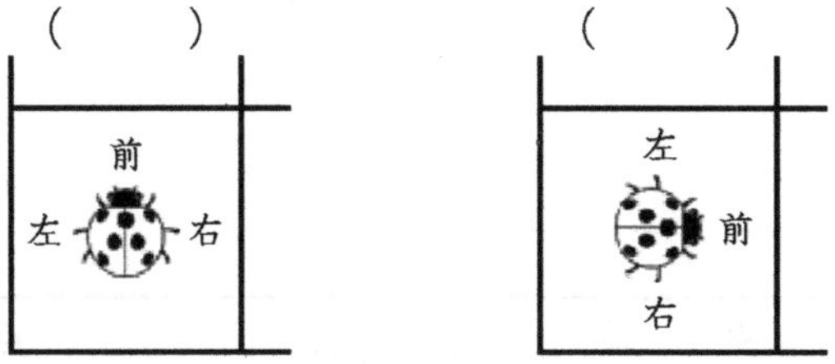

〔カードの並《なら》べ方〕

○ ○ ○ ○ ○ ○ ○ ○ ○ ○

※

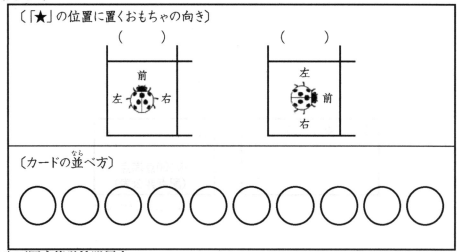

2

〔問題1〕

理由	
式	
正しいもとの４けたの暗証番号	

※

〔問題2〕

※

受　検　番　号

得　点
※ ※100点満点 (配点非公表)

※のらんには、記入しないこと

解 答 用 紙　適 性 検 査 Ⅲ

1

〔問題１〕

※

〔問題２〕

という点。

※

〔問題３〕

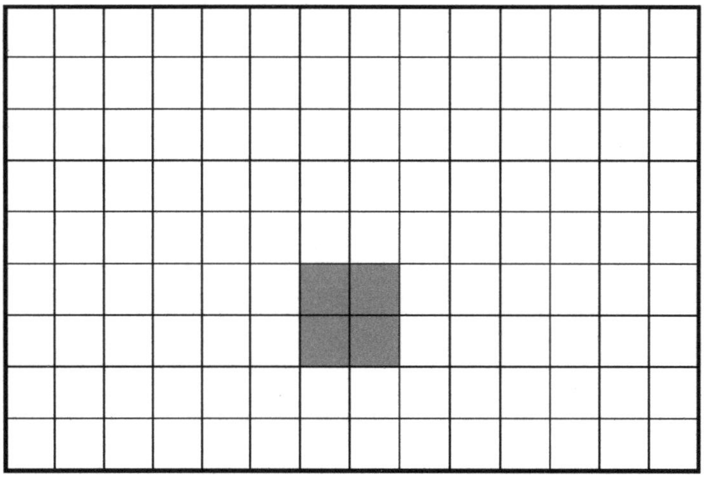

※

2

〔問題１〕

(あ)

(い)　　　　　　　　倍

(う)

(え)　　　　　　　　倍

※

〔問題２〕

〔選んだ地域《ちいき》〕

〔あなたの考え〕

※

〔問題３〕

〔役割《やくわり》１〕

〔役割２〕

※

3

〔問題１〕

〔比べたい紙〕

〔基準にするもの〕

〔和紙は水を何倍吸《す》うか〕　倍

※

〔問題２〕

〔選んだ紙〕

〔せんいの向き〕　方向

〔理由〕

※

〔問題３〕

（１）

（２）

※

440　400　300　200

※

図2

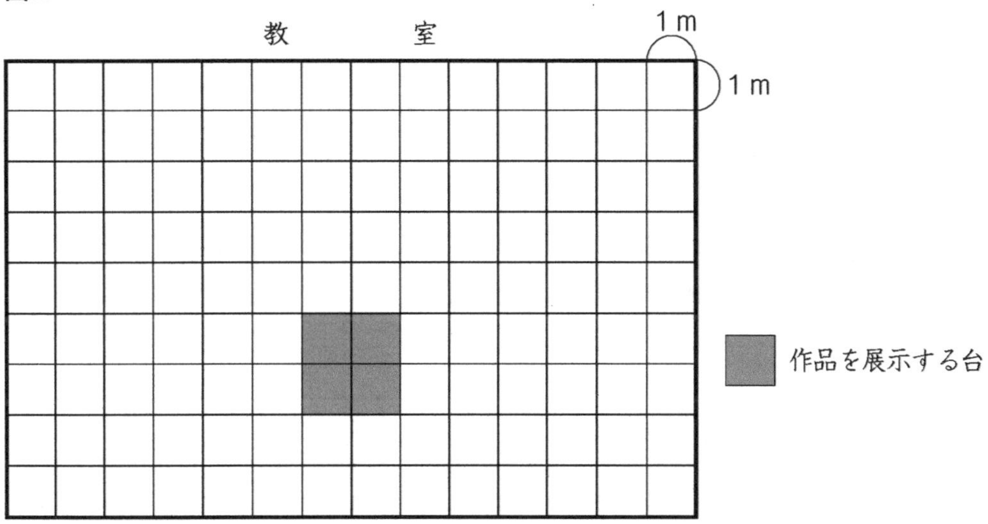

〔問題3〕 考えてみるね。とありますが、りょうさんの問題を考えて、作品を展示する台を追加して置いた位置を答えなさい。ただし、解答らんの適する2か所のますを黒くぬって答えることとします。

２ **りょう**さんと**みさき**さんが教室で**先生**と話をしています。

りょう：この前、自宅《じたく》のパソコンの暗証番号を忘《わす》れてしまって大変だったんです。

みさき：他の人にメモを見られても簡単《かんたん》には解読されないような、暗証番号の記録の仕方があると便利なのですが。

先　生：例えば１０００から１９９９までの4けたの数でできた暗証番号を、次のように8けたまたは9けたの数にして記録できますよ。

記録の仕方

（ア）4けたの暗証番号が偶数《ぐうすう》であるとき

まず、暗証番号に3をかけた数と、５をかけた数を求める。求めた２つの数の各位の数字を、３をかけてできた数の千の位の数字、５をかけてできた数の千の位の数字、３をかけてできた数の百の位の数字、のように左から交ごに並《なら》べていき8けたの数を作る。さらにその8けたの数に2をかける。

【例】暗証番号が１２３６であるとき

１２３６×３＝３７０８であり、１２３６×５＝６１８０である。

各位の数字を交ごに並べてできる8けたの数は、３６７１０８８０となる。

さらに2をかけて、３６７１０８８０×２＝７３４２１７６０

したがって記録する数は７３４２１７６０である。

（イ）4けたの暗証番号が奇数《きすう》であり、3の倍数であるとき

まず、暗証番号に2をかけた数と、５をかけた数を求める。求めた２つの数の各位の数字を、２をかけてできた数の千の位の数字、５をかけてできた数の千の位の数字、２をかけてできた数の百の位の数字、のように左から交ごに並べていき8けたの数を作る。さらにその8けたの数に3をかける。

【例】暗証番号が１９０５であるとき

１９０５×２＝３８１０であり、１９０５×５＝９５２５である。

各位の数字を交ごに並べてできる8けたの数は、３９８５１２０５となる。

さらに3をかけて、３９８５１２０５×３＝１１９５５３６１５

したがって記録する数は１１９５５３６１５である。

（ウ）4けたの暗証番号が奇数であり、3の倍数ではないとき

まず、暗証番号に2をかけた数と、３をかけた数を求める。求めた２つの数の各位の数字を、２をかけてできた数の千の位の数字、３をかけてできた数の千の位の数字、２をかけてできた数の百の位の数字、のように左から交ごに並べていき8けたの数を作る。さらにその8けたの数に5をかける。

【例】暗証番号が１３２７であるとき

１３２７×２＝２６５４であり、１３２７×３＝３９８１である。

各位の数字を交ごに並べてできる8けたの数は、２３６９５８４１となる。

さらに5をかけて、２３６９５８４１×５＝１１８４７９２０５

したがって記録する数は１１８４７９２０５である。

先　生：実際にこのような記録の仕方が用いられていたりするのですよ。

みさき：これなら簡単には解読されないですね。

先　生：記録する数が１１６７８８３２０であるとき、もとの４けたの暗証番号を求めてみましょう。

りょう：分かりました。

りょうさんが行った計算

１１６７８８３２０÷５＝２３３５７６６４ ２つの４けたの数に分けると ２３７６と３５６４である。 ２３７６を２で割《わ》ると ２３７６÷２＝１１８８ ３５６４を３で割ると ３５６４÷３＝１１８８

りょう：もとの４けたの暗証番号は１１８８だと思います。

みさき：私はまだ計算していないから、正しいもとの暗証番号は分からないけど、りょうさんが行った計算を見ると、１１８８は正しいもとの４けたの暗証番号ではないと思うよ。

先　生：よく気がつきましたね。確かにりょうさんが行った計算では、どちらも１１８８で同じ結果になっていますが、１１８８は正しい暗証番号ではないですね。

〔問題１〕　１１８８は正しいもとの４けたの暗証番号ではないと思うよ。とありますが、みさきさんが１１８８は正しくないとすぐに気がついた理由を答えなさい。また、記録する数が１１６７８８３２０であるとき、正しいもとの４けたの暗証番号を、式を書いて求めなさい。

先　生：もう少し練習してみましょう。今度は記録する数が９６００００００から１０００００００００までとなるような、もとの４けたの暗証番号を一つ求めてみてごらん。

〔問題２〕　もとの４けたの暗証番号を一つ求めてみてごらん。とありますが、記録する数が９６００００００から１０００００００００までとなるような、もとの４けたの暗証番号を一つ答えなさい。

表1　花子さんが調べた三つの地域の主な観光資源《かんこうしげん》

松本市《まつもとし》	松本城《まつもとじょう》、スキー場、古い街なみ、温泉《おんせん》、そば打ち体験
高山市《たかやまし》	合しょう造りの民家、豊かな自然、鍾乳洞《しょうにゅうどう》、古い街なみ、温泉
白浜町《しらはまちょう》	砂浜《すなはま》、温泉、美しい景観、パンダ

（各市町ホームページなどより作成）

表2　太郎《たろう》さんが調べた三つの地域が行っている外国人旅行者のための取り組み

松本市	・中部国際空港との連けい（鉄道やバスへのスムーズな乗りつぎなど） ・観光情報サイトのじゅう実 ・多言語表記などのかん境整備 ・観光産業をになう人材の確保と育成
高山市	・海外への職員派《は》けん ・多言語パンフレットの作成 ・伝統文化とふれ合う場の提供《ていきょう》 ・通訳《つうやく》案内士の養成
白浜町	・観光案内看板《かんばん》の多言語化 ・観光情報サイトのじゅう実 ・外国人向けの観光案内の動画作成 ・多言語によるアンケート調査

（各市町ホームページなどより作成）

太　郎：三つの地域にはいろいろな観光資源《かんこうしげん》があることが分かるね。

花　子：この三つの地域は、観光資源があることの他に、外国人旅行者におとずれてもらうために、さまざまな取り組みをしているね。

太　郎：外国人旅行者が旅行中に困《こま》ったことを調査した結果（**表3**）を見つけたけれど、このような資料を活用しながら、それぞれの取り組みを進めているのかな。

表3　日本をおとずれた外国人旅行者が旅行中に困《こま》ったこと

○情報通信かん境が十分でない。
○クレジットカード支はらいが利用できない場所がある。
○多言語対応が不十分である。
・し設等のスタッフとコミュニケーションがとれない。（英語が通じないなど）
・表示が少ない。分かりにくい。（観光案内板など）
・多言語の地図やパンフレットの入手場所が少ない。
・公共交通の利用方法が分からない。（乗りかえ方法など）
・外国の通貨を円に両がえできる場所が分からない。

（観光庁「訪日《ほうにち》外国人旅行者の国内における受入環境《うけいれかんきょう》整備に関するアンケート結果」平成29年より作成）

〔問題2〕　松本市、高山市、白浜町の三つの地域から一つを選び、その地域で外国人旅行者の延べ宿はく者数がここ数年で大はばに増えているのは、観光資源があることの他にどのような理由が考えられるか、**表2**と**表3**をふまえてあなたの考えを書きなさい。

花　子：外国人旅行者のためのパンフレットやガイドブックには、具体的にどのような工夫《くふう》がされているのかな。

太　郎：東京駅では日本語と日本語以外の言語で書かれている駅構内・周辺案内図があって、もらってきたので日本語の案内図と比べてみようよ。

花　子：案内図（**図5**、**図6**）には、いろいろなマークがたくさんかいてあるね。

太　郎：このマークは案内用図記号というそうだよ。

花　子：この案内図の中の「インフォメーションセンター（案内所）」、「エレベーター」、「郵便《ゆうびん》ポスト」、「バスのりば」を表すマーク（**図7**）は、今までに見かけたことがあるよ。

図5　日本語の東京駅構内・周辺案内図の一部

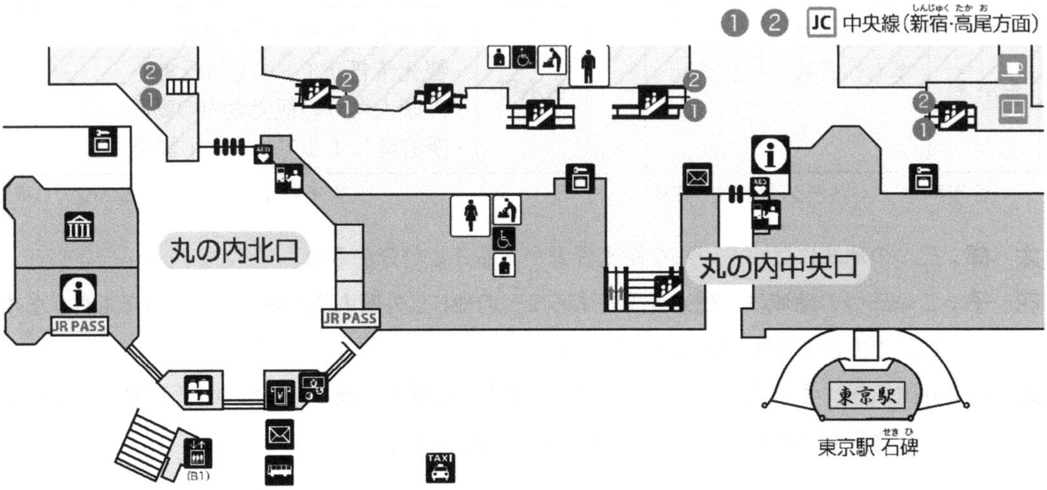

（東京ステーションシティー運営協議会「東京駅構内・周辺案内マップ」より作成）

図6　英語の東京駅構内・周辺案内図の一部

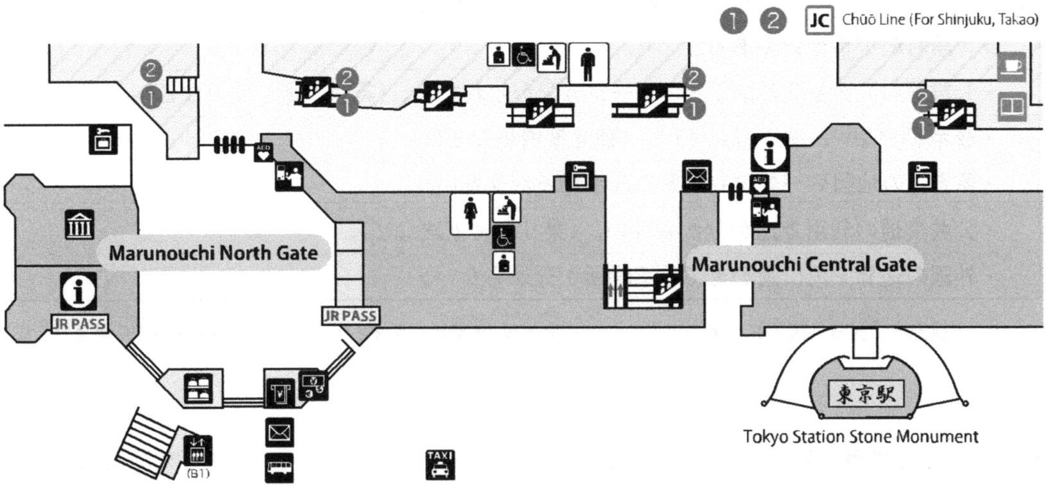

（東京ステーションシティー運営協議会「東京駅構内・周辺案内マップ」より作成）

図7　花子さんが今までに見かけたことがあるマーク

太　郎：このようなマークは外国人旅行者もふくめて、子供《こども》から高れい者まで、さまざまな人に役立っているようだね。

〔問題3〕　太郎さんは「さまざまな人に役立っているようだね。」と言っていますが、案内用図記号にはどのような役割《やくわり》があるか、あなたの考えを二つ説明しなさい。答えは、解答らんの役割1、役割2に分けて書きなさい。

このページには問題は印刷されていません。

3　**太郎《たろう》**さん、**花子**さん、**先生**が先日の校外学習について話をしています。

太　郎：校外学習の紙すき体験で、和紙は水をよく吸《す》うと教えてもらったね。
花　子：和紙と比べて、プリント用の紙、新聞紙、工作用紙などのふだん使っている紙は、水の吸いやすさにちがいがありそうだね。和紙と比べてみよう。

二人は先生のアドバイスを受けながら、和紙、プリント用の紙、新聞紙、工作用紙について、**実験１**をしました。

実験１　水の吸《す》いやすさを調べる実験

１　実験で使う紙の面積と重さをはかる。
２　容器に水を入れ、水の入った容器全体の重さを電子てんびんではかる。
３　この容器の中の水に紙を１分間ひたす。
４　紙をピンセットで容器の上に持ち上げ、３０秒間水を落とした後に取り除《のぞ》く。
５　残った水の入った容器全体の重さを電子てんびんではかる。
６　２の重さと５の重さの差を求め、容器から減った水の重さを求める。

太　郎：**実験１**の結果を**表１**のようにまとめたよ。
花　子：容器から減った水の重さが多いほど、水を吸いやすい紙といえるのかな。
太　郎：実験で使った紙は、面積も重さもそろっていないから、水の吸いやすさを比べるにはどちらか一方を基準にしたほうがいいよね。
花　子：紙の面積と紙の重さのどちらを基準にしても、水の吸いやすさについて、比べることができるね。

表１　**実験１**の結果

	和紙	プリント用の紙	新聞紙	工作用紙
紙の面積（cm^2）	４０	８０	２００	５０
紙の重さ（g）	０.２	０.５	０.８	１.６
減った水の重さ（g）	０.８	０.７	２.１	２

〔問題１〕　和紙の水の吸いやすさについて、あなたが比べたい紙をプリント用の紙、新聞紙、工作用紙のうちから一つ選びなさい。さらに、紙の面積と紙の重さのどちらを基準にするかを書き、あなたが比べたい紙に対して、和紙は水を何倍吸うかを**表１**から求め、小数で答えなさい。ただし、答えが割《わ》りきれない場合、答えは小数第二位を四捨五入《ししゃごにゅう》して小数第一位までの数で表すこととする。

図1　和紙のせんいの拡大写真《かくだいしゃしん》

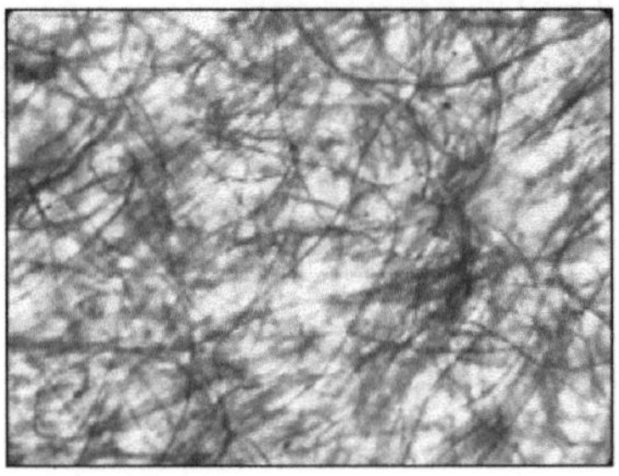

花　子：紙すき体験では、あみを和紙の原料が入った液に入れて、手であみを前後左右に動かしながら原料をすくったね。

太　郎：和紙の原料は、コウゾやミツマタなどの植物のせんいだったよ。

花　子：**図1**を見ると、和紙は、せんいの向きがあまりそろっていないことが分かるね。

太　郎：ふだん使っている紙は、和紙とどのようにちがうのですか。

先　生：学校でふだん使っている紙の主な原料は、和紙とは別の植物のせんいです。また、機械を使って、あみを同じ向きに動かし、そこに原料をふきつけて紙を作っています。だから、和紙と比べると、より多くのせんいの向きがそろっています。

花　子：ふだん使っている紙のせんいの向きを調べてみたいです。

先生は、プリント用の紙、新聞紙、工作用紙のそれぞれについて、一つの角を選び、**A**方向・**B**方向と名前をつけて、**図2**のように示しました。

図2　方向の名前のつけ方

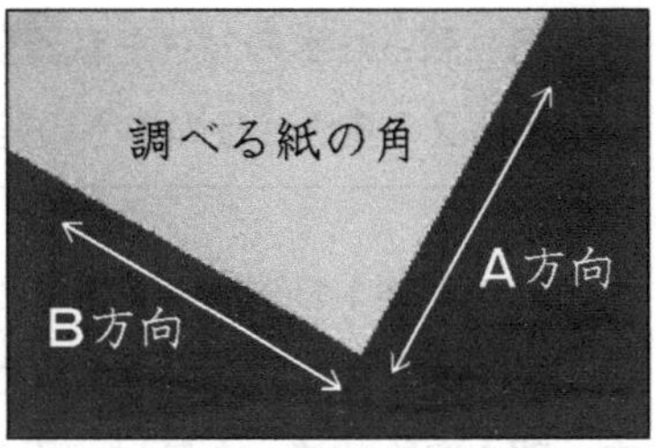

太　郎：それぞれの紙について、せんいの向きが**A**方向と**B**方向のどちらなのかを調べるには、どのような実験をしたらよいですか。

先　生：**実験2**と**実験3**があります。**実験2**は、紙の一方の面だけを水にぬらした時の紙の曲がり方を調べます。ぬらした時に曲がらない紙もありますが、曲がる紙については、曲がらない方向がせんいの向きです。

花　子：それぞれの紙について、先生が選んだ一つの角を使って同じ大きさの正方形に切り取り、**実験2**をやってみます。

実験2の結果は、**図3**のようになりました。

図3　**実験2**の結果

プリント用の紙	新聞紙	工作用紙
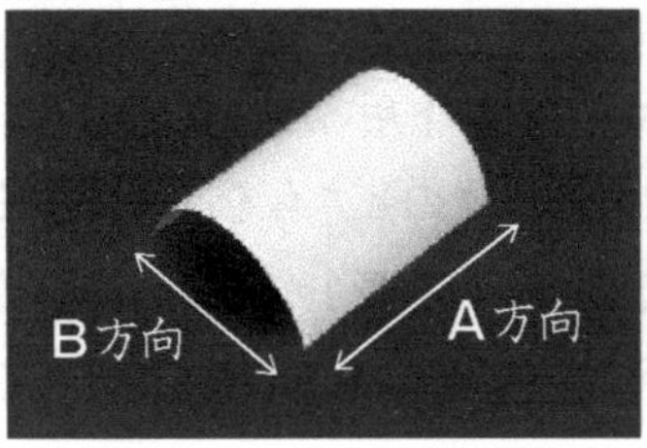	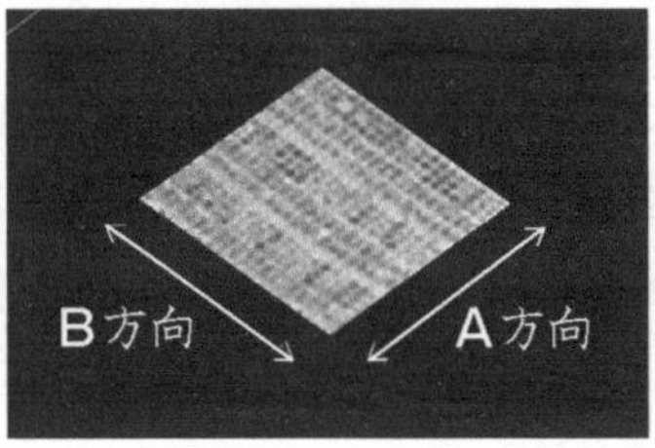	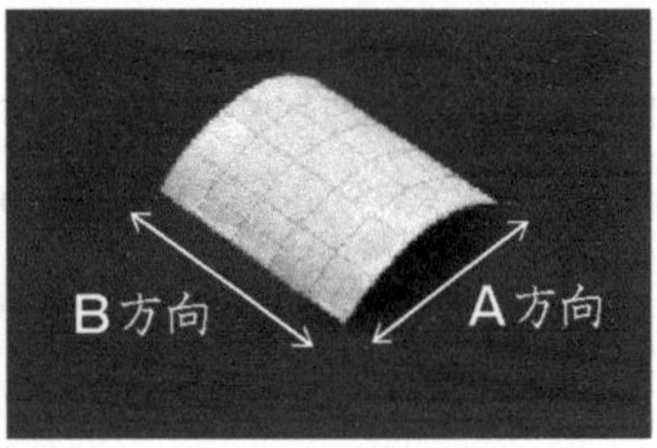

花　子：**実験3**はどのようなものですか。

先　生：短冊《たんざく》の形に切った紙の垂《た》れ下がり方のちがいを調べます。紙には、せんいの向きに沿《そ》って長く切られた短冊の方が垂れ下がりにくくなる性質がありますが、ちがいが分からない紙もあります。

太　郎：短冊は、同じ大きさにそろえた方がいいよね。

花　子：**A**方向と**B**方向は、紙を裏返《うらがえ》さずに**図2**で示された方向と同じにしないといけないね。

　二人は、**図2**で先生が方向を示した紙について、**図4**のように**A**方向に長い短冊**A**と、**B**方向に長い短冊**B**を切り取りました。そして、それぞれの紙について**実験3**を行いました。その結果は、**図5**のようになりました。

図4　短冊《たんざく》の切り取り方

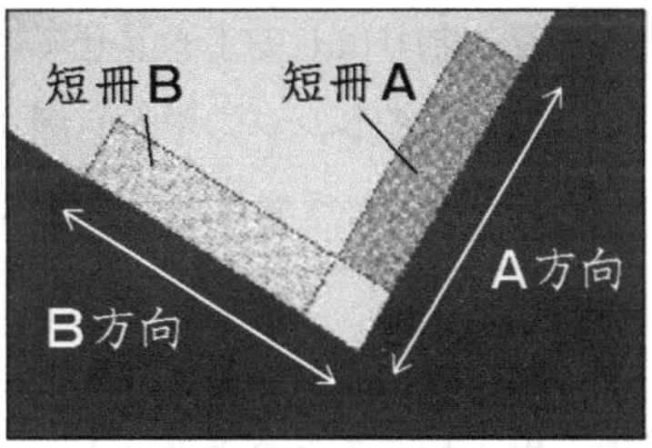

図5　**実験3**の結果

	プリント用の紙	新聞紙	工作用紙
短冊A			
短冊B			

太　郎：**実験2**と**実験3**の結果を合わせれば、プリント用の紙、新聞紙、工作用紙のせんいの向きが分かりそうですね。

〔問題2〕　プリント用の紙、新聞紙、工作用紙のうちから一つ選び、選んだ紙のせんいの向きは、**図2**で示された**A**方向と**B**方向のどちらなのか答えなさい。また、そのように答えた理由を**実験2**の結果と**実験3**の結果にそれぞれふれて説明しなさい。

太　郎： 私《わたし》たちが校外学習ですいた和紙を画用紙にはって、ろう下のかべに展示《てんじ》しようよ。

先　生： 昔から使われているのりと同じようなのりを使うといいですよ。

花　子： どのようなのりを使っていたのですか。

先　生： でんぷんの粉と水で作られたのりです。それをはけでぬって使っていました。次のような手順でのりを作ることができます。

〔のりの作り方〕

1　紙コップに２ｇのでんぷんの粉を入れ、水を加える。

2　割《わ》りばしでよく混ぜて、紙コップを電子レンジに入れて２０秒間加熱する。

3　電子レンジの中から紙コップを取り出す。

4　ふっとうするまで２と３をくり返し、３のときにふっとうしていたら、冷ます。

太　郎： 加える水の重さは決まっていないのですか。

先　生： 加える水の重さによって、紙をはりつけたときのはがれにくさが変わります。

花　子： なるべく紙がはがれにくくなるのりを作るために加える水の重さを調べたいです。

先　生： そのためには、加える水の重さを変えてできたのりを使って、**実験４**を行うといいです。

太　郎： どのような実験ですか。

先　生： **実験４**は、和紙をのりで画用紙にはってから1日おいた後、**図6**のようにつけたおもりの数を調べる実験です。同じ重さのおもりを一つずつ増やし、和紙が画用紙からはがれたときのおもりの数を記録します。

花　子： おもりの数が多いほど、はがれにくいということですね。

先　生： その通りです。ここに実験をするためのでんぷんの粉が5回分ありますよ。はけでぬるためには、加える水の重さは1回あたり５０ｇ以上は必要です。また、紙コップからふきこぼれないように、１５０ｇ以下にしておきましょう。

太　郎： のりしろは5回とも同じがいいですね。

図6　実験４のようす
（横からの図）

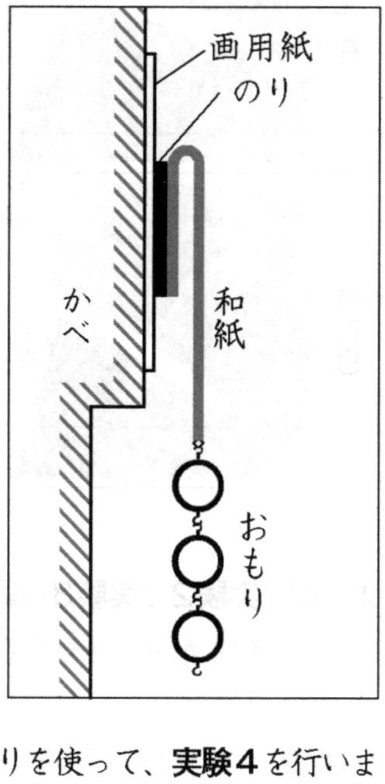

二人は、１回めとして、加える水の重さを５０ｇにしてできたのりを使って、**実験４**を行いました。そして、２回めと３回めとして、加える水の重さをそれぞれ６０ｇと７０ｇにしてできたのりを使って、**実験４**を行いました。その結果は、**表2**のようになりました。

表2　１回めから３回めまでの**実験４**の結果

	１回め	２回め	３回め
加える水の重さ（g）	５０	６０	７０
おもりの数（個）	４４	４６	５３

花　子：さらに加える水を増やしたら、どうなるのかな。たくさん実験したいけれども、でんぷんの粉はあと２回分しか残っていないよ。

先　生：では、あと２回の実験で、なるべく紙がはがれにくくなるのりを作るために加える水の重さを何gにすればよいか調べてみましょう。のりを作る手順は今までと同じにして、４回めと５回めの**実験４**の計画を立ててみてください。

太　郎：では、４回めは、加える水の重さを１００gにしてやってみようよ。

花　子：５回めは、加える水の重さを何gにしたらいいかな。

太　郎：それは、４回めの結果をふまえて考える必要があると思うよ。

花　子：なるほど。４回めで、もし、おもりの数が［**（あ）**］だとすると、次の５回めは、加える水の重さを［**（い）**］にするといいね。

先　生：なるべく紙がはがれにくくなるのりを作るために、見通しをもった実験の計画を立てることが大切ですね。

〔問題３〕（１）　５回めの**実験４**に使うのりを作るときに加える水の重さを考えます。あなたの考えにもっとも近い［**（あ）**］と［**（い）**］の組み合わせを、次の**Ａ**～**Ｄ**のうちから一つ選び、記号で書きなさい。

Ａ　**（あ）**３５個　**（い）**　８０g
Ｂ　**（あ）**４５個　**（い）**１１０g
Ｃ　**（あ）**６０個　**（い）**　９０g
Ｄ　**（あ）**７０個　**（い）**１３０g

（２）　あなたが（１）で選んだ組み合わせで実験を行うと、なぜ、なるべく紙がはがれにくくなるのりを作るために加える水の重さを調べることができるのですか。３回めの**実験４**の結果と関連付けて、理由を説明しなさい。

㉚

適性検査Ⅰ

注意

1 問題は 1 のみで、**5ページ**にわたって印刷してあります。
2 検査時間は**四十五分**で、終わりは**午前九時四十五分**です。
3 声を出して読んではいけません。
4 答えは全て解答用紙に明確に記入し、**解答用紙だけを提出しなさい。**
5 答えを直すときは、きれいに消してから、新しい答えを書きなさい。
6 **受検番号**を解答用紙の決められたらんに記入しなさい。

東京都立両国高等学校附属中学校

1 次の **文章1** と **文章2** を読み、あとの問題に答えなさい。（＊印のついている言葉には、本文のあとに〔注〕があります。）

文章1

お詫び

著作権上の都合により、文章は掲載しておりません。
ご不便をおかけし、誠に申し訳ございません。

教英出版

お詫び

著作権上の都合により、文章は掲載しておりません。
ご不便をおかけし、誠に申し訳ございません。

教英出版

お詫び
著作権上の都合により、文章は掲載しておりません。
ご不便をおかけし、誠に申し訳ございません。
教英出版

（関野《せきの》吉晴《よしはる》「嵐《あらし》の大地《だいち》パタゴニア　グレートジャーニー　人類《じんるい》5万《まん》キロの旅《たび》①」による）

〈注〉
辺境地帯——国の中心から遠くはなれた土地。
南米大陸《なんべいたいりく》——南アメリカ大陸。
休学——学業を休むこと。
インディオ——南アメリカに以前から住んでいた民族。
居候《いそうろう》——他人の家に世話になっている人。

（次のページへ続きます。）

文章2

友情の関係における「待つ」ということについては、「三日会わざれば*刮目《かつもく》して待つべし」という言葉がある。これは、三日会わずにいれば相手はその三日のうちに成長しているだろうから、それを見逃《みのが》さずに*心して会うようにすべきだという意味だ。

「こんなものだろう」という*たかをくくった見方を捨《す》てて、相手が常に向上する人間だという前提で見るということである。

お互《たが》いの成長を見逃さないような気持ちで「待つ」友がいるという気持ちが、互いを成長させるのだ。

「今度会うときに成長した自分を見せることができるようにしておこう」という気持ちが、友が心に住むということだ。③会わない時間に努力した跡《あと》は、友だち同士ならば、すぐにわかる。

僕《ぼく》が中学生のときに聞いた話だが、二人の画家の友人同士がいて、しばらく会わなかったが、ひさしぶりに片方《かたほう》が会いに訪《たず》ねてきた。しかし、*あいにく友人の画家はるすで、部屋にはだれもいない。このまま帰ろうかと思ったが、みると何も描《か》いていない*キャンバスがたてかけてある。彼は何を思ったか、そこで、絵筆をとり絵の具をつけて、たてにまっすぐ一本の線を引いて、そのまま帰った。

しばらくして、友人の画家が部屋にもどってみると、キャンバスに線が引いてある。それをみて、画家は、「ああ、あいつが来てたのか、会えなくて残念だったな。ずいぶん、あいつは上達したな」と思ったそうだ。

一本の線を見ただけで上達がわかるなんて、かっこいい関係だ。ただ、絵画にくわしいからわかるんじゃなくて、お互いの今までの歴史をしっていて、しかも両方が向上しているからわかるんだと思う。

自分の向上を見逃さないでわかってくれる友の存在《そんざい》は、やる気をかきたててくれる。

予想しなかった新しい何かが生まれたり、別れた後に、元気が出て向上心がわくような関係は、それほどむずかしいことじゃないし、特別才能に恵《めぐ》まれた人たちだけのものじゃない。ふりかえれば、だれにでも、そういう関係はあったはずだ。

友情は、「向上心」を柱にして、お互いが「*自己形成《じこけいせい》」の*醍醐味《だいごみ》を味わう関係だ。「ともに高めあう関係」をつくり、自己形成の道を一緒《いっしょ》に歩んだ友情の関係性は、何ものにもかえがたい生涯《しょうがい》の宝《たから》だと、僕は信じている。

（齋藤孝《さいとうたかし》「スラムダンクな友情論《ゆうじょうろん》」による）文春文庫刊

〔注〕

刮目《かつもく》――目をこすってよく見ること。注意して見ること。

心して――十分に気をつかうこと。

たかをくくった見方――たいしたことはないと、相手を軽く見ること。

あいにく――つごうが悪く、残念なようす。

キャンバス――油絵をかくのに使う、布。

自己形成《じこけいせい》――自分自身をかたちづくること。

醍醐味《だいごみ》――ものごとのおもしろさや楽しさ。

〔問題1〕　①子どものころからずっと、外国のいろいろな土地を旅してみたいと思ってきました。とありますが、筆者が「旅」に期待していたことは何ですか。**文章1**から読み取ったことを、四十字以上五十字以内で書きなさい。（、や　。なども それぞれ字数に数えます。）

〔問題2〕　②彼《かれ》らにたいして、申しわけないという思いがつのってきます。とありますが、筆者が「申しわけない」と思うにいたったインディオたちの行動を、**文章1**のことばを使って、三十字以上四十字以内で書きなさい。（、や　。なども それぞれ字数に数えます。）

〔問題3〕　③会わない時間に努力した跡《あと》は、友だち同士ならば、すぐにわかる。とありますが、「友だち同士ならば、すぐにわかる」のはなぜですか。その理由と考えられることを、**文章2**のことばを使って、二十字以上三十字以内で書きなさい。（、や　。なども それぞれ字数に数えます。）

（次のページへ続きます。）

〈問題4〉 文章1 文章2 は、どちらも「成長」をテーマに、筆者の体験や意見が書かれています。二つの文章を読んで、あなたは自らを「成長」させるためには何が大切だと考えましたか。次の二つの条件を満たしながら、三百五十字以上、四百字以内で書きなさい。

条件1　第一段落《だんらく》には、文章1 文章2 の要点をまとめること。

条件2　第二段落からは、あなたの経験をふまえた考えを書くこと。

記入上の注意

○　題名、名前は書かずに一行目から書き始めること。

○　書き出しや段落をかえたときの空らんや　、や　。や「　などもそれぞれ一字に数えること。

○　段落の最初は、一字下げて書くこと。

適性検査Ⅱ

注　　意

1　問題は **1** から **3** までで、１６ページにわたって印刷してあります。

2　検査時間は４５分で、終わりは**午前１１時００分**です。

3　声を出して読んではいけません。

4　計算が必要なときは、この問題用紙の余白を利用しなさい。

5　答えは全て解答用紙に明確に記入し、**解答用紙だけを提出しなさい。**

6　答えを直すときは、きれいに消してから、新しい答えを書きなさい。

7　**受検番号**を解答用紙の決められたらんに記入しなさい。

東京都立両国高等学校附属中学校

1　**太郎**《たろう》さんと**花子**さんがさいころについて話をしています。

太　郎：面が六つあるさいころは、それぞれの面に１から６までの目がかいてあるね（**図１**）。それぞれの面をスケッチしてみたよ（**図２**）。

図１　さいころ

図２　さいころの面のスケッチ

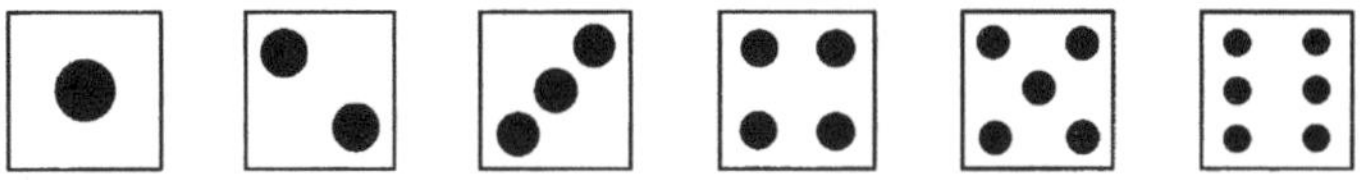

花　子：このさいころは、向かい合う面の目の数の和が、７になるように作られているよ。

太　郎：本当だ。１の目の面と向かい合う面の目の数は６だね。確かに、足すと７になるね。

〔問題１〕　**図１**のさいころを立方体の展開図《てんかいず》から作るとき、解答用紙の展開図のそれぞれの面に１から５までの目をかきなさい。ただし、展開図にかく１から５までの目は**図２**のさいころの面のスケッチを用いること。

〔展開図《てんかいず》〕

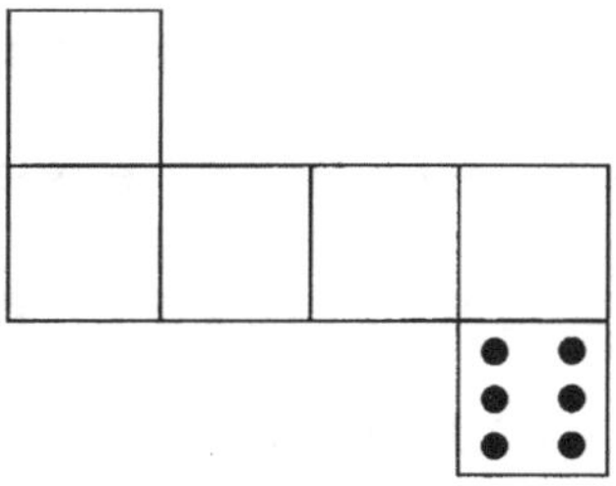

花　子：さいころの面にかかれた目の数の１から６までの整数を使って、答えが７になる式を作ることができるかな。

太　郎：例えば、１＋２＋４＝７や、１＋１＋１＋１＋１＋１＋１＝７など、いろいろな式が作れそうだよ。

花　子：それでは、今回は次のようなルールで考えてみよう。

〔ルール〕
① １から６までの整数からいくつかの整数を使って、計算結果が７になるような式を作る。
ただし、同じ整数は一度しか使うことができない。
② 計算記号はたし算の＋、かけ算の×、わり算の÷から選んで使う。
ただし、同じ計算記号は一度しか使うことができない。
③ 計算に（　）は使わない。

花　子：まずは整数を三つ、計算記号を二つ使って、式を作ってみようよ。□に整数を、○に計算記号を入れてね（**図３**）。

図３　整数を三つ、計算記号を二つ使う場合の式

□ ○ □ ○ □ ＝ ７

太　郎：こんな式を作ってみたよ（**図４**）。同じ整数や同じ計算記号が使えないと、式を作るのはなかなか難《むずか》しいんだね。

図４　太郎さんが作った式

１ ＋ ２ × ３ ＝ ７

花　子：そうね。では次に、整数を四つ、計算記号を三つ使う場合はどうなるかな。
ただし、たし算の＋は、計算記号を入れる○の二つめに入れる場合を考えてみてね（**図５**）。

図５　整数を四つ、計算記号を三つ使う場合の式

□ ○ □ ＋ □ ○ □ ＝ ７

〔問題２〕**〔ルール〕**にしたがって、１から６までの中から異《こと》なる整数を四つと、計算記号を三つ全て使って、計算結果が７になるような式を作りなさい（**図５**）。
解答用紙の式の□には整数を、○には計算記号を入れ、たし算の＋は計算記号を入れる○の二つめに入れることとする。
また、どのように考えて式を作ったのかを説明しなさい。

花　子：向かい合う面の目の数の和が7になることを同時に見ることができないかな。

太　郎：鏡を使ってみたらどうだろう。3枚《まい》の鏡を、どの2枚の鏡も面と面が垂直《すいちょく》になるようにはり合わせて、その鏡の上にさいころを1個置いてみたよ。

花　子：本当だ。2組の向かい合う面については、それぞれ向かい合う面を同時に見ることができるね。見る方向によっては、3枚の鏡にさいころが映《うつ》って、実際に置いた1個のさいころと鏡に映って見える7個のさいころを合わせて、見かけ上8個のさいころがあるように見えるね（**図6**）。不思議だね。

図6　3枚《まい》の鏡をはり合わせてさいころを1個置いたときの見え方

（実際の写真を一部加工したもの）

太　郎： 鏡の上に置いたさいころの置き方をいろいろ変えてみると、おもしろいことに気づいたよ。

花　子： おもしろいことってどのようなことなのかな。

太　郎： さいころを１の目の面が上に、２と３の目の面が手前になるように鏡の上に置いて、見かけ上８個のさいころの見えている面の目の数を合計してみて。

花　子： 見えている面の目の数を合計すると６０になったよ。

太　郎： そうだね。では１の目の面を上にしたままで、さいころの置き方を変えて合計してみようよ。

〔問題３〕　１の目の面を上にしたままで、手前に見えている二つの面の目の数が２と３の組み合わせとならないようにさいころの置き方を変える。このとき、さいころの手前に見える二つの面の目の数の組み合わせを一つ答え、その場合の見かけ上８個のさいころの見えている面の目の数の合計を求めなさい。

　また、太郎さんが気づいたおもしろいことを、「１の目の面を上にした」と「目の数の合計」という言葉を使って説明しなさい。

このページには問題は印刷されていません。

2　**太郎《たろう》**さんと**花子**さんが調べ学習について話をしています。

太　郎：日本のくらしの変化について考えてみよう。東京オリンピック・パラリンピック競技大会が開かれるまであと２年だね。１９６４（昭和３９）年に東京で大会が行われたころと、どう変わったのかを調べてみてはどうだろう。

花　子：各家庭のテレビやラジオに電波を送るために、１９６４（昭和３９）年の東京大会の少し前の１９５８（昭和３３）年に建設されたのが東京タワーだね。

太　郎：お姉さんがとってきたこの写真（**図１**）を見て。634mの東京スカイツリーと333mの東京タワーが、同じくらいの高さに見えているよ。お姉さんは、散歩のとちゅうに立ち止まって歩道からとったと言っていたよ。

花　子：そうなんだ。地上からでも同じくらいの高さに見えるんだね。東京スカイツリーは、くらしの変化とともに都心に高いビルが増えて電波が届《とど》きにくくなったので、新たに建設されたものだよね。東京スカイツリーは東京タワーの約２倍の高さがあるのに、どうして同じくらいの高さに見えるのかな。

太　郎：どんなときに同じくらいの高さに見えるのか考えてみよう。

図１　同じくらいの高さに見える東京スカイツリーと東京タワー

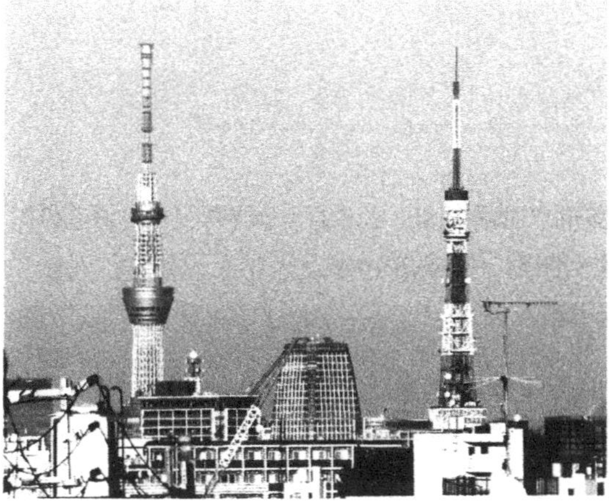

〔問題１〕　どんなときに東京スカイツリーと東京タワーが同じくらいの高さに見えるのでしょうか。二人の会話を参考にして、見る場所から東京スカイツリーまでのきょりと、見る場所から東京タワーまでのきょりに着目して説明しなさい。

ただし、東京スカイツリーが建っている場所、東京タワーが建っている場所、東京スカイツリーと東京タワーを見る場所のそれぞれの海面から測った土地の高さは、同じであるとします。

太　郎：東京タワーが完成した次の年から工事が始まり、１９６４（昭和３９）年の東京大会の開会より少し早く開業したのが東海道《とうかいどう》新幹線だよ。

花　子：開業当時の東海道新幹線の路線図（**図２**）を作ったよ。○と●が停車駅よ。○は都府県庁《とふけんちょう》のある都市にある駅で、●はそれ以外の都市にある駅よ。

図２　花子さんが作った開業当時の東海道《とうかいどう》新幹線の路線図

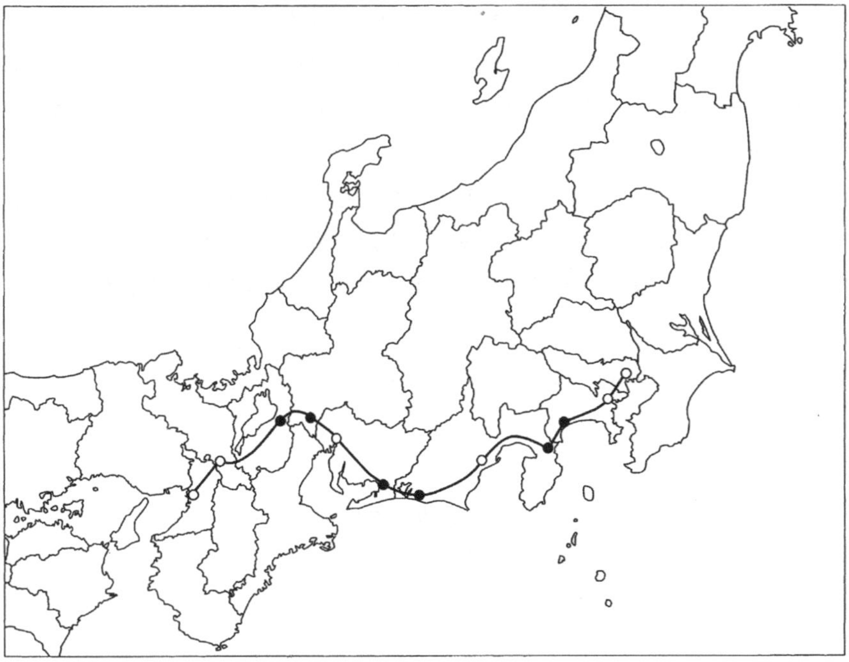

太　郎：東海道新幹線の路線がつないでいる都市や地域《ちいき》には、どのような特ちょうがあるのだろう。都市や地域における人口や産業が関係しているのかな。

花　子：それを考えるために、資料を集めてみよう。

太郎さんと花子さんは、資料（**表１・表２**）を集めました。

表１　１９６０（昭和３５）年における人口が多い上位８都市（単位　千人）

順位	都市	人口	順位	都市	人口
1	東京《とうきょう》23区《く》	8310	5	京都市《きょうとし》	1285
2	大阪市《おおさかし》	3012	6	神戸市《こうべし》	1114
3	名古屋市《なごやし》	1592	7	福岡市《ふくおかし》	647
4	横浜市《よこはまし》	1376	8	川崎市《かわさきし》	633

（総務省統計局「国勢調査」より作成）

表2　１９６０（昭和３５）年におけるおもな工業地帯・地域《ちいき》の製造品出荷額《しゅっかがく》（単位　億円）

順位	工業地帯・地域（ふくまれる都府県）	出荷額
1	京浜《けいひん》（東京都《とうきょうと》、神奈川県《かながわけん》）	38504
2	阪神《はんしん》（大阪府《おおさかふ》、兵庫県《ひょうごけん》）	32520
3	中 京《ちゅうきょう》（愛知県《あいちけん》、三重県《みえけん》）	16835
4	瀬戸内《せとうち》（岡山県《おかやまけん》、広島県《ひろしまけん》、山口県《やまぐちけん》、香川県《かがわけん》、愛媛県《えひめけん》）	12483
5	関東内陸《かんとうないりく》（群馬県《ぐんまけん》、栃木県《とちぎけん》、埼玉県《さいたまけん》）	6809
6	北九州《きたきゅうしゅう》（福岡県《ふくおかけん》）	6465
7	東海《とうかい》（静岡県《しずおかけん》）	6183
8	北陸《ほくりく》（新潟県《にいがたけん》、富山県《とやまけん》、石川県《いしかわけん》、福井県《ふくいけん》）	6153

（経済《けいざい》産業省「工業統計表」より作成）

〔問題２〕　東海道新幹線の路線がつないでいる都市や地域《ちいき》の特ちょうとして、資料からわかることを説明しなさい。なお、説明は、「説明の書き方」にしたがって書きなさい。

「説明の書き方」

①　説明で用いる資料は「**図２**と**表１**」または「**図２**と**表２**」のどちらかの組み合わせとします。**表１**と**表２**のどちらを選んだかを、解答用紙に書きなさい。

②　「**図２**と**表１**」を選んだ時は、**図２**の新幹線が通っている**表１**の都市のうち、異《こと》なる都市を二つ以上、説明の文の中で使いなさい。
「**図２**と**表２**」を選んだ時は、**図２**の新幹線が通っている**表２**の工業地帯・地域のうち、異なる工業地帯・地域を二つ以上、説明の文の中で使いなさい。

花　子：新幹線の路線が日本のいろいろな場所に広がってきたように、時がたつにつれて人々のくらしも変わってきたと思う。

太　郎：くらしの変化をもう少しくわしく見るために、比べる年を決めよう。

花　子：１９６４（昭和３９）年の東京大会の翌年《よくねん》の１９６５（昭和４０）年と２５年後の１９９０（平成２）年ではどうかな。

太　郎：くらしの変化を見るために、どんなことにお金を使っていたかについて比べてみるのはどうだろう。こんな表（**表３**）を見つけたよ。

表３　働いている人がいる世帯のおおよその消費支出（１か月あたりの平均）（単位　円）

	食料	住居	光熱	衣類	その他	合計
1965年	17900	2400	2400	4900	21700	49300
1990年	80000	16500	16800	23900	194400	331600

（総務省統計局「家計調査年報」より作成）

花　子：「働いている人がいる世帯」とは働いている人がいる一つの家庭のことで、「消費支出」とは日常の生活のために実際に使ったお金のことね。表の中の「光熱」には電気代やガス代や水道代が入っていて、「衣類」には服の他にくつ等のはき物も入っているよ。

太　郎：時がたつにつれて全体的にものの値段《ねだん》も高くなっているから、１９６５（昭和４０）年と１９９０（平成２）年では全体の消費支出の金額はずいぶんちがっているね。

花　子：二つの年を比べるために、計算してグラフにしてみよう。私《わたし》は１９６５（昭和４０）年の数字を計算してグラフにするから、太郎さんは１９９０（平成２）年の数字を計算してグラフにしてね。

図３　花子さんと太郎さんが作ったグラフ

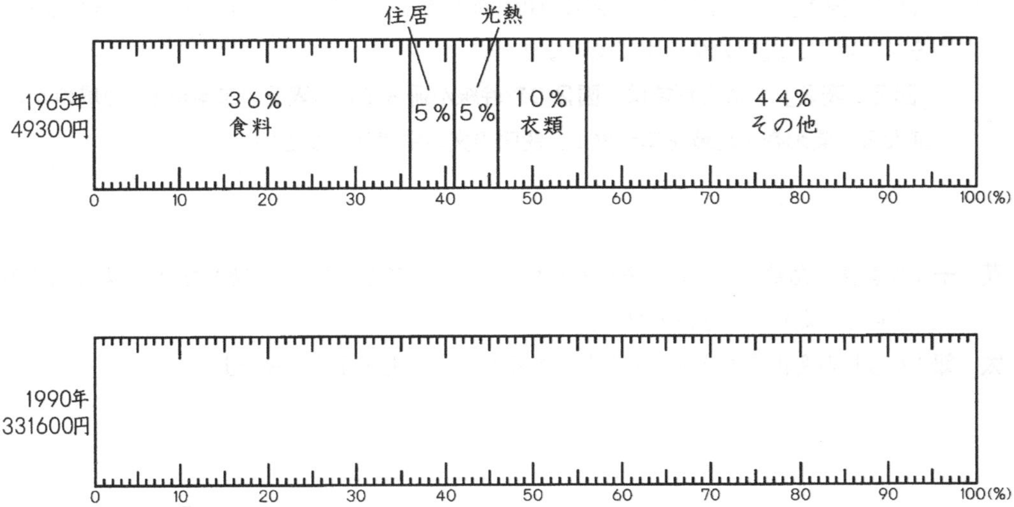

花　子：くらしの変化を考えるために、私たちが作ったグラフ（**図3**）に他の資料もあわせて、どのようなことにお金を使うようになっていったのか、考えてみようよ。

太　郎：この資料（**図4**）を使って考えよう。

図4　家庭電化製品と乗用車の普《ふ》及《きゅう》の様子

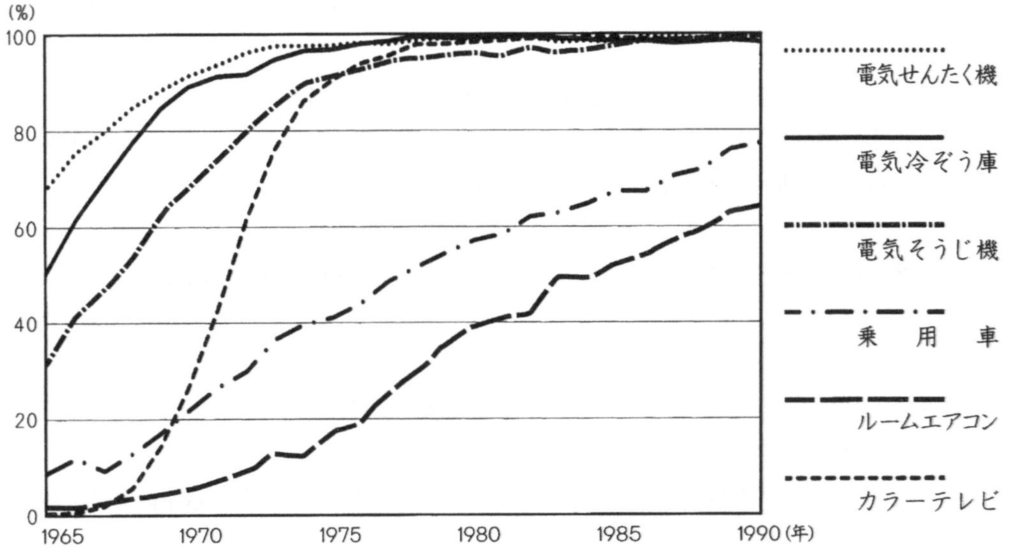

（内閣《ないかく》府《ふ》「家計消費の動向」より作成）

〔問題3〕　花子さんが作成した１９６５（昭和４０）年のグラフを参考にして、**表3**の１９９０（平成２）年の数字を計算し、解答用紙の**図3**の１９９０（平成２）年のグラフを完成させなさい。そのとき、「グラフの書き方」にしたがって作成しなさい。

　あわせて、１９６５（昭和４０）年から１９９０（平成２）年までの２５年間のくらしの変化の中で、人々のお金の使い方はどのように変わっていったのでしょうか。完成させた**図3**と**図4**から読みとれることを説明しなさい。

「グラフの書き方」

① 割合《わりあい》は、小数第３位を四捨五入《ししゃごにゅう》して、小数第２位まで求める。（１９６５年の食料の場合、１７９００を４９３００で割《わ》ったものを０．３６と表す）

② ①で求めた割合を百分率で表す。（１９６５年の食料の場合、①で求めた0.36を36%と表す）

③ 左から順に直線定規で線を引いて区切り、何を表しているかと何%かを記入する。

④ 何を表しているかをグラフの中に書けない場合は、１９６５(昭和４０)年の「住居」「光熱」のように線を引いて、グラフの外側にはっきり書く。

3 **太郎**《たろう》さん、**花子**さん、**先生**が教室で話をしています。

太　郎：春になるとスギの花粉が多く飛ぶね。

花　子：実際はどのくらいの数の花粉が飛んでくるのかな。調べてみたいな。

先　生：飛んでいる花粉を数えるのは難《むずか》しいですが、スライドガラスにワセリンという薬品をぬって外に置いておくと、そこに花粉が付くので、その数を数えることならできますよ。

太　郎：花粉は小さいので、数えるときはけんび鏡を使うのですか。

先　生：そうですね。けんび鏡で見えているはん囲は全体の一部なので、どのような倍率がふさわしいか考えて観察することが大切ですよ。

二人は先生のアドバイスを受けながら、次のような方法で花粉の数を調べました。

1　スライドガラスにワセリンをぬる。
2　屋上へ行き、平らな台の上にスライドガラスを置き、飛ばされないように固定する。
3　２４時間後に、スライドガラスを回収《かいしゅう》する。
4　ワセリンに付いた花粉をけんび鏡で観察して、１cm^2あたりの花粉の数を計算で求める。

図１は二人がけんび鏡で観察した花粉の様子です。

花　子：二種類の花粉が観察できました。形がちがいますが、それぞれ何の花粉ですか。

先　生：とっ起のある方がスギの花粉、とっ起のない方がヒノキの花粉です。

太　郎：スギだけでなく、ヒノキの花粉も飛んでいるのですね。

先　生：二人は、どのような倍率で観察しましたか。

花　子：私《わたし》は広いはん囲を見るために低い倍率で観察しました。花粉の付き方は均一ではないかもしれないので、広いはん囲の花粉の数を数えた方が良いと思います。

太　郎：ぼくは高い倍率で観察しました。倍率を高くすると、それぞれの花粉が大きく見えて良いと思います。

図1　けんび鏡で観察した花粉の様子

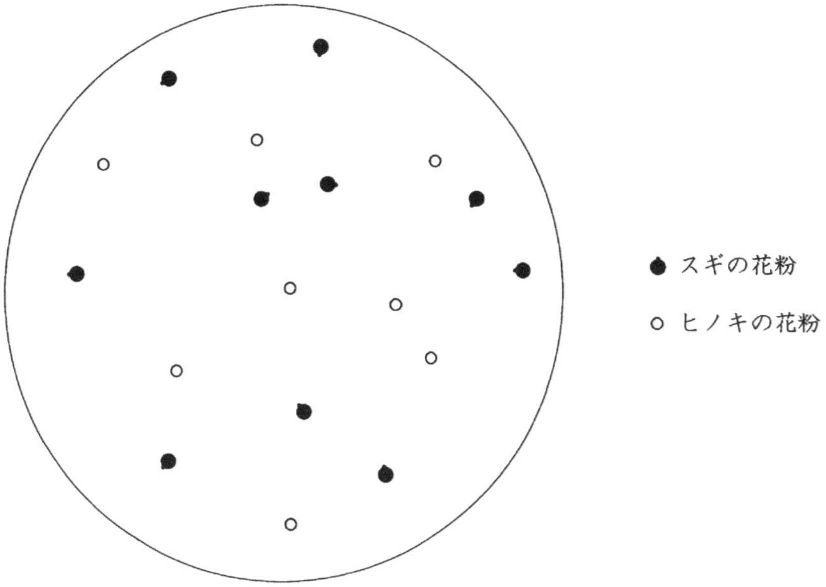

花子さんが観察した花粉の様子（見えているはん囲の面積　４ｍｍ^2）

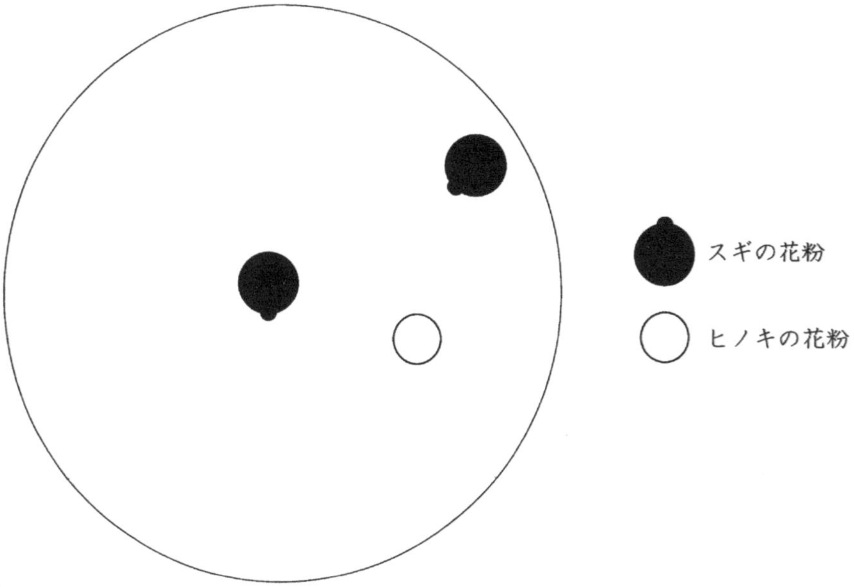

太《た》郎《ろう》さんが観察した花粉の様子（見えているはん囲の面積　０．２５ｍｍ^2）

〔問題１〕　花子さんと太郎さんの観察のうち、花粉の数を求めるのにふさわしいと思う方を選び、スギかヒノキのどちらかについて、１ｃｍ^{2}あたりの花粉の数を求めなさい。また、それをどのように求めたのかを数と言葉を使って説明しなさい。

太　郎：春は花粉だけでなく、砂《すな》も飛んでいるね。

花　子：黄砂《こうさ》のことだよね。この砂も花粉と同じようにけんび鏡で調べられますか。

先　生：この砂は、ユーラシア大陸から飛ばされてくるものです。日本まで飛ばされてくる砂の大きさは花粉よりもずっと小さいので、みなさんがけんび鏡で調べるのは難しいです。環境省《かんきょうしょう》などでは、ライダーという特しゅな観測装置《かんそくそうち》で黄砂の観測をしています。

太　郎：どのようにして観測するのですか。

先　生：では、観測の仕組みを説明しましょう。**図2**の**A1**のように、地上の観測装置から上空に向けて特別な光を出します。光は上空に向かってまっすぐに進みますが、上空に砂がある場合には、砂に当たってはね返ります。この装置では、はね返ってきた光の量と、光がはね返ってくるまでの時間を計測しています。

太　郎：光が進むのに、時間がかかるのですか。

先　生：そうですよ。例えば、太陽の光が地球まで進むのに８分以上かかります。

図2　上空の砂《すな》の様子と観測装置《かんそくそうち》を使った計測結果

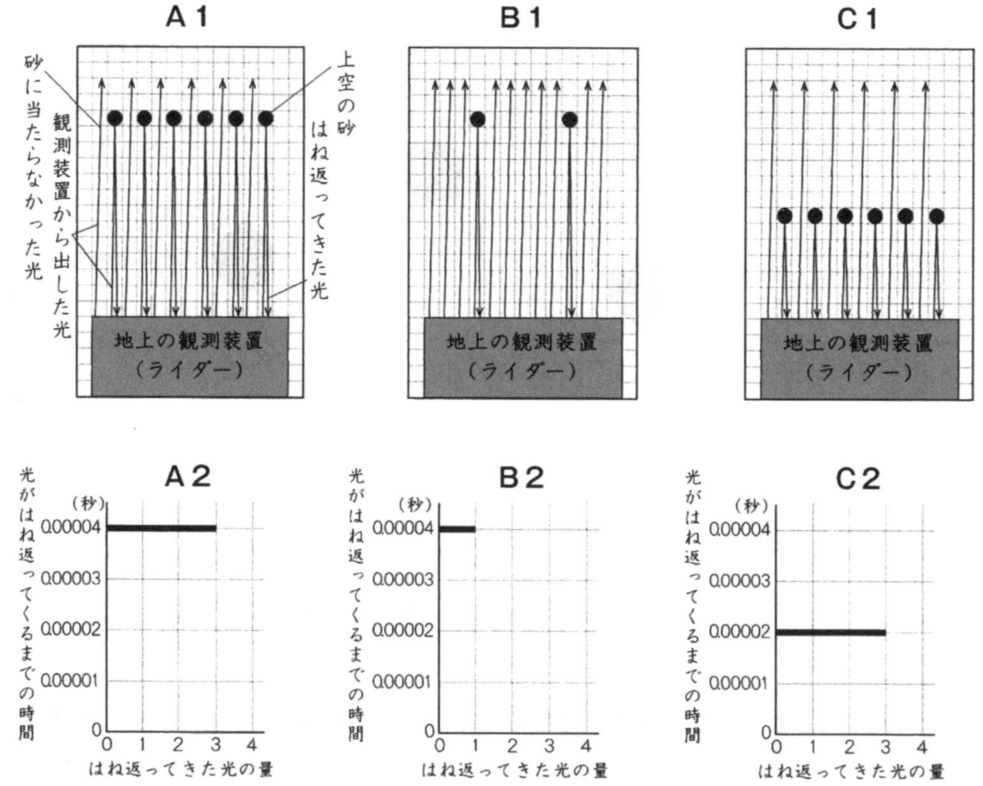

花　子：はね返ってきた光の量と、はね返ってくるまでの時間から何が分かるのですか。

先　生：もう一度、**図2**を見てください。ここでは光はどんなきょりを進んでも弱くならないものとし、上空の砂は同じ高さに並《なら》んでいるものとします。**図2**の**A1**のように砂がある場合の計測結果が**A2**のグラフになります。グラフの横軸《よこじく》の数が大きいほど、砂に当たってはね返ってきた光の量が多いことを示します。

花　子：なるほど。**B1**のように砂がある場合の計測結果が**B2**のグラフで、**C1**のように砂がある場合の計測結果が**C2**のグラフということですね。

先　生：その通りです。計測結果から上空の砂についてどのようなことが分かるか、説明できますか。

太　郎：はい。はね返ってきた光の量が多いほど［　**（あ）**　］ということが分かります。

花　子：光がはね返ってくるまでの時間が長いほど［　**（い）**　］ということも分かります。

〔問題2〕（1）　会話の中の［　**（あ）**　］と［　**（い）**　］に当てはまる文章を答えなさい。

（2）　①か②の図のどちらかについて、その計測結果を示すグラフを次の**ア〜エ**の中から一つ選び、記号で答えなさい。ただし、①と②のます目は**図2**のます目と同じ大きさを表すものとします。

①　　　　②

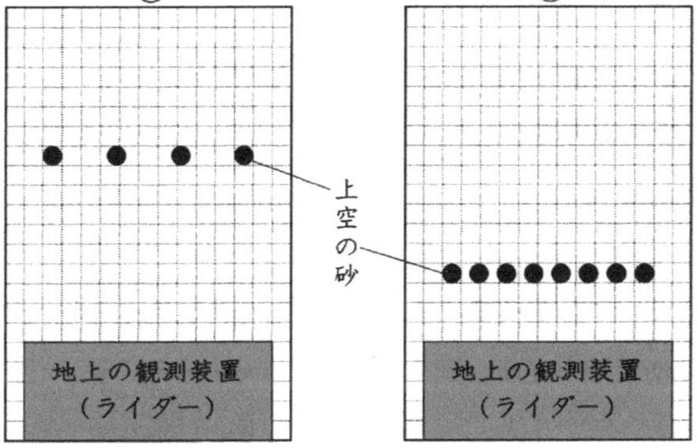

ア　　　**イ**　　　**ウ**　　　**エ**

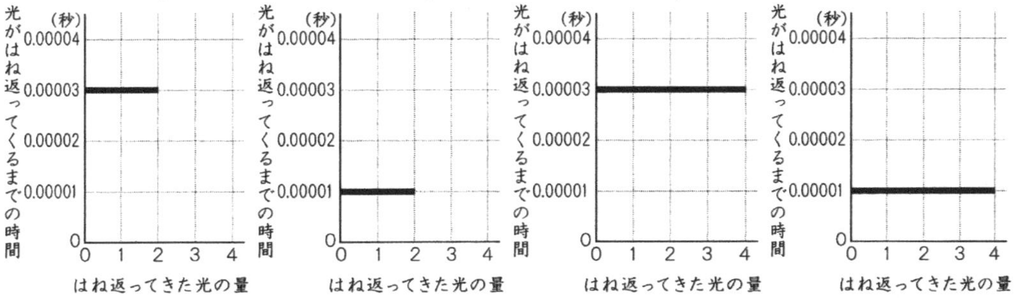

太　郎：黄砂という現象はどのようにして起こるのですか。

先　生：**図3**を見ると黄砂が起こる様子が分かりますよ。

太　郎：なるほど。**図3**のようにして運ばれた砂の一部が日本付近に落ちてくるのですね。

花　子：黄砂は春に起こることが多いと思うのですが、他の季節には起こらないのですか。

先　生：**図4**を見ると、日本で黄砂が観測された日数が、春に多く、夏になると少なくなっていることが分かりますね。

図3　黄砂《こうさ》が起こる様子

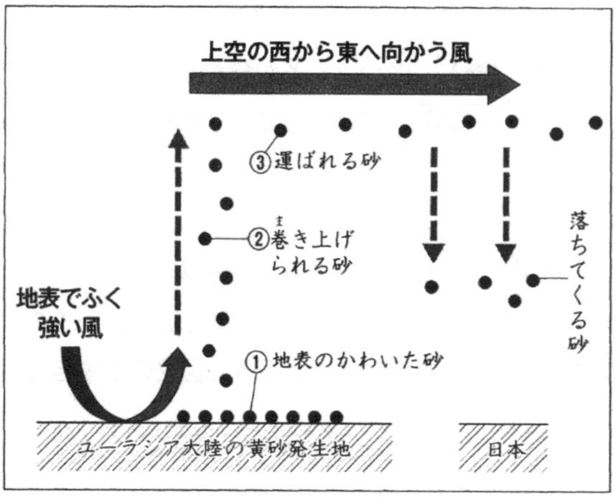

図4　日本で黄砂が観測された平均日数

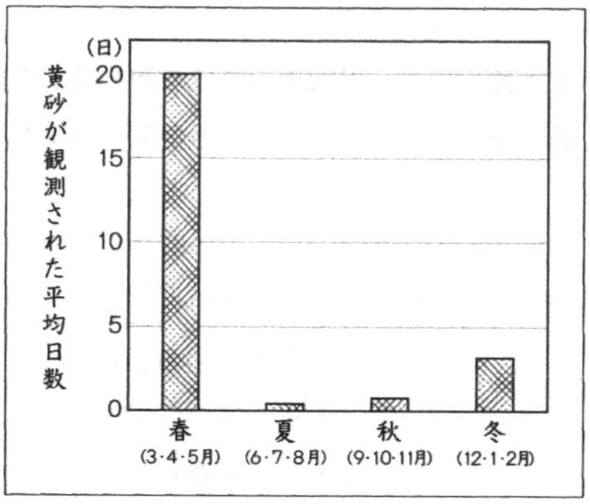

(気象庁《きしょうちょう》ホームページより作成)

太　郎：どうして夏になると黄砂が観測された日数は少なくなっているのですか。

先　生：では、日本で黄砂が観測された日数にえいきょうをあたえる要因を、次の三つにしぼって考えてみましょう。

> **〔三つの要因〕**
>
> ①　黄砂発生地（ユーラシア大陸のある地域《ちいき》）の地表にあるかわいた砂の量。(**図3①**)
>
> ②　黄砂発生地の地表でふく強い風で、巻《ま》き上げられる砂の量。(**図3②**)
>
> ③　上空の西から東へ向かう風で、運ばれる砂の量。(**図3③**)

花　子：黄砂発生地の気象や上空の風について、季節によるちがいを調べれば、黄砂が観測された日数が夏になると少なくなっている理由が分かりそうですね。

太　郎：図書室で調べてみよう。

二人は図書室で見つけた資料をもとに、春（3月～5月）・夏（6月～8月）・秋（9月～11月）・冬（12月～翌年《よくねん》2月）の季節ごとに平均を求めてグラフを作りました。

太　郎：**図5**は黄砂発生地の平均月降水量《へいきんつきこうすいりょう》で、**図6**は黄砂発生地の平均の積雪の深さです。このグラフでは春にも積雪があるけれども、実際に雪があるのは春の初めだけです。

花　子： 黄砂発生地で、地表の砂を巻き上げるくらい強い風がふいた回数の平均をまとめたものが**図7**です。また、上空の西から東へ向かう風の平均の速さをまとめたものが**図8**です。風の秒速の数値《すうち》が大きいほど風が強いことを示します。

先　生： 二人がまとめたグラフから、日本で黄砂が観測された日数が、春に比べて夏になると少なくなっている理由が説明できそうですね。

図5　黄砂発生地の平均《へいきん》月《つき》降水量《こうすいりょう》

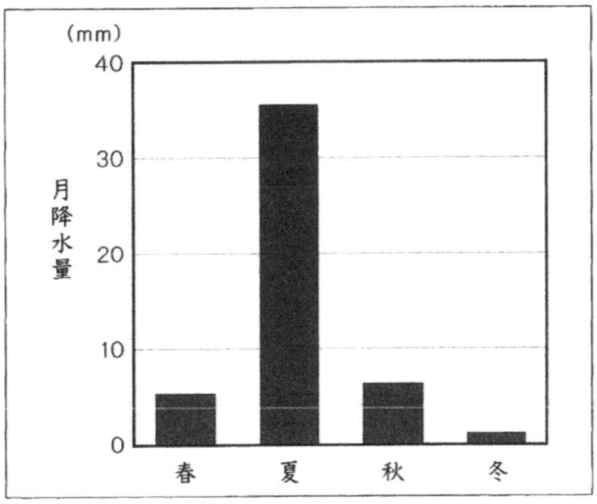

(鳥取《とっとり》大学乾燥地《かんそうち》研究センター監修《かんしゅう》
「黄砂ー健康・生活環境《かんきょう》への影響《えいきょう》と対策《たいさく》」より作成)

図6　黄砂発生地の平均の積雪の深さ

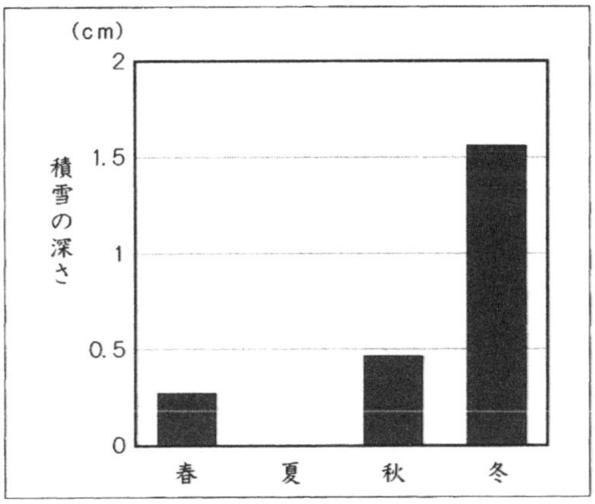

(鳥取大学乾燥地研究センター監修
「黄砂ー健康・生活環境への影響と対策」より作成)

図7　黄砂発生地の地表でふく強い風の平均観測回数

(風の強さは1日に8回、3時間おきに観測している。)

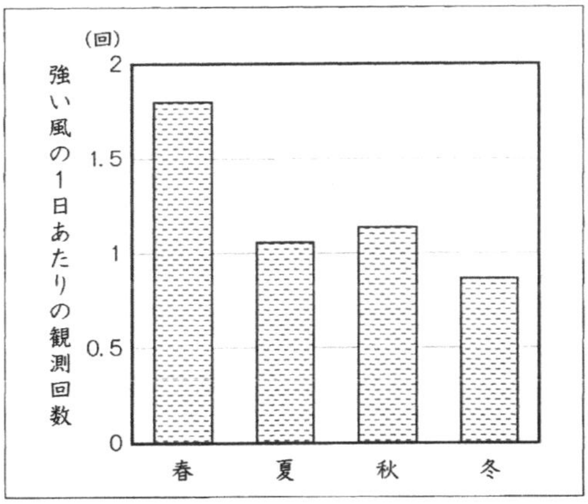

(鳥取大学乾燥地研究センター監修
「黄砂ー健康・生活環境への影響と対策」より作成)

図8　上空の西から東へ向かう風の平均の速さ

(秒速を1秒間に進むきょり（m）で表している。)

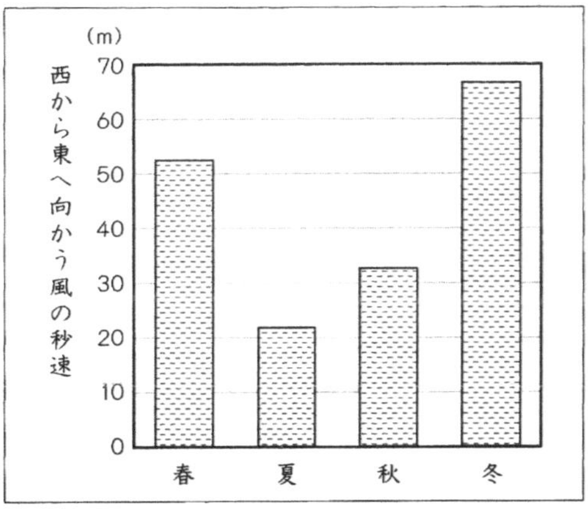

(気象庁ホームページより作成)

〔問題3〕 **図5～図8**の中から二つを選び、日本で黄砂が観測された日数が、春に比べて夏になると少なくなっている理由として考えられることを、それぞれ**〔三つの要因〕**①～③のうちの一つと関連付けて説明しなさい。

適性検査Ⅲ

注　　意

1　問題は **1** から **2** までで、**6ページ**にわたって印刷してあります。

2　検査時間は**３０分**で、終わりは**正午**です。

3　声を出して読んではいけません。

4　計算が必要なときは、この問題用紙の余白を利用しなさい。

5　答えは全て解答用紙に明確に記入し、**解答用紙だけを提出しなさい。**

6　答えを直すときは、きれいに消してから、新しい答えを書きなさい。

7　**受検番号**を解答用紙の決められたらんに記入しなさい。

東京都立両国高等学校附属中学校

1 **りょう**さん、**みさき**さんが話をしています。

りょう：先週の日曜日に友達と鉄道の博物館に行ってきたよ。昔のいろいろな車両を見学したり、運転シミュレータで運転士の体験ができたりして楽しかったよ。

みさき：その博物館はE駅の近くにあるから、A駅から電車をつかって行ったのね。

りょう：そうなんだ。ぼくたちが乗ったのは各駅停車の先頭車両で、始発駅であるA駅を出発して、と中でB駅、C駅、D駅の順に停車して終点のE駅に着いたんだ。

みさき：日曜日だったので混んでいたでしょう。

りょう：それほど混んでいなかったので、A駅からE駅の各駅で、ぼくたち以外で先頭車両に乗った人数と降《お》りた人数を友達と協力して数えてみたら（**表1**）のようになったよ。

表1

駅名	乗った人数	降りた人数
A駅	30	╳
B駅	5	3
C駅	8	2
D駅	9	15
E駅	╳	32

みさき：と中でりょうさんたちが乗っていた車両から他の車両に移動したり、他の車両からりょうさんたちが乗っていた車両に移動してきた人はいなかったの。

りょう：それはいなかったよ。

みさき：そうだとすると、りょうさんたち以外にもA駅からE駅までずっと乗っていた人がいることが分かるわね。

りょう：<u>（**表1**）から計算してみると、A駅からE駅までずっと乗っていた人が、少なく考えても［ア］人はいたことになるね。</u>

〔問題1〕 <u>（**表1**）から計算してみると、A駅からE駅までずっと乗っていた人が、少なく考えても［ア］人はいたことになるね。</u>とありますが、［ア］に当てはまる数を式を書いて求めなさい。ただし、式には（**表1**）に書かれている数字のみを用いることとします。

みさき： A駅からE駅までずっと乗っていた人が、少なく考えても［ア］人はいたことが分かるなら、今度は逆に一番多い場合を考えてみましょうよ。

りょう： それも（**表1**）から分かるのかなあ。

みさき： ちょっと考えてみましょうよ。

二人はしばらくの間考えて、計算に取り組みました。

りょう： （**表1**）から計算してみると、A駅からE駅までずっと乗っていた人が、一番多い場合を考えると［イ］人になるね。

みさき： 私《わたし》も同じ結果になったわ。

〔問題2〕（**表1**）から計算してみると、A駅からE駅までずっと乗っていた人が、一番多い場合を考えると［イ］人になるね。とありますが、［イ］に当てはまる数を式を書いて求めなさい。ただし、式には（**表1**）に書かれている数字のみを用いることとします。

りょう： 鉄道の博物館のおみやげに、電車のペーパークラフトを買ってきたよ。

みさき： ありがとう。ペーパークラフトって１枚《まい》の紙を素材として作る立体模型《りったいもけい》のことね。ペーパークラフトを作ると、学校で学んだ立体の展開図《てんかいず》の復習にもなるわね。

りょう： そういえば、そのおみやげ売り場に、駅ビルのペーパークラフトの完成品が展示《てんじ》してあったんだけど、おもしろい形をしていたよ。

みさき： どんな形なの。

りょう： (**図１**) のように立方体を３個組み合わせたような形なんだ。

図１

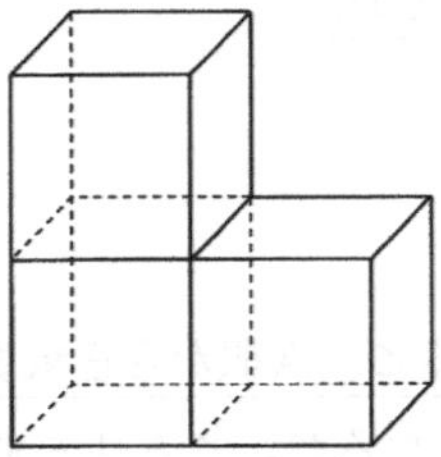

みさき： (**図１**) の立体の表面は、合計１４個の正方形で囲まれているから、展開図はそれらの辺と辺をつなげていくとかけるわね。

りょう： 立方体１個の展開図でも (**図２**) のますを黒くぬった部分のようにいろいろあるから、(**図１**) の立体の展開図も何通りもありそうだね。

図２

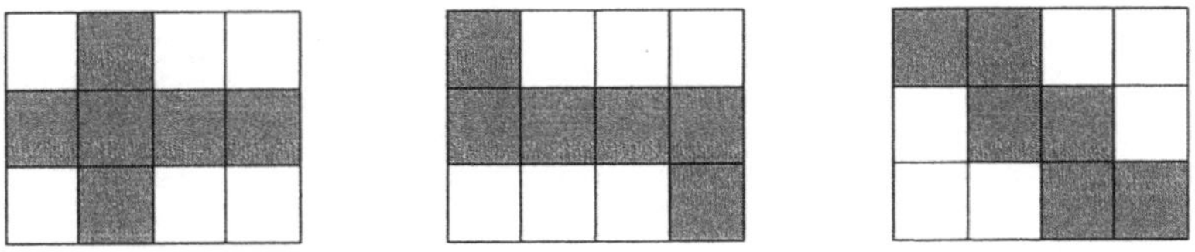

〔問題３〕 展開図はそれらの辺と辺をつなげていくとかけるわね。とありますが、(**図１**) の立体の展開図を、次の４つのルールにしたがって、解答らんのあたえられたわくの中におさまるようにかきなさい。

ルール１	(**図２**) のように展開図になる部分のますを黒くぬって答える。
ルール２	解答らんには、あらかじめ５個のますが黒くぬられています。それらをふくめた１４個のますをぬって答える。
ルール３	解答らんのわくを増やしてはいけません。
ルール４	黒くぬった部分の内側は切らずに、周りだけを切れば組み立てられるものを答える。

解答用紙

適性検査Ⅰ

1

（問題1）16点

50

40　20

（問題2）14点

30

40　20

（問題3）10点

30

20

（問題4）60点

※	※	※

※100点満点

受検番号

得点
※

※のらんには、記入しないこと

解答用紙　適性検査Ⅱ

※100点満点

受検番号

得点
※

※のらんには、記入しないこと

1

〔問題１〕　６点

〔展《てん》開《かい》図《ず》〕

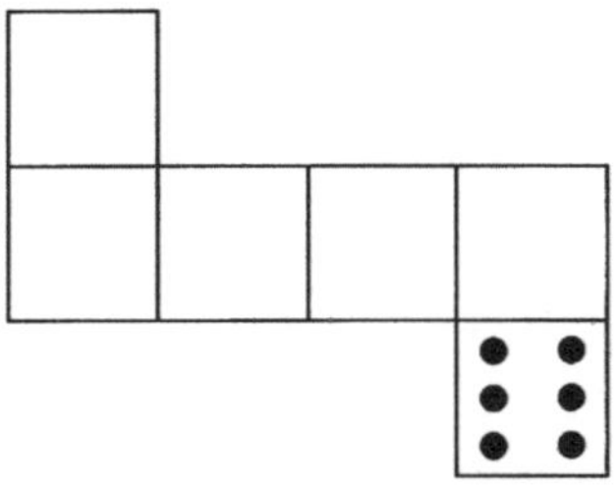

※

〔問題２〕　12点

〔式〕

□ ○ □ ⊕ □ ○ □ ＝ 7

〔説明〕

※

〔問題３〕　12点

〔手前に見える二つの面の目の数の組み合わせ〕 と	〔合計〕
〔太郎さんが気づいたおもしろいこと〕	

※

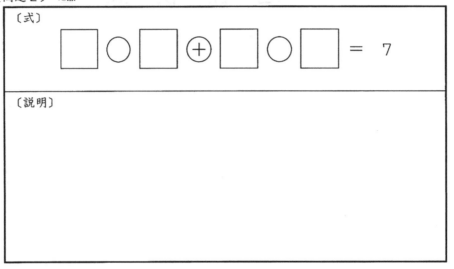

2

〔問題１〕　20点

式	
必要な水の量	L

※

〔問題２〕　20点

調味料名　　を、大さじ　量

と

調味料名　　を、大さじ　量

※

※100点満点

受　検　番　号	得　　点
	※

※のらんには、記入しないこと

解答用紙　適性検査 Ⅲ

1

〔問題１〕　20点

式	
ア に当てはまる数	

※

〔問題２〕　20点

式	
イ に当てはまる数	

※

〔問題３〕　20点

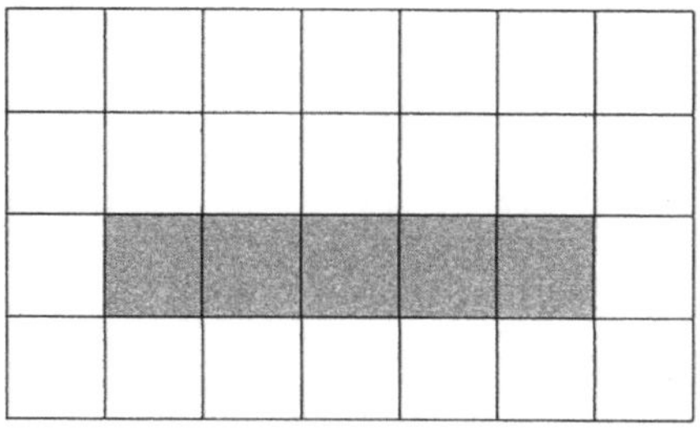

※

2

〔問題１〕　８点

※

〔問題２〕　６点

〔選んだ表〕

〔説明〕

※

〔問題３〕　26点

図３

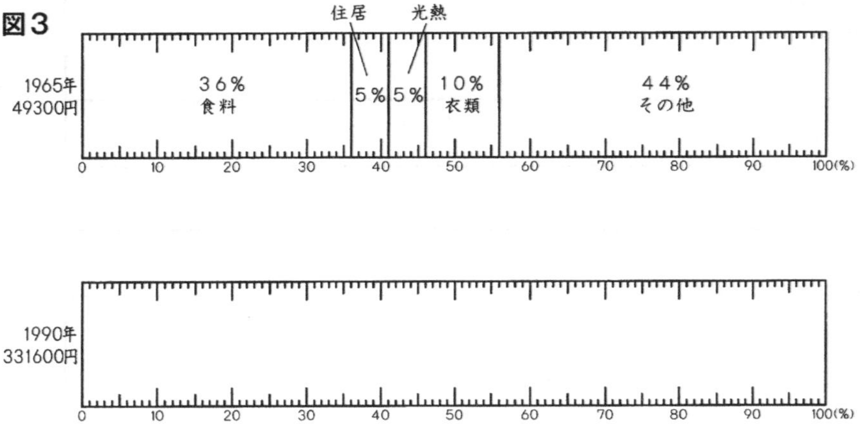

〔説明〕

※

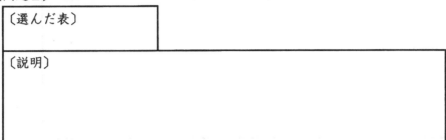

3

〔問題１〕　10点

〔選んだ観察〕	さんの観察
〔選んだ花粉〕	の花粉
〔１ｃｍ^{2}あたりの花粉の数〕	個
〔説明〕	

※

〔問題２〕　10点

（1）　（あ）	
（い）	
（2）〔選んだ図の番号〕	〔グラフの記号〕

※

〔問題３〕　10点

〔選んだ図〕

〔説明〕

〔選んだ図〕

〔説明〕

※

400　350　300　200　100

※　※　※　※

2 勤労感謝《きんろうかんしゃ》の日の前日、**りょう**さん、**みさき**さん、**先生**が教室で話をしています。

みさき： 明日は家族といっしょに、とんかつとご飯とみそしるを作るつもりです。

先　生： それはよいお手伝いができますね。油をたくさん使うでしょうから、気をつけてくださいね。

りょう： ぼくも明日は家族のために、洗《せん》たくや食器洗《あら》いを手伝おうと思っています。

先　生： それも良いことですね。勤労感謝の日に限らず、お手伝いはどんどんするようにしましょうね。

みさき： そういえば、食器を洗うときに、調味料や洗ざいを流すと、水がよごれてしまうのですよね。

先　生： そうです。家庭から出るはい水は処理場《しょりじょう》できれいにされてから川に流されますが、処理されずによごれたまま川に流されてしまったらどうなるでしょうか。

りょう： 水がよごれて、川に住む生き物にえいきょうがあると思います。

先　生： 川に住むび生物は、川のよごれ（生物のフンや人間の食べ物や生活はい水など）を食べて生きています。び生物はよごれが多いと活発に活動するので、その分たくさん呼《こ》吸《きゅう》するのです。

みさき： つまり川の水のよごれが多いと、び生物はたくさんの酸素を必要とするのですね。

先　生： そのとおりです。その必要な酸素の量を※1ＢＯＤといいます。ＢＯＤが大きいほどよごれが多いことになります。この（**表１**）を見てごらん。

※１　ＢＯＤ　正式名しょうは生物化学的酸素要求量といい、川のよごれを調べるめやす。

表1

分類	品名	量	BOD (mg)
調味料	マヨネーズ	大さじ1 (15mL)	20000
	トマトケチャップ	大さじ1 (15mL)	1200
	ソース	大さじ1 (15mL)	3500
	しょう油	大さじ1 (15mL)	2600
	サラダ油	大さじ1 (15mL)	26000
飲み物	オレンジジュース	コップ1ぱい (180mL)	15000
	牛にゅう	コップ1ぱい (180mL)	20000
しる	ラーメンのしる	1ぱい (200mL)	5400
	みそしる (具なし)	1ぱい (200mL)	3800
洗ざいなど	シャンプー	1回分 (6mL)	2500
	リンス	1回分 (6mL)	500
	台所用洗ざい	1回分 (6mL)	1200

(環境省《かんきょうしょう》「生活雑排水対策推進《ざつはいすいたいさくすいしん》指導《しどう》指針《ししん》」、東京都環境局ホームページより作成)

みさき：きれいな水でないと住めない魚も多くいますよね。

先　生：そうです。魚が住めるようなきれいな水のめやす (**表2**) があるから見てごらん。

表2

魚の種類	水1L中のBOD
ヤマメ	2mg以下
アユ	3mg以下
コイ	5mg以下

(環境省「生活雑排水対策推進指導指針」、東京都環境局ホームページより作成)

りょう：(**表1**) と (**表2**) からどんなことがわかりますか。

先　生：例えばコップ2はい分のオレンジジュースのBODは (**表1**) から15000×2＝30000 (mg) です。コイが住めるようなきれいな水のBODはいくつですか。

りょう：(**表2**) から水1LにふくまれるBODが5mg以下です。

先　生：つまり30000mgのBODに水を加えて、コイが住めるようなきれいな水にもどすためには、30000÷5＝6000 (L) の水が必要になるということです。

りょう：ものすごい量の水が必要なんですね。

先　生：おふろに入れる水でいうと、約３０回分になります。

みさき：例えば明日とんかつを食べた後で、ソース大さじ２と、サラダ油大さじ１が食器に残り、それを台所用洗ざい１回分を使って洗うとすると、これらを水でうすめて、アユが住めるようなきれいな水にもどすためにはどれだけの水が必要なのかなあ。

りょう：それも同じように計算すれば求められるね。

〔問題１〕　アユが住めるようなきれいな水にもどすためにはどれだけの水が必要なのかなあ。とありますが、ソース大さじ２、サラダ油大さじ１、台所用洗ざい１回分のＢＯＤの合計から、アユが住めるようなきれいな水にもどすためには、何Ｌの水が必要なのかを式を書いて求めなさい。

先　生：ＢＯＤについて分かりましたか。

みさき：はい。明日は私《わたし》なりにかん境のことを意識しながら料理したいと思います。

りょう：ぼくは魚つりが好きで川によく行くのですが、魚によって住める場所や住めない場所がある理由が分かりました。

先　生：食事は必要なだけ作り、食べ終わった後の食器のよごれが減るように工夫するなど、一人ひとりができることから取り組んでいくことが大切ですね。

〔問題２〕　魚によって住める場所や住めない場所があるとありますが、（**表１**）の中にある調味料５種類のうちの２種類を混ぜたものに、３０００Ｌの水を加えたら、ヤマメは住めないがアユは住めるような水になるという。考えられる調味料の名前２種類とそれぞれ大さじいくつであるかを解答らんに答えなさい。ただし、量については大さじ1、大さじ2のように整数で答えることとします。